예수의 생애

LIVES OF JESUS
By Mark Tully

Copyright ⓒ Mark Tully, 1997
Korean Translation Copyright ⓒ MUNHAKDONGNE Publishing Corp., 2004

LIVES OF JESUS first published in 1996 by BBC Books under the title of LIVES OF JESUS
is published by arrangement with BBC Worldwide Limited. This Korean edition
is published by arrangement with BBC Worldwide through Bestun Korea Agency, Korea.
All Rights Reserved.

이 책은 BBC Worldwide를 통해 1996년 BBC Books에서 *Lives of Jesus*로 출간되었습니다.
이 책의 한국어판 저작권은 베스툰 코리아 에이전시를 통해 BBC Worldwide와 독점 계약한
(주)문학동네에 있습니다. 저작권법에 의해 한국 내에서 보호를 받는 저작물이므로
무단 전재 및 무단 복제를 금합니다.

국립중앙도서관 출판시도서목록(CIP)

예수의 생애 / 마크 틸리 지음 ; 윤희기 옮김.
― 파주 : 문학동네, 2004
p. ;   cm
원서명: An investigation into the lives of Jesus
원저자명: Tully, Mark
색인수록
ISBN 89-8281-809-X 03230 : ₩20000
232.8-KDC4
232.9-DDC21   CIP2004000662

예수의 생애

마크 털리 지음 | 윤희기 옮김

AN INVESTIGATION INTO THE

LIVES OF JESUS

문학동네

| 들어가는 말 |

누군가를 만나 내가 어느 TV 시리즈를 내보내고 있으며, 『예수의 생애 *Lives of Jesus*』라는 책을 쓰고 있다고 말할 때마다 사람들이 내게 던지는 두 가지 질문이 있다. 하나는 왜 예수의 생애를 단수(Life)로 표현하지 않고 복수(Lives)로 표현했느냐는 것이고, 다른 하나는 왜 하필 내가 그런 책을 쓰느냐는 것이다.

내가 예수의 생애를 복수로 쓴 까닭은 지난 25년 동안 인간 예수에 관한 새로운 사실이 발견되어 학문적인 관심이 폭발적으로 증가했기 때문이다. 예수가 누구였고, 그가 무엇을 믿었고, 무엇을 가르쳤으며, 그리고 가장 중요한 문제인 하나님과의 관계를 어떻게 느끼고 있었는지에 대해 많은 학자들이 지대한 관심을 보여왔다. 또한 학자들의 관심을 끌 만한 흥미로운 자료들이 새롭게 발견되었다. 사해사본(死海寫本)의 발견과 번역은 예수가 살았던 유대 세계에 존재했던 여러 분파와 파벌들에 관한 새로운 지식을 더해주었다. 신약성경에는 들어 있지 않은 도마복음의 발견 역시 예수의 것으로 추정되는 새로운 말씀들이 있음을 보여주었다. 조사와 발굴을 계속하고 있는 고고학자들은 1세기 팔레스타인의 생활상에 관해, 그리고 1세기 유대인들의 종교에 관해 이따금 엇갈리는 결론들을 내놓기도 하였다. 대학의 신학 연구도 이제는 그 범위를 넓혀 교회가 거의 독점하던 분야까지 손을 뻗치기 시작했다. 내가 만난 예수의 역사를 연구하는 학자들은 모두 성직자든 아니든 자신들이 신앙에 영향을 받지 않는 역사가라고 자처하면서, 과거의 다른 인물들을 연구하는 역사가들처럼 자신의 연구 분야에 엄격하다고 말했다. 그들은 다른 분야, 특히 비교종교학, 사회학, 인류학, 경제학, 고고학 등에서 얻은 신선한 아이디어와 지식을 자신들의 연구 과제에 활용하고 있다. 이런 모든 학문적 활동의 결과가 여러 학파와 해석을 낳았으며, 아울러 자기 학파의 해석을 강력히 옹호하는 사람들은 자신들만이 예수를 이해하는 핵심 열쇠를 지니고 있다고 주장한다. 그래서 복수인 예수의 생애(Lives of Jesus)가 나온 것이다.

왜 하필 내가 그런 책을 쓰는가? 이 질문은 사실 대답하기 더 어렵다. 나는 분명 학자는 아니다. 저널리스트라는 내 직업을 학자들은 항상 고운 눈으로 바라보지는 않는다. 그러나 저널리스트는 학문적 업적을 단순화하는 역할을 수행할 수 있다. 역사가들은 전문적으로 글을 쓸 때면 늘 자기 머리 위에서 내려다보는 다른 학자들의 유령을 의식해야 했다. 만반의 대비를 하여 경쟁자들이 비난을 퍼부을 여지를 남기지 않아야 한다. 이런 연유로, 물론 예수를 연구하는 학자들 가운데에는 나 같은 일반 독자가 읽기에도 괜찮은 좋은 책을 쓴 사람들도 많지만, 대부분의 학자들은 글을 쓸 때 일반 독자들이 읽기에는 다소 부담스러울 정도로 주제를 아주 전문적으로 상세히 다루는 경향이 있다. 동시에 역사가들은 자신들이 전문적으로 다루는 학문의 도끼날을 갈고 또 갈아야 하기 때문에, 반드시 학문 분야 전체를 잘 다스려 전달하는 최고의 전달자인 것은 아니다. 내가 늘 신념처럼 품고 있는 생각은, 최고의 저널리즘이란 자기 주제에 관심이 있는 사람들이 작성하고 만드는 것이다. 더 나아가 그 주제에 공감할 수 있어야 한다. 저널리스트들이 늘 비우호적인 것은 아니다. 그렇게 생각하면 잘못이다. 어렸을 적부터 나는 예수에 흠뻑 빠진 사람이었다. 나는 철저한 기독교인은 아니지만 그렇다고 회의론자도 아니다.

이 책은 전적으로 나 혼자의 힘으로 쓴 책이 아니다. 내가 만나 취재한 많은 학자들에게 진 빚이 많다. 그들은 서슴없이 나에게 시간을 내주었고, 자신들의 말을 인용해도 좋다는 아량까지 베풀어주었다. 그리고 이 책은 〈예수의 생애〉라는 TV 시리즈를 맡고 있는 BBC 노스 프로덕션 팀의 작업을 기초로 완성될 수 있었다. 프로덕션의 구성원인 크리스 솔트, 로즈메리 도슨, 애너 콕스, 모이라 킨 그리고 로스 네빈에게 정말 큰 은혜를 입은 셈이다. 특히 프로듀서인 안젤라 틸비에게 감사해야 할 것 같다. 그녀는 나의 신학 검열관이 되어 내 글을 꼼꼼히 읽고 여러 가지 제안과 수정사항을 제시했다. 그녀의 도움이 없었더라면 감히 이 책을 쓰려는 엄두도 내지 못했을 것이다. 하지만 책의 내용에 관한 모든 책임은 나에게 있음을 분명히 밝힌다.

독자들이 물어볼 마지막 질문이 하나 더 있을 듯하다. 하필 왜 지금인가? 대답은 간단하다. 이 책이 출간된 1996년은 예수 탄생 2천 년이 되는 해로 널리 인정받고 있다. 그리고 새천년이 시작된다. 따라서 그가 태어난 해를 천년의 시작으로 잡을 만큼 세계 역사에 지대한 영향을 미친 예수라는 인물에 대해 다시 한번 생각해봐야 할 때가 바로 지금이 아닌가 생각한다.

1

예수, 하나님의 화신

2천 년의 전통

교회를 다니면 의무적으로 꼭 예배를 드려야 한다는 생각이 요즘 사람들에겐 그리 쉽게 받아들여지지 않을 듯하다. 하지만 나는 어렸을 적에 찬송가를 부르며 하루를 시작하곤 했다. 히말라야 산맥 고지대에 있으면서 독특한 차 맛으로 유명한 다르질링에서 처음 기숙학교에 다닐 때 내가 좋아하던 찬송가는 〈불멸의, 눈에 보이지 않는 하나님만이 오로지 지혜로우시니〉였다. 지금도 그것은 분명히 기억이 난다. 제2차 세계대전이 끝난 뒤 나는 영국에 있는 사립 예비학교에 들어갔다. 그곳에서도 나는 매일 있는 채플 시간에 꼬박꼬박 참석했다. 말버러 공립학교에 다닐 때도 매일 의무적으로 참석해야 하는 예배뿐 아니라 자발적으로 모임을 결성해서 드리는 예배에도 거의 빠지지 않았다. 최근에 나는 모교인 말버러 공립학교에 강연을 하러 간 적이 있었다. 그런데 내 강연이 채플 시간을 대신하여 마련된 것이라는 사실을 알고 내심 놀라지 않을 수 없었다. 시대가 그렇게 변했다. 나는 영국 국교회(성공회) 소속이 아니지만, 아무튼 영국국교회 소속 성직자들의 자제들을 위해 설립된 학교에서도 이제는 일요일마다 학생들에게 예배에 참석하라고 강요하지 않는다.

학교 다닐 때 특별히 내 신앙심이 돈독했던 것은 아니다. 그렇다고 품행이 바른 학생도 아니었다. 다만 채플 시간이 나에게 깊은 인상과 충격을 주어 대학에 다닐 때는 신학 공부를 하며 실제로 성직 수임을 준비했었다. 그러나 신학 대학에서 2학기를 마치고 난 뒤 나는 사람들에게 설교대보다는 술집이 더 어울리는 사람이란 소리를 듣게 되었다. 사실 나

웰스 대성당 서쪽 전면부에 있는 존엄한 모습의 그리스도상(像). 그리스도는 케루빔 사이에 앉아 오른손을 들어 축복을 내리고 있다. 그 아래에 사도들이 보인다.

는 링컨 대성당으로 가는 길목 언덕 위의 술집 '아담과 이브'의 단골 손님이라, 그렇지 않다고 반박할 수도 없는 입장이었다. 분명히 말하면 그 당시 이후 내가 정통 기독교인으로서의 삶을 살았던 것도 아니었다. 그러나 영국국교회 예배에 대한 사랑이나 예수의 형상에 대한 흠모의 정은 늘 마음속에 품고 있었다. 솔직히 말하면, 아니 감히 말하건대, 나는 아직도 신앙까지는 아니더라도 교회에 대한 희망은 버리지 않은 사람이다. 그리고 언젠가는 신앙에 대한 희망도 회복하리라 믿고 싶다. 이렇게 본다면 나는 2천여 년 전부터 예수의 감화를 받아 신실하고 경건한 삶을 살아왔던 수많은 사람들의 대열 그 어느 끝자락에 내 자리 하나를 차지하고 있는 사람이기도 하다.

새천년에 들어선 지금, 교회의 영향력이 예전 같지 않은 것은 사실이다. 그러니 내가 어렸을 적에 배웠던 '기독교의 언어'—이 말은 최근에 한 신학자가 나에게 들려준 말이다—라는 것을 요즘 아이들도 배울 수 있게 해줘야 할지 그건 의문이다. 따라서 이런 시대에, 이제는 내가 그나마 한 자리라도 차지하고 있는 이런 신앙의 줄이 더는 긴 행렬을 이루지 못하고 그대로 끝나버리고 말 것인지, 기독교 신앙의 요체라 할 수 있는 하나님으로서의 예수에 대한 믿음이 다음 천년에도 계속 이어질 수 있을 것인지 곰곰이 생각해봐야 하지 않을까 싶다.

적어도 영국에서는 교회가 사람들의 기대를 크게 만족시키고 있지는 못하지만, 내 경험에 비추어보면 여전히 사람들이 종교에 많은 관심을 가지고 있는 것은 사실이다. 인도에 살고 있는 나는 영국을 비롯해 유럽 각지에서 힌두교나 불교가 삶의 공허함을 채워줄 수 있는지 알아보기 위해 이곳을 찾아오는 사람들이 많다는 사실을 알고 깜짝 놀랐다. 대체 그들이 기독교에 만족하지 못하는 이유는 무엇인가? 여러 가지 이유와 설명을 많이 들었지만, 기독교가 이제는 더이상 의미가 없다는 이유가 가장 많았다.

동양의 종교는 어느 특정 신조에 맹종하기를 요구하지 않는다. 그냥 신성의 존재에 마음의 문을 열어두라고 말할 뿐이다. 그런데 기독교의 문제는 기적을 행하고 죽은 자 가운데서 기적적으로 살아난 한 사람을 믿으라고 요구하는 데에서 발생한다. 물론 그 사람은 예수다. 사실 예수가 문제되는 것은 아니다. 1세기에 실제 팔레스타인에 생존했던 그 놀라운 인물을 믿는다는 것이 어려운 일은 아니다. 그가 실제 생존했던 인물이라는 역사적 증거는 많다. 그를 추종했던 사람들이나 그렇지 않은 사람들이나 많은 증거들을 내놓았다. 믿기 어려운 것은 과연 예수가 신성한 존재인가 하는 점과 십자가에 못박혀 죽은 그가 과연 우리를 구원하기 위해 그 엄청난 희생을 치른 것인가 하는 점이다. 찬송가에도 있듯이, '그분은 하나밖에 없는 소중한 삶을 우리에게 주신 것이다.' 불멸의 하나님이 어째서 어느 특정 순간을 선택해 역사에 개입한 것인가? 왜 하나님은 어느 특정 인물을 내세워 인간에 대한 당신의 사랑을 보여주려 한 것일까? 예수의 구원의 능력에 대한 믿음이 우리 구원의 유일한 방법이라면 하나님은 기회가 없어 기독교의 메시지를 듣지 못한 사람들을 모두 구원의 대상에서 제외한 것이란 말인가? 기독교가 너무 까다롭게 가리고 특정 대상만을 향한 종교여서 많은 사람들이 신뢰하지 못하는 것은 아닐까?

역사적 인물 예수 : 상반된 견해들

기독교의 신뢰성은 복음의 이야기를 두고 역사학자들과 신학자들이 서로 논쟁을 벌인다 해서 회복될 수 있는 문제가 아니다. 복음을 둘러싼 논쟁에 기독교의 주장에 유리한 이야기를 별로 달가워하지 않는 언론인들이 가담하기 시작했다. 최근 일단의 미국 학자들이 여러 차례의 세미나를 통해 나름의 결론을 내놓았을 때, 그것을 놓고 벌어진 소동이 좋은 예다. 그 학자들은 예수가 실제로 했던 말이 무엇인지, 그것을 분명히 구분하자는 취지에서 여러 해 동안 세미나를 개최했다. 그들은 성경에 나타난 증거뿐 아니라 초기 기독교 문헌에 수록된 말씀까지 한 구절 한 구절 모두 검토했다. 그 검토 과정에서 그들이 사용한 방법은 바로 어떤 클럽에서 원하지 않는 회원을 제명할 때 검은 공을 사용해 표를 던지는 반대투표와 흡사한 것이었다. 이를테면 어느 구절이 예수가 한 말씀이라는 분명한 확신이 있는 경우엔 바구니에 빨간 구슬을 넣고, 예수가 한 말씀일 가능성이 높지만 확실하지 않은 경우엔 분홍색 구슬, 예수의 가르침과 유사하지만 예수가 한 말씀이 아닐 경우는 파란 구슬, 그리고 그 출처가 분명하지 않아 신뢰할 수 없는 경우엔 검은 구슬을 넣었다. 그런 식으로 복음서를 네 가지 색깔로 분류하자 놀라운 결과가 나타났다. 복음서의 상당 부분이 검은색이었고, 분홍색으로 분류된 것까지 합쳐 예수의 말씀이라고 인정할 수 있는 것은 고작 18퍼센트에 불과했다. 요한복음에서는 전체를 통틀어 빨간색으로 분류할 수 있는 예수의 말씀이 단 한 마디도 없었다. 학자들은 신약의 복음서 가운데 예수의 말씀이라고 알려진 것 중 4분의 1도 채 안 되는 부분만이 실제 예수가 한 말씀이라는 결과를 내놓았던 것이다.

'예수 세미나'로 알려진 그 세미나의 결과에 대해 많은 저명한 학자들이 반박하고 나섰다. 어떤 학자들은 그 세미나에서 복음서를 판단하기 위해 사용한 기준이 타당하지 않다면서 역사적 정확성을 지닌 많은 증거들이 간과되었다고 주장하였다. 또다른 학자들은 그 시도 자체가 무익한 것이었다며 독일의 위대한 학자였던 루돌프 불트만의 자세로 되돌아가야 한다고 주장하였다. 1920년대에 불트만은 역사적인 예수를 찾으려는 시도에 반대 의사를 밝히면서 다음과 같이 경고하였다. "우리는 예수의 생애나 예수의 인품에 관해 거의 아무것도 알 수가 없다." 불트만은 복음서 자체가 예수와는 시기적으로 너무 동떨어진 것이기에 복음서가 예수에 관해 많은 것을 말해줄 수는 없다고 생각했다. 그의 주장에 따르면, 복음서에 나와 있는 예수의 모습은 초대 교회의 갈등과 선입관을 반영한 것이고, 오늘날 우리가 알고 있는 4복음서에 예수에 관한 이야기와 말씀을 삽입한 것도 바로 초대 교회였다. 그렇다고 불트만이 초대 교회 이전의 시대까지 거슬러 올라가야 한다고 생각했던 것은 아니다. 그는 기독교 학자들에게 믿음의 그리스도, 교회가 설교하고 있는 그리스도에 초점을 맞출 것을 권고하였던 것이다.

그러나 대부분의 기독교인들에게는 그것만으로는 불충분하다. 그들에게는 역사 속의 예수가 중요하다. 기독교의 주장이 역사에 뿌리를 둔 것이기 때문이다. 한 가지 분명한 사실은, 영국에서 계속 세를 확장해가고 있는 교회가 있다면 그것은 극단적인 성향의 개신교 교회들이라는 점이다. 그들은 성경을 문자 그대로 해석하고, 따라서 복음서에서 예수의 말씀이라고 되어 있는 부분들이 모두 예수가 직접 한 말씀이라고 주장한다. 6일간의 창조과정을 그대로 믿는 그들은 이런 점에서 예수 세미나 파와는 정반대 입장을 취한다. 성경 직역주의(直譯主義)가 늘어나고 있다는 것은 많은 기독교인들에게는 그리 놀라운 현상이 아니다. 사실 신앙이 돈독한 그들은 자신들의 종교가 현대의 물질주의와 냉소주의에 크게 위협받고 있다고 느낄 때면 대개 근본주의로 돌아서서 모든 비판적 해석에 귀를 닫아버린다. 우리는 그와 비슷한 직역주의를 오늘날의 이슬람 종교에서도 찾아볼 수 있다. 많은 회교도들은 그들의 종교가 서구 물질주의로부터 큰 위협을 받고 있다고 생각하

14세기에 만들어진 웰스 대성당 성단소의 아치. 가위 모양의 디자인은 웰스 대성당만의 독특한 디자인이다. 다른 많은 성당이나 교회에는 성단소와 본당을 구분하는 가로대나 스크린에 성모 마리아와 성 요한의 모습과 함께 십자가가 세워져 있다.

기 때문에, 그들 가운데 회교 근본주의가 큰 세력으로 자리잡고 있는 것이다.

극단적인 개신교인들은 정말 극단적인 확실성을 요구하며, 따라서 정당한 역사적 탐구와는 단절된 비현실적인 예수의 상을 그리고 만다. 그렇다고 이것이 복음서의 내용을 전혀 믿지 않는 사람들의 손에 예수를 맡겨야 한다는 것을 의미하는가? 일부 회의적인 학자들은 자신들도 신앙이 돈독한 기독교인이라 주장하면서, 우리 모두 믿을 수 있는 예수, 또 역사학자들이나 과학자들의 예상에 크게 어긋나지 않는 현실의 삶을 살았던 예수, 즉 기적의 예수가 아닌 새로운 예수를 그려내고 있는 자신들의 방법이 예수를 바라보는 가장 안전한 방법이라고 주장한다. 하지만 그들이 내세운 이성화된 예수가 학자들이 내놓은 유일한 예수의 모습은 아니다. 아무리 엄격한 학문적 기준을 적용한다 해도 하나님의 독생자인 예수의 그 위대한 전통은 훼손될 수 없다고 주장하는 또다른 학자들도 있기 때문이다.

영국의 대성당은 신성한 존재로서 예수에 대한 믿음이 아직 살아 있음을 보여주는 중요한 기념물이다. 도시를 내려다보는 높은 언덕에 위치한 더럼 또는 링컨 대성당이든, 평평한 습지대에 우뚝 선 일리 대성당이든, 아니면 캔터베리, 요크, 윈체스터 또는 웰스 대성당이든 모든 대성당은 종교개혁, 찰스 1세와 국회의 전쟁, 산업혁명 등 모든 격변기를 꿋꿋이 버텨낸 건축물이다. 그리고 그곳은 아직도 신성한 예수를 위한 예배가 매일 봉헌되고 있는 장소이기도 하다. 우리가 그 대성당들을 같은 시기에 축조된 세속의 성(城)과 비교해보면, 그 신앙의 기념물들이 세속적 권력의 기념물에 비해 얼마나 더 오래 버텨왔는지 금방 확인할 수 있다. 아직까지 그 모습을 유지하고 있는 성이라고 해도 박물관 같은 위치로 전락해버린 것이 오늘날의 현실이다. 즉 그 성들은 과거를 기억케 하는 기념물에 불과하지 오늘날 우리 삶의 한 부분은 아니다. 그 성을 건설했던 지도자들도 이제는 이 세상에서 사라진 지 오래고, 그들의 삶의 방식 또한 이미 사라지고 없다. 반면 예수에 대한 믿음은 어떤가? 지금까지도 계속 이어져오고 있지 않은가?

웰스는 영국에서 가장 작은 대성당 도시임을 스스로 자랑스럽게 내세우고 있다. 나는 그곳에서 두 학자를 만난 적이 있다. 그들은 미국의 예수 세미나는 잘못됐다고 하면서 복음서의 예수는 역사를 통해 입증하거나 말거나 할 문제가 아니라고 주장했다. 대성당 경내의 푸른 잔디밭을 지나던 나는 문득 성당의 서쪽 정면을 올려다보았다. 그곳에는 유리창 양쪽 측면으로 다양한 조각상들이 두 탑을 가로질러 전개되어 있었다. 그 상(像)은 바로 세속의 지도자들, 즉 왕과 그의 기사들을 새긴 상이었다. 또한 하나님의 사람들, 즉 사도와 성자들을 새긴 상도 있었다. 그리고 케루빔과 세라핌, 부활의 천사 등과 같은 초자연적인 존재들의 모습을 담은 상도 있었다. 서쪽 정면 맨 꼭대기 정점에는 그 모든 조각상을 내려다보며 웅장한 그리스도의 형상이 서 있었다.

방문객들이 드나드는 문 바로 바깥에 안내문이 하나 있었다. 성당의 보수 유지를 위해 헌금을 내달라는 내용이었다. 나는 그 문을 열고 본당으로 들어섰다. 그 순간 내 시선은 즉각 측랑(側廊) 끝에 세워진 기이한 구조의 아치로 향했다. 실제로 그 아치는 하나가 아니라 둘이었다. 보통 모양의 아치 맨 꼭대기에 꼭 가위처럼 생긴 다른 아치가 뒤집어놓은 모양으로 또하나 올려져 있었던 것이다. 그 뒤집힌 아치 중앙에 십자가가 하나 세워져 있었고, 자연히 십자가의 예수는 신도들이 앉는 좌석을 내려다보고 있는 셈이 되었다. 하단 아치 아래에는 예수의 희생을 경배하는 성찬식 때 사용하는 성찬대가 놓여 있었다. 이 웰스 대성당의 서쪽 모습과 가위 모양의 아치는 기독교의 두 가지 중요한 믿음을 나타낸다고 할 수 있다. 하나는 예수가 신적인 존재라는 믿음, 다른 하나는 예수가 잔혹한 처형의 굴욕과 고통을 몸소 느꼈던 한 인간이라는 믿음이다.

내가 만난 첫째 학자는 영국국교회의 사제이자 리치필드 대성당의 참사회장인 톰 라이트였다. 예전에 그는 옥스퍼드와 케임브리지 대학, 그리고 캐나다의 맥길 대학에서 신약을 가르친 적이 있었다. 거의 7세기 동안 많은 성직자들이 참사회 회장(會場)으로 가기 위해 오르내리는 바람에 이제는 거의 닳아 반들거리는 돌계단을 오르며 톰 라이트는 여덟 살 때부터 자신이 결국 영국국교회의 성직자가 되리라는 사실을 알고 있었다고 말했다. 그러면서 그는 그런 자신의 행보가 많은 성직자를 배출한 외가 쪽 전통에 따른 것이라고 설명해주었다. 물론 그에게도 갈등의 시기는 있었다. 아버지 집안의 목재 사업을 이어받지 못하는 자신을 두고 고민했었다는 것이다. 아무튼 그날 톰 라이트는 빳빳이 세운 칼라 대신 터틀넥 스웨터와 트위드 재킷을 입고 있었다.

긴 유리창을 통해 햇살이 물결치듯 흘러들어오는 회장에 들어선 우리는 높은 둥근 지붕을 지탱하고 있는 기둥 아래 앉았다. 인터뷰를 시작하기 전, 톰 라이트는 훤한 이마 주위의 얼마 안 되는 머리카락을 단정히 빗으며 이렇게 말했다.

"정신 나간 교수처럼 보이긴 싫습니다."

하지만 그 말은 한 번 해본 말에 불과했다. 단정하게 깎은 짧은 머리와 간간이 흰 터럭

이 새치처럼 섞인 검은 수염을 지닌 그는 지극히 평범한 사람이었다.

톰 라이트는 한 번도 역사적인 문제를 회피한 적이 없었다. 그는 기독교의 주장이 역사를 내세우기 때문에 예수 역시 역사적인 인물로 연구해야 한다고 주장하는 사람이었다. 나는 그에게 혹 성직자로서의 위치가 그의 역사 해석을 어느 한 방향으로 기울게 한 것은 아니냐고 물었다. 그는 이렇게 대답했다.

"사실 예수를 역사적인 존재로 규명하고자 하는 많은 사람들이 독실한 기독교인들이기 때문에 문제가 있을 수는 있습니다. 그러나 배경이 다른 학자들도 많습니다. 가령 불가지론자들이나 유대교 학자들 말입니다. 우리가 이해해야 할 것은 어느 누구도 중립적이지 않다는 사실이죠. 이런 논쟁에서 날 잡아보라며 그냥 얌전히 있을 사람은 없지요. 어떤 사람들은 자신의 신앙을 뒷받침해줄 예수를 찾을 수 있으리라는 희망을 품을 테고, 또 어떤 이들은 자신이 내세우는 불가지론을 입증해줄 또다른 예수를 찾으려 하겠지요. 중요한 문제는 이런 겁니다. 가령 바흐나 베토벤의 음악을 전혀 모르는 사람들이 하는 강연도 있고, 평생을 음악에 바쳐 연구하고 연주한 사람들이 하는 강연도 있을 때, 어느 강연을 들을 것인가?"

톰은 최근에 책 한 권을 저술했다. 그 책의 주요 내용은 1990년대 초에 출간된 몇몇 이론들, 가령 예수의 생애에 관한 종래의 견해들을 뒤집는 별난 주장들을 반박하는 것들이었다. 그 별난 주장들 가운데는 예수가 막달라 마리아와 결혼해서 아이도 낳았지만 그녀와 이혼하고 다른 여자와 재혼했다는 가설도 있었다. 그런데 톰의 책은 사람들의 호기심을 조장하는 그런 터무니없는 주장들을 반박하는 엄연한 역사적 사실들을 제시하였고, 그래서 그의 책은 더욱 무게가 실린, 읽을 만한 책이 되었다.

예수 신성(神性)의 기원

과연 우리는 예수에 관해 얼마나 많이 알고 있는가? 톰이 확신에 찬 태도로 나에게 들려준 말은, 복음서나 기독교 역사와는 상관없이 예수가 실제 존재했던 인물임을 보여주는 증거가 있다는 사실이었다. 로마의 두 역사가, 타키투스와 플리니우스가 예수에 관한 글을 썼고, 유대 역사가인 요세푸스도 마찬가지라는 것이다. 이 역사가들은 모두 예수가 로마제국의 아우구스투스 황제가 통치하던 시기에 팔레스타인에 살았다는 사실을 인정하였다. 하지만 예수의 생에 관해 서로 어긋나는 이야기들이 너무 많아 아직도 많은 사람들은 그 사실, 즉 예수가 실존 인물이라는 사실을 의심하면서 그것이 모두 교회가 꾸며낸 이야기라고 생각하고 있다는 것이다. 지금까지 우리가 예수에 대해 알고 있는 것은 거의 전부 신약성경을 통해 알고 있는 것이다. 4복음서, 사도 바울 및 초기 기독교인들의 편지가 그것이다. 톰 라이트는 예수의 신성에 대한 믿음이 초기부터 존재하고 있음을 신약성경을 통해 알 수 있다고 하였다. 말하자면 예수의 신성에 대한 믿음은 일부 학자들이 주장하듯, 후대에 교회가 만들어낸 것이 아니라는 것이다. 그의 말은 이러했다.

"가장 오래된 문서화된 증거는 바로 사도 바울입니다. 그는 그보다 앞선 증거들을 언급하고 또 그 증거를 인용하였지요. 달리 말하면, 우리는 기독교 역사의 초기 20년의 시기까지 거슬러 올라갈 수 있는 겁니다. 사도 바울은 자신이 쓴 편지에서 아무렇지도 않게 예수와 하나님을 함께 언급했어요. '하나님 우리 아버지와 주 예수 그리스도로 좇아 은혜와 평강이 너희에게 있을지어다.'"

톰은 계속하여 사도 바울이 고린도인들에게 보낸 첫 편지에 나온 내용, 즉 우리에게는 만물이 비롯되고 또 우리의 존재 이유가 되는 하나님 아버지, 그리고 만물의 존재와 우리 삶의 경로가 되는 주 예수 그리스도만이 계신다는 내용을 언급하였다. 동시에 그는 설명하기를, 사도 바울의 이 말이 실은 독실한 유대인들의 주요 일상기도인 세마(shema)와 아주 흡사하다는 것이다. 그 유대인들의 기도는 이렇게 시작된다고 하였다. '오, 이스라엘이여 들어라, 구주이신 하나님, 그 하나님은 한 분이시니.' 이것은 하나님은 오로지 한 분이라는 유대 신앙의 근본을 표현한 말이기도 하다는 것이었다. 그런데 그 자신이 유대인인 바울은 바로 예수와 하나님을 하나로 보고 있는 것이다. 톰은 바울이 '나는 하나님과 예수를 하나로 보는 일신론자'라고 했던 말을 상기시켜주었다.

따라서 우리는 예수 사망 이후 채 20년도 못 된 기간에 예수가 신적인 존재임을 믿는 기독교인들이 있었다는 사실을 알 수 있다. 그렇다면 '사도 바울은 그런 생각을 어디서 얻게 되었을까?'

톰이 나에게 다시 확인해준 것은 유대인들이 히브리 성서 — 오늘날의 구약성경 — 를 통해 '격정적이고 동정적이며 그 백성을 위해 피 흘리신' 하나님을 알게 되었다는 사실이었다. 하나님은 한 민족의 역사 초기에 그 민족을 이집트의 노예상태에서 벗어나게 함으로써 이미 그 힘과 사랑을 보여주었다. 그는 사사(士師)와 왕을 통해 백성을 지배하였고, 그 백성이 고난을 당해 쓰러질 때면 그들을 구원해주겠다고 약속했다. 예수가 살았던 시절 유대인들은 하나님이 자신들의 역사에 개입해주기를 바랐다. 톰은 이런 식으로 계속 나에게 설명해주었다. 그러고는 예수의 존재가 어떻게 하나님이 오래 전에 약속한 자비의 행위로 해석되었는지 설명하면서 이렇게 말했다.

"제 생각에 예수의 전 생애, 그의 메시지와 가르침 자체가 바로 강력한 메시아적인 선언이 된 것 같습니다."

톰은 또한 나에게 구약에서는 하나님만이 죄인을 용서할 수 있는 존재로 나타난다는 사실을 일러주었다. 따라서 예수 역시 죄인에게 용서를 베풀어줌으로써 자신이 하나님의 특권을 행사할 권한이 있다는 사실을 주장한 셈이라는 것이었다. 보통 용서는 예루살렘 성전에 제물을 바치는 행위를 통해서만 가능하였다. 그런데 예수는 바로 그 성전과 제물 봉헌제도에 대해 지극히 비판적이었다. 나는 톰에게 예수가 나귀를 타고 예루살렘에 입성한 사실, 그리고 그곳에서 성전에 대해 강력히 비판하고 나선 사실이 자신이 하나님의 메시아, 즉 다윗 왕의 후계자임을 주장하는 것이냐고 물었다. 톰은 대답했다.

"그렇습니다. 그게 바로 메시아가 할 일이지요. 예수가 진짜 왕이라는 것을 말해줍니다. 그는 바로 우리의 구세주, 우리의 구원자, 우리의 해방자로 하나님이 보낸 존재이지요."

"하지만 예수는 왕으로 죽은 게 아니라 죄인으로 죽지 않았습니까?"

내가 반박하고 나섰다.

"당신 말이 맞습니다. 메시아는 십자가에 못박혀 죽지 않습니다. 메시아는 점령세력을 패배시킵니다. 만일 부활이라는 것이 없었다면 모든 게임은 바로 거기에서 끝이 났을 겁니다. 그 어느 것도 땅에서 일어나지 않았을 겁니다. 1세기 유대인 역사의 입장에서 보면 그 다음에 아무 일도 일어나지 않았어야 맞는 얘기가 될 겁니다."

그리스도 신앙이 땅에서 일어선 것은 역사의 한 사실이다. 그것이 가능할 수 있었던 데 대한 한 가지 설명은 부활이 실제 있었던 사건이라는 것이다. 톰만큼 신앙심이 투철하지 않은 역사가들도 예수가 사망한 뒤 그의 제자들을 근본적으로 바꾼 어떤 엄청난 사건이 일어난 것은 틀림없으리라 인정한다. 톰은 자신의 견해라면서 그것, 즉 예수가 신적인 존재임을 초기 기독교인들이 받아들이게끔 만든 것이 바로 부활이라고 설명했다.

"예수를 따르는 사람들이 예수의 예언가적·메시아적 삶의 그 깊은 의미, 그 온전한 의미를 생각하지 않을 수 없었던 것은 예수가 죽은 자 가운데서 다시 살아났기 때문입니다. 그들은 또한 예수의 죽음의 의미를 이해해야 했습니다. 제 생각에 그들은, 총체적인 의미에서 예수가 이룬 것이 바로 성경에서 말하는 것, 즉 하나님이 그의 백성들을 위해 오리라는 예언과 일치한다는 사실을 깨달은 것 같습니다. 하나님이 그 백성들에게 돌아온 것이죠. 그리고 그들을 구원하고, 그들을 해방시킨 것입니다."

다분히 합리적이고 학문적인 바탕에서 자신의 생각을 밝히는 톰과 대화를 마치고 난 뒤 나는 복음서의 이야기에 대해 왜 많은 사람들이 의혹을 품는 것인지, 그 이유에 대해 생각하게 되었다. 내 생각에 그 이유는 기독교인들이 예전부터 지금까지 성경을 '하나님의 말씀'이라고 말하는 데에서 비롯된 듯하다. 학자가 아닌 보통 사람들에게는 '하나님의 말씀'이라는 표현이 복음서의 이야기가 있는 그대로의 진실이라는 뜻을 함축하고 있는 것으로 받아들여지기 때문이다. 따라서 그것이 네 가지 서로 다른 이야기로 전해지고 있기 때문에 진실이 아닐 수도 있다는 사실이 분명해지면, 많은 사람들은 그 전부를 진실이 아닌 것으로 간주할 수 있다. 그러니 누군가 만일 예수의 생애 가운데 어느 한 사건, 가령 예수가 동정녀 마리아에게서 잉태되었다는 사실에 의혹의 눈길을 돌린다면 그는 어쩌면 교회에서 주장하는 그 모든 것이 진실이 아닐지도 모른다고 생각할 수 있는 것이다. 그러나 저널리스트로서 내가 터득한 것이 있다면, 어떤 사건에 대해 보도하는 데 절대적인 진리 같은 것은 없다는 사실이다. 저널리스트는 사실을 정확히 보도할 수 있어야 하며, 또 그렇게 해야 한다. 그들이 보도하는 내용에는 절대 거짓이 담겨 있어서는 안 된다. 물론 그 일이 쉽지는 않다. 더욱이 오래 전에 일어난 사건을 보도할 때는 정확히 보도한다는 것이 더욱 힘들다. 기억에 한계가 있기 때문이다. 그래도 정확한 보도를 위해 힘써야 한다. 또 문제가 있다면 그것은 선택 혹은 편집의 문제다. 이용 가능한 많은 사실 가운데 어떤 사실을 보도할 것인지, 어떤 순서에 의해 보도하고 독자에게는 어떤 인상을 남길 것인지 —이런 선택의 문제가 남게 된다. 후에 우리 시대의 역사가들은 그들이 사용할 자료로 신문을 이용할 때도 있을 것이다. 그때 그들에게 필요한 것은 각 신문의 정치적 성향을 고려하여 내용을 해석하는 일이다. 또한 각 신문의 독자층도 고려하고, 광고주와 해당 신문의 이해관계도 유념해야 한다. 따라서 우리가 4복음서를 보고 예수의 생애를 서로 다르게 기술했다고 놀랄 필요는 없다. 각각의 복음서가 특정 독자층을 겨냥해 특정 관점에서 기술된 것이기 때문이다. 물론 그 복음서들이 거짓으로 구성된 것은 아니다. 다만 신문들이 서로 다른 관점에서 보도를 하듯, 다르게 기술한 것뿐이다.

신문의 비유는 너무 확대한 비유일 수도 있다. 그러나 적어도 우리가 알아야 할 것은, 4복음서는 우리로 하여금 그것이 사실이 아니라는 생각을 갖게 하지 않으면서 예수의 모습을 의미 있게 서로 다르게 그리고 있다는 점이다. 물론 일반적으로 우리는 네 복음서를 대충 뒤섞어 보는 경향이 있어 각 복음서의 독특한 특징을 발견하지 못한다. 흥미로운 것은, 네 개의 서로 다른 복음서보다는 하나의 권위 있는 복음서를 지니는 것이 더 쉽고 편리할 텐데 초대 교회에서 그렇게 하지 않았다는 사실이다. 그러나 그 네 복음서를 한데 묶거나 상이한 점을 정연히 정리하지 않은 채 그대로 남겨둔 것 자체가 바로 교회의 청렴함 혹은 성실성을 말해주는 것이기도 하다. 아무튼 여전히 남아 있는 문제는, 정확히 복음서가 무엇인가 하는 점이다. 과연 복음서는 독특한 종류의 글쓰기인가? 복음서를 다른 역사책과 비교할 수는 없는 것일까?

4복음서, 4개의 해석

런던 킹스 칼리지의 학장이자 유명한 기독교 학자인 리처드 버리지는 치밀하게 복음서를 연구한 학자로 잘 알려져 있다. 그는 복음서의 내용을 분류하고, 주어·동사·목적어를 분류하고, 또 그 복음서를 동시대의 다른 문학작품들과 비교하기도 했다. 결국 그가 내린 결론은 예수에 대한 우리의 해석에는 역사적 한계가 있을 수밖에 없고, 그런 한계 때문에 예수의 신성함에 대한 초기의 믿음을 수용하게 된다는 것이었다.

자신의 생각을 더 확실하게 보여주겠다며 리처드 버리지는 나를 웰스 대성당의 동쪽 회랑 위에 있는 도서관으로 데리고 갔다. 15세기에 건축된 그 도서관은 목조 지붕에 빛을 많이 받기 위해 책상 바로 위에 평범한 유리창이 설치된 긴 복도 형식이었다. 가죽 양장본의 책 가운데 일부는 아직도 17세기의 서가에 사슬로 묶여 있었다. 서부 시골 출신에 얼굴이 불그레한 것이 사제용 칼라와 목에 걸린 십자가 목걸이만 없다면 영락없는 시골사람처럼 보이는 버리지 학장은 서가에서 책 한 권을 꺼냈다. 그 책은 로마의 역사가 타키투스가 자기 장인인 아그리콜라(고대 로마의 장군으로 영국 브리튼 섬을 점령하여 그 섬의 총독이 된 인물—옮긴이)의 생애에 관해 쓴 전기(傳記)로 웰스 대성당이 소장하고 있는 진귀한 고대 전기 가운데 하나였다. 버리지는 연구 결과 복음서는 고대 전기 장르에 속한다는 사실을 확신하게 되었다고 말했다. 따라서 학자들이 복음서를 제대로 이해하기 위해서는 예수의 생애에 관한 설명을 그 시대의 다른 전기들과 비교할 필요가 있다고 덧붙였다.

타키투스로 화제를 돌린 그는 이렇게 말했다.

"고대인들은 한 개인의 삶이 지니고 있는 상징적·심리학적인 의미에 오늘날의 우리보다 더 많은 관심을 가지고 있었지요."

나도 옛날 고전 시간에 배웠던 것이 생각났다. 타키투스는 아그리콜라의 전기에서 그 사람의 신체적인 특징에 대해 아무런 묘사도 하지 않았고, 현대의 전기작가들이 하는 식으로 생의 어떤 사건에 대한 설명도 하지 않았다. 그가 쓴 전기는 아그리콜라가 이끄는 로마 군대와 스코틀랜드 군대의 치열한 전투에 초점을 맞춘 것이었다. 그 전투가 아그리콜라라는 인물의 특성 가운데 중요한 것을 모두 다 드러내고 있다고 생각했기 때문이었다. 또한 타키투스는 전기에 스코틀랜드 족장의 감동적인 연설도 포함시켰는데, 그 내용은 아그리콜라와 로마 제국주의가 지니고 있는 도덕적 딜레마를 정확하게 꼬집은 것이었다. 족장의 연설은 다음과 같은 대목에서 절정에 이른다. '로마인들은 황무지를 만들어놓고 그 것을 평화라고 부른다.' 리처드 버리지는 나에게 이렇게 설명했다.

"타키투스가 여기서 말하고자 한 것은 스코틀랜드 족장의 말이 사실이고, 또 실제 벌어졌던 일이라는 겁니다. 아그리콜라의 삶이 담고 있는 메시지는 바로 로마의 제국주의가 노예제도를 낳았다는 겁니다. 그리고 그것이 바로 로마인들이 직시해야 하는 사실이었지요. 그리고 우리가 기억해야 할 것은 타키투스가 로마 원로원의 의원이었다는 사실일 겁니다."

내가 물었다.

"그것이 복음서하고 무슨 관계가 있습니까?"

"우리는 전설과 사실에 관한 20세기식 논의에 비추어 복음서를 볼 것이 아니라, 1세기의 진리 개념에 대한 이해와 사실과 진리의 관계 설정 방식 등에 비추어 복음서를 보아야 합니다."

계속해서 리처드는 복음서는 타키투스의 전기처럼 선별적인 글쓰기의 예라고 설명해주었다. 이를테면 복음서는 예수가 적극적으로 활동하던 약 3년이라는 비교적 짧은 기간의 예수의 행적에 초점을 맞추었다는 것이다. 그리고 4복음서 모두 예수 생애의 마지막 한

주에 관해 상세한 이야기를 담고 있는데, 그 이유는 독자들이 예수를 죽음으로 이끈 사건들에 비추어 그의 삶을 해석하기를 복음서의 저자들이 원했기 때문이라는 것이었다. 그는 이렇게 덧붙였다.

"실제로 어떤 의미에서 사실(事實)은 어떠한 진실도 말해주지 않습니다. 언제나 우리가 그 사실들을 해석해야 하는 거지요."

리처드의 말에 따르면, 각 복음서의 저자들은 예수의 삶의 사실들을 서로 다르게 해석한 셈이 된다. 그들은 서로 다른 관점에서 예수를 보았고, 서로 다른 독자를 겨냥해 글을 쓴 것이다. 예로부터 4복음서는 네 마리의 동물로 상징되었다. 그 네 동물은 예언자 에스겔의 환상에서 하나님의 종자로 나타났기 때문에 초기 기독교인들이 잘 알고 있던 동물이었다. 에스겔이 말한 네 동물, 즉 '살아 있는 피조물'은 사자와 사람과 황소와 독수리였다.

마가복음은 사자로 상징된다. 마가의 복음이 길지 않고 요점만 언급했다는 점에서 사자의 상징은 적절한 듯하다. 마가복음에서는 모든 것이 한순간에 일어난 듯 보인다. 마가가 즐겨 쓰는 단어 중 하나가 "곧"이다. 마가의 예수는 교사라기보다는 행동가이다. 그리고 이 복음서에는 오직 네 가지 비유적인 이야기가 있을 뿐이다. 예수는 신의 임무를 완수하기 위해, 즉 메시아가 죽임을 당하리라는 구약의 예언대로 죽임을 당하기 위해 달려간다. 십자가에 못박힌 예수는 하나님이 자신을 버렸다고 느낀다. 성전의 커튼이 두 조각으로 찢어진다. 그리고 마지막으로 텅 빈 무덤을 본 세 명의 여자가 무슨 일이 있었는지 알지도 못한 채 자신들이 본 젊은이를 두려워한다. 이 네 가지 이야기를 담고 있는 마가복음은, 사자처럼 빠른 속도로 절정의 순간으로 달려가는, 무서우면서 직접적인 이야기이다.

마태복음은 인간의 얼굴로 그려진다. 마태는 유대 기독교인들에게 예수가 구약의 실현임을 확신시켜주고 싶어했다. 그가 그린 예수는 교사다. 마가복음에 언급된 것을 설명하고, 또 그것을 유대인들이 하나님의 약속이라고 믿는 그 약속과 결부시켜 설명하는 교사이다. 마태복음의 십자가 이야기에서 예수는 자신의 역할이 메시아는 반드시 죽는다는 구

4명의 복음서 저자를 상징하는 네 동물인 마태의 인간, 마가의 사자, 누가의 황소, 요한의 독수리.
이 네 동물은 구약성경의 에스겔서(書)에서 처음 묘사되었는데, 에스겔서에서는 이 네 동물이 하나님의
마차 바퀴를 에워싸고 있는 모습으로 그려지고 있다. 이 동물들은 요한계시록에서 요한의 환상 속에
나타남으로써 기독교의 이미지로 자리잡았다. 기원후 800년경의 켈스의 서(書)에서.

약의 예언을 실현하는 것임을 분명히 한다. 동시에 마태는 이방인들이 유대법의 모든 조건을 충족시키지 않더라도 그들을 교회가 받아들일 수 있다는 데 유대 기독교인들이 동의해주기를 원했다. 이런 점에서 마태는 예수 시대의 유대 지도자들에게 매우 냉정했던 셈이다. 그리고 마태는 별난 주장도 하였다. 그것은 예수의 죽음에 책임 있는 사람들은 로마인들이 아니라 유대 지도자들이라는 주장이었다. 본디오 빌라도는 죄가 없다는 것이었다.

셋째 복음서인 누가복음은 소로 그려진다. 누가복음에서 예수는 우리 대신 우리의 짐을 지고 가난한 자와 고통받는 자 편에 서 있다. 십자가에 매달려서도 예수는 다른 사람들을 염려한다. 그는 예루살렘의 여인들을 위해 기도하고 자신을 십자가에 못박은 병사들을 위해 기도한다. 또한 자기 옆에서 죽임을 당한 회개하는 도둑들에게 천국을 약속한다. 소는 어디에서나 누구를 위해서든 무거운 짐을 지는 동물로 알려져 있으므로 누가복음은 바로 세상 모든 사람들을 위해 기록된 복음서이다.

마지막 복음서인 요한복음은 독수리로 묘사된다. 다른 복음서에는 서로 공통된 소재가 많이 포함되어 있지만 요한복음은 그렇지 않다. 처음 세 복음서가 우연한 만남이나 병의 치료, 논쟁, 비유적인 이야기 등을 통해 예수가 누구인지 밝히고 있다면 요한은 탁 터놓고 분명히 예수를 말한다. 예수는 바로 하나님의 신성한 아들이며, 세상의 빛과 생명이다. 예수는 시초부터 하나님과 함께 있었던 말씀이고, 실제로 바로 하나님이라는 것이다. 그래서 세상 위로 높이 비상하는 독수리가 요한복음의 상징이다. 십자가에서 죽기 전에 예수는 이렇게 말한다. "다 이루었다." 하나님의 목적이 성취된 것이다. 다른 세 복음서에서는 예수가 수난 기간에 비교적 소극적인 것으로 그려지고 있다. 그러나 요한복음에서 예수는 자신이 무엇을 해야 할지 알고, 또 그것을 끝까지 실현시키는 힘 있는 존재로 남아 있다. 예수는 인간의 모습을 한 하나님의 말씀이고 지혜이다. 곧 '길과 진리와 생명'이다.

리처드 버리지는 요한복음에 기록된 예수의 신성한 모습이 다른 세 복음서에도 그렇게 직접적이지는 않지만 어느 정도 함축되어 있다고 믿었다. 그는 이렇게 말했다.

"마태복음, 마가복음, 누가복음에서 예수는 죄인을 받아주고 죄를 사하여 주면서 그들을 하늘의 왕국으로 데리고 가는 길이라고 주장하였지요. 그래서 그는 하나님으로 나아가는 길입니다. 또한 예수는 자신의 여러 가르침과 비유적인 이야기들을 통해 암시적으로 자신이 진리임을 주장했어요. 그리고 병든 자를 치료하여 회복시키고, 심지어 죽은 자를 다시 일으켜 세우며 자신이 생명임을 암묵적으로 내보인 것입니다."

리처드 버리지는 요한복음에서 예수가 자신이 신적인 존재임을 명백히 밝힌 것이 실제로 역사적으로 존재했던 예수의 발언은 아닌 듯하다고 말했다. 하지만 그 발언이 예수의 입에서 나온 것이라고 기술한 요한은 이를테면 '사실보다 더 진정한 진리'를 증언하고 있다는 것이 리처드의 생각이었다.

예수에 대해 네 가지 서로 다른 해석이 존재한다고 해서 복음서의 저자들이 서로 다른 이야기를 하고 있다는 뜻은 아니다. 저자들이 자신만의 고유한 방식으로 자유롭게 해석했을 테지만 그들이 전달하는 이야기는 본질적으로 똑같은 이야기였다. 리처드는 복음서의 이야기가 대체로 비유적인 이야기라는 점을 감안하면 결국 우리에게 남는 것은 네 명의 예수가 아니라 한 명의 예수라고 하였다. 그는 이렇게 말했다.

"이건 야구장과 같은 것입니다. 투구(投球)에는 정해진 영역이 있습니다. 그렇기 때문에 경기를 하려면 그 영역에서 벗어나지 않아야 하는 겁니다. 그러니까 복음서에 그려진 예수의 모습이 우리가 예수에 대해 알 수 있는 정해진 영역인 셈입니다. 운동장을 돌아다니는 예수, 바로 그가 우리가 연구할 수 있는 역사적인 예수입니다. 우리는 그 영역 안에 있는 예수에 관해 많은 것을 알 수 있습니다. 물론 그렇다고 운동장 안에서 계속 움직이는 예수를 어느 한 위치에 붙들어 맬 수는 없겠지요. 그러나 분명히 영역이 있고, 경계가 있습니다. 우리 마음대로 예수를 만들어낼 수는 없는 것이지요."

내가 만난 이 두 영국학자가 나에게 확인시켜준 것이 있다. 그것은 예수가 신적인 존재이고, 예수만이 하나님의 유일하고 영원한 화신(化身)이라는 기독교의 주장을 뒷받침하는 역사적 사실을 충분히 보여줄 수 있다는 것이었다. 톰 라이트가 '그 담이 기도 속에 파묻혔다'고 묘사하는 웰스 대성당은 내가 보기에는 그런 주장이 얼마나 강력한 것인가를 보여주는 좋은 예이다.

그러나 그런 기독교의 주장을 기독교 학자들에 의해 기독교적인 관점에서만 검증할 수는 없는 노릇이다. 지금에 와서는 더 넓은 시각으로 그 주장을 검증해야 할 것이다. 기독교만이 세상의 유일한 종교가 아니며, 그 유일함에 대한 주장이 이제는 예전과 다르게 검증되고 논의되어야 하는 주제이기 때문이다.

인도에서의 기독교

인도는 분명히 기독교의 전통 속에 있지 않다. 인도는 힌두교의 나라이며, 또 회교도들도 많이 거주하고 있는 나라다. 기독교인들은 전체 인구의 3퍼센트도 채 안 되는 소수에 불과하다. 인도는 예수를 쉽게 받아들일 것 같지 않은 지역이다. 서구 제국주의의 힘을 등에 업고 기독교 선교사들이 활동을 벌였지만 아프리카나 남미에서 이룬 것과 같은 성공적인 선교활동을 펴지는 못했다. 인도의 주요 교회들은 힌두교도와 회교도의 정서를 건드릴까 두려운 나머지 겨우겨우 개종을 시키고 있으며, 선교사들이 마련한 발판을 유지하는 데에도 온 힘을 쏟아야 할 판국이다. 그러나 이런 사정에도 불구하고 인도는 예수가 신적인 존재라는 기독교의 주장을 검증할 수 있는 좋은 시험대이기도 하다. 인도에는 예수와 비교할 수 있는 신적인 존재가 굉장히 많기 때문이다. 인도는 또한 구원에 이르는 길은 오직 한 길밖에 없다는 기독교의 생각을 검증할 수 있는 좋은 나라이기도 하다. 인도는 세계 거의 모든 위대한 종교의 고향일 뿐만 아니라 신에게 다가가는 길이 무수히 많다고 가르치는, 즉 일견 기독교와 정반대의 교리를 지닌 듯한 종교들이 생성된 지역이기 때문이다.

전해 내려오는 이야기에 따르면 인도에 처음 기독교를 전파한 사람은 사도인 도마이다. 그는 부활을 믿지 않았기 때문에 흔히 의심 많은 도마로 알려져 있다. 나는 마드라스에 있는 리틀 마운트라는 성지를 방문했다. 도마가 살았다는 동굴 위에 세워진 사당이었다. 그곳에서 나는 로마 가톨릭 사제 한 사람을 만났는데, 그는 자신이 도마 기독교인이라고 당당히 주장하면서 그의 공동체가 아직 존재한다는 사실이 도마가 실제로 인도에 와서 남부 주민들을 기독교로 개종시켰다는 것을 입증하는 증거라고 설명하였다. 그는 나에게 인도에서 도마가 수행했던 임무가 3세기에 나왔다는 『도마복음』이라는 책에 기록되어 있다고 말해주었다. 실제로 4세기부터 인도 남부에 교회가 존재했다는 역사적 증거는 많다.

16세기에 포르투갈인들이 처음 인도에 왔을 때 그들은 오랜 역사를 지닌 기독교 사회가

흰색 스톨을 입은 성 프란시스코 사비에르(1506~52)가 가리비 껍질에 물을 담아 무릎을 꿇은 개종자들 머리 위로 세례수를 붓고 있는 모습. 예수회 소속 사제인 사비에르는 기독교 역사상 가장 위대한 선교사로 인도, 실론, 일본 등으로 이방인을 구원하고자 하는 순교 여행을 계속하였다. 17세기 루카 조르다노가 그린 그림의 일부.

인도에 존재하고 있다는 것을 알게 되었다. 물론 진정한 의미의 기독교 전파는 포르투갈 선교사들의 노력과 더불어 시작되었다. 인도에서 선교활동을 한 가장 위대한 유럽 선교사는 프란시스코 사비에르이다. 1542년 고아에 있는 포르투갈 식민지에 도착한 그는 그 지역에 로마 교황의 지배권을 끌어들였다. 그의 시신은 고아에 있는 '선한 예수' 교회에 모셔져 있다. 그가 많은 인도 사람들을 개종시키긴 했지만 그후 인도 기독교의 역사를 살펴보면, 기독교의 선교활동이 예수가 유일한 구원자라는 선교사들의 주장을 받아들이는 인도인들에게서조차 큰 삶의 변화를 별로 이끌어내지 못했음이 드러난다.

그 다음에 영국인들이 왔다. 영국인들은 그들의 문화가 더 월등한 문화이고, 따라서 미개한 문명을 지닌 사람들에게 우월한 문화를 소개하는 것이 자신들의 의무라는 확신을 가지고 인도에 왔다. 초기 인도 주재 영국 행정관 중 가장 위대한 인물로 꼽히는 토머스 먼로 경은 이런 글을 남겼다. '우리의 주권은 가능한 한 저 아득한 훗날까지 계속되어야 한다……우리가 그 주권을 포기해야 할 때면 우리는 우리와의 접촉으로 훨씬 더 발전된 원주민들을 남겨두어, 그들이 스스로 자유로운 정부, 적어도 정상적인 정부를 유지할 수 있도록 해야 할 것이다.' 이런 점에서 영국인들은 '문명 전파 임무'의 일환으로 기독교를 인도에 전파한 것이다.

서구 기독교가 우월한 종교라는 영국인의 생각은 캘커타 대성당에 그대로 나타나 있다. 캘커타 대성당은 가장 위대한 기독교 선교사인 성 바울에게 봉헌된 성당으로 캘커타의 하이드 파크라 불리는 마이단의 동남쪽에 우뚝 자리잡고 있다. 캘커타는 한때 영국 지배하의 인도 수도이자 인도 제국 제2의 도시였다. 외부에서 보면 고딕 양식의 성 바울 대성당은 영국의 대성당과 흡사하다. 심지어 그 성당엔 영국국교회의 모태가 된 교회인 캔터베리 대성당의 벨 해리 타워를 그대로 본뜬 탑도 하나 있다. 광활한 경내에 세워진 성당이다. 내가 그곳에서 열린 성찬식에 참석했을 때 모인 회중은 약 250명이었다. 거의 모두 인도 사람들이었다. 영어로 된 영국국교회 기도서의 책장이 회중들의 머리 위에서 건들건들 흔들리며 돌아가는 선풍기 때문에 잎사귀 살랑이듯 펄럭였다. 대성당의 교구 목사인 노엘 센 역시 인도인이었다. 하지만 그는 완벽한 영어로 예배를 주도했다. 찬송가 역시 영어로 불렸다. 그중 하나가 〈하나뿐인 교회의 반석〉이었는데, 각 행의 끝부분마다 감동적인 '하나의 교회, 하나의 신앙, 하나의 구주'라는 구절이 붙어 있었다. 그런 광경을 보며 나는 교회와 신앙과 구주가 다 영국의 것인가 하는 생각을 지울 수 없었다. 본예배 다음에는 뱅골어로 행하는 예배가 부속 예배당에서 열렸는데 그 예배에 참석하는 신도는 얼마 되지 않았다. 그때 내 기억에 떠오른 것이 하나 있었다. 그 전주 주일에 내가 부활절 성찬식에 참석했을 때 교회 밖에 있던 게시판이었다. 그 게시판에 이렇게 적혀 있었던 것이다. '예배는 영어로만 진행됩니다.'

캘커타 대성당은 처음부터 인도에 아무런 양보도 하지 않았다. 19세기에 세워진 그 대성당은 위대한 선교사로 1823년 캘커타의 주교가 되면서 인도에서 오스트레일리아까지 이어지는 대교구를 관리하던 레지널드 히버 주교를 기념하여 건축된 성당이었다. 성당 입구에는 흰 대리석으로 실제 모습보다 더 커다랗게 만든 그의 동상이 주위의 분위기를 압도하고 있다. 히버 주교는 당대 최고의 기독교인이었다. 영국국교회의 저(低)교회파, 즉 복음주의를 받드는 사제인 그는 구원은 하나님의 아들인 예수에 대한 개인적인 언약을 통해, 그리고 십자가의 희생적인 죽음에 의해 예수가 우리의 죄를 용서했다는 사실을 받아들이는 것을 통해서만 이루어질 수 있다고 굳게 믿은 사람이었다. 그는 〈성스럽고, 성스럽고, 성스러운 전능의 구주 하나님〉과 〈가장 빛나고 가장 뛰어난 아침의 아들〉 등을 포함하여 몇몇 유명한 찬송가를 작사하기도 했다. 내가 어렸을 때 가장 즐겨 부르던 히버의 찬송가는 〈그린랜드의 얼음산에서〉였다. 그러나 그 찬송가는 다른 종교들이 다 '오류의 사슬' 속에 있음을 단호히 밝히는 내용이기 때문에 지금 생각하면 정치적으로 올바른 것을 기대할 수 없다. 다음과 같은 내용을 보면 히버 주교는 분명 힌두교인들을 염두에 두고 있었다.

무지몽매함 속의 이교도들이
나무와 돌을 경배하나니……
천상의 지혜를 받아
영혼이 가벼워진 우리가 어찌
무지한 사람들에게
생명의 등불을 건네지 않을 수 있으리요.

1847년 대성당의 초석이 놓였을 때 히버 주교의 정신은 그대로 살아 있었다. 그리고 다음과 같은 기도를 하나님께 바쳤다. '하나님이시여, 저희를 보살펴주옵소서. 저희들 주위에는 무지몽매한 수많은 사람들이 있사옵니다. 판단이 흐려져 죄와 정욕의 늪에 빠진 자신들을 구원해줄 유일한 분의 이름도 모르는 사람들이옵니다. 당신의 선함으로 우리의 이 과업이 번성하도록 해주옵소서……이 어둠의 땅 구석구석이 영원한 복음의 빛으로 환하게 밝혀질 때까지.'

물론 기독교가 인도에 양보할 것은 양보해야 한다고 생각한 선교사들도 있었다. 1793년, 영국 침례파의 윌리엄 캐리가 뱅골로 향했다. 그는 나중에 인도의 언어를 연구한 뛰어난 학자가 되었으며, 캘커타 교외의 세람포르에 대학도 설립하고 인쇄소도 세웠다. 그는 인도학자들과 함께 성경을 여러 언어로 번역했을 뿐 아니라 힌두교의 베다 경전을 영어로 번역하여 선교사들이 개종시키려 하는 힌두교에 대해 더 잘 알 수 있도록 하였다. 캐리의 친구였던 앤드루 풀러 목사는 이런 그의 노력을 '더러운' 짓이라고 하였으나 캐리 자신은 자신의 번역사업으로 선교사들이 힌두의 교리에 맞서는 데 도움을 주리라 믿었다. 동시에 그는 번역사업으로 벌어들이는 돈이 성경책을 더 많이 인쇄하고 출판하는 데 쓰일 수 있다고 생각했다. 캐리는 그의 친구에게 이렇게 썼다. "우린 기쁩니다……사탄이 여기서 제가 쏜 화살에 맞아 쓰러질 거라고 생각하니. 사탄이 그 사악하고 파괴적인 우화를 공표했을 때 아마 이것은 생각하지 못했을 겁니다. 그러니까 그 사악한 이야기들을 개화된 세상에 출판해 내놓는다는 것이 결국엔 진리의 성서를 전파하기 위한 기금을 제공하리라는 사실을 말입니다." 결국 따지고 보면 캐리 역시 힌두교의 경전은 사악한 것이고 오직 기독교만이 진리라는 생각을 지니고 있었다. 하지만 그는 힌두교가 단순히 나무와 돌에 고개 숙이는 것 이상의 것이라는 점은 인정하였다. 그 종교를 논박하기 위해서는 그것을 이해할 필요가 있다고 생각했기 때문이다.

다른 선교사들이 제공하고 운영하는 학교나 병원과 마찬가지로 교육부문에서 캐리가 이룬 업적은 마땅히 존중되어야 한다. 또한 우리는 캐리나 히버의 신학을 우리 시대의 관점에서 판단해서도 안 된다. 그들은 그들 시대의 예수에 온 생애를 바친 독실한 기독교인이었다.

인도에서 어린 시절을 보낸 나는 그들과 똑같은 예수에 대한 믿음 속에서 자랐다. 힌두교는 우상숭배였으며, 십계명 가운데 다음과 같은 제2계명에 따르면 절대 따라서는 안 될 혐오의 대상이었다. '너를 위하여 새긴 우상을 만들지 말고 또 위로 하늘에 있는 것이나 아래로 땅에 있는 것이나, 땅 아래 물 속에 있는 것의 아무 형상이든지 만들지 말며, 그것들에게 절하지 말며, 그것들을 섬기지 말라. 나 여호와 너의 하나님은 질투하는 하나님인

즉……' 내 머릿속에 우상에 대한 혐오와 두려움이 너무 깊이 박혀 있어 서양의 크리스마스에 해당하는 캘커타의 두르가 축제 때 팔이 여러 개 달린 두르가 여신이 호랑이를 타고 있는 화려한 모습을 보고 나는 잔뜩 겁에 질렸다. 지금도 기억나는 것은 그 당시엔 그래도 회교도들이 더 낫다고 배운 일이었다. 적어도 회교도들은 하나의 신을 믿으며 우상을 숭배하지 않는다는 사실 때문이었다. 아무튼 당시에는 하나님이 다른 종교에도 관여한다는 사실을 어느 누구도 나에게 가르쳐주지 않았다. 그러나 이젠 사람들의 태도가 많이 바뀌었다. 최근까지만 해도 로마 가톨릭 교회는 자신들만이 유일한 교회이고, 그들 교회를 떠나서는 그 어떤 구원도 없다고 주장했다. 그러나 제2차 바티칸 공의회 이후 가톨릭교인들은 그들 교회 밖의 다른 곳에서도, 심지어 다른 신앙에서조차 하나님의 표시를 보도록 장려되었던 것이다.

힌두교와의 공통점을 찾아서

성인이 되어 인도에 사는 동안 내가 깨달은 사실 하나는 기독교가 실제로는 힌두교와 많은 점에서 비슷하다는 사실이다. 그런데 브리스틀 대학의 종교학 교수 어슐라 킹을 만났을 때 나는 그런 생각을 하고 있는 사람이 나 혼자가 아니라는 것을 알게 되었다. 내가 그녀를 알게 된 것은 30년 전, 그녀가 델리에서 서양 철학과 인도 철학을 공부하고 있을 때였다. 그 동안 많은 세월이 흘렀지만 나는 금방 그녀를 알아볼 수 있었다. 아직 앳된 동그란 얼굴에 금발의 머리카락. 그리고 무엇보다 사람의 혼을 빼놓는 그 미소. 분명한 것은 비교종교학을 공부하며 더 많은 것을 알고 싶어하는 그녀의 열정이 아직도 식지 않았다는 점이었다. 영국에서 장시간 비행기를 타고 와서 피곤할 만도 할 텐데 그녀는 시골 교회로 예배 보러 가는 나를 굳이 따라가겠다고 나섰던 것이다. 이튿날, 우리가 마드라스에서 지금은 티루치라팔리라고 알려진 트리치노폴리로 기차를 타고 떠날 때 그녀의 열정이 과연 끝까지 유지될지 시험대에 오른 셈이 되었다. 기차를 탈 때 바이가이 특급 열차의 차장이 우리에게 예정된 냉방 객차가 "오늘은 운행이 안 된다"고 하더니 우리 표를 보고는 이렇게 말했다.

"어쨌든 손님들은 대기자 명단에 들어 있네요."

내가 차장에게 대기자 명단이고 뭐고 다 그만두고 냉방은 안 되더라도 창 하나만 있으면 되니 잘 좀 부탁한다고 설득하고 또 설득하는 동안, 그녀는 화를 내기는커녕 재미있다는 듯 유심히 지켜보기만 했다. 겨우 기차에 오른 우리는 거의 여섯 시간 동안 남부 인도의 뜨거운 여름 열기를 그대로 안고 여행을 해야 했다. 하지만 그녀와 나의 대화가 무더위 때문에 끊어지는 법은 없었다. 열심히 얘기를 나누는 동안 나는 그녀의 가족에 대해 어느 정도 알게 되었고, 현대 신학 연구의 동향에 관해서도 많은 것을 알게 되었다.

다음날 아침, 우리는 차를 타고 티루치라팔리 교외의 스리랑가나타스와미 사원의 현대식 출입문을 통해 안으로 들어섰다. 그 사원은 인도 남부의 힌두사원 가운데 몇 안 되는 굉장히 웅장한 사원이었고, 힌두교 3대 신 중 제2신인 비슈누를 숭배하는 사람들이 사원의 대명사인 양 그냥 '사원'이라고 부르는 곳이었다. 우주와 우주 안 만물의 원천인 비슈누 신은 일곱 개의 안뜰이 둘러싸고 있는 안쪽 성소에 천 개의 두피가 달린 영원의 뱀으로 이루어진 옥좌에 앉아 있었다. 우리는 과일, 꽃, 사탕, 코코넛, 향료, 장뇌, 그리고 순례자들이 '푸자'라고 부르는 경배를 올리는 데 필요한 온갖 물품 등을 파는 상점들이 즐비한 바깥쪽 안뜰을 계속 차를 타고 지날 수 있었다. 넷째 안뜰에서 우리는 차에서 내려 신발을 벗고 북문으로 들어섰다. 그래도 태양이 사원의 지붕을 뜨겁게 달구기 전에 일찍 도착한 셈이어서 발바닥이 뜨거워 걷지 못하는 일은 생기지 않았다. 우리를 안내하던 P. 사운다라라야안은 사원 구석구석을 잘 알고 있었다. 기자인 그는 사원이 있는 카베리 강의 한 섬에서 줄곧 살아왔던 사람이었다. 원숭이 신인 하누만의 성상이 있는 작은 성소를 지날 때 그는 이렇게 말했다.

"열렬한 신자들은 이곳에서 예를 올립니다. 그런 다음엔 비슈누의 신전에 들어가기 전에 새의 왕인 가루다에게 경배를 올리지요. 그건 정부의 어느 장관에게 도움을 청하러 갈 때와 비슷합니다. 거물인 그 장관을 직접 만나기 전에 비서관을 만나 면담을 청하는 것과 마찬가지지요."

우리는 가루다의 상을 보기 위해 회당으로 들어섰다. 지붕을 떠받치며 늘어서 있는 기둥을 따라 걸어갔다. 영국의 중세 대성당에서 볼 수 있는 그런 아치는 없었다. 사원의 한 회당에는 천 개의 기둥이 있었다. 가루다는 작은 신에 불과했다. 그러나 부리가 달린 청동색의 거대한 얼굴 형상에 허리 아래에서 발밑까지 길게 손으로 짠 천을 16미터나 드리우고 있는 그 모습에 나는 경탄을 금치 못했다. 성전의 희미한 어둠을 뚫고 불쑥 다가오는 듯한 느낌이었다. 그것이 바로 비슈누의 성단(聖壇)이었다. 힌두교의 모든 신은 동물을 타고 있었다. 문득 에스겔의 환상 속에 보였던 네 마리의 동물이 생각났다. 원래 하나님의 마차를 끌던 그 동물들이 나중에는 복음서의 상징이 되지 않았는가. 회당의 다른 구석에는 신전 코끼리가 서 있었다. 얼굴에 하얀 V자가 그려져 있었고, V자 중앙 아래로 빨간 선이 그어져 있었다. 그 코끼리가 바로 사제나 열렬한 신도들이 그들의 이마로 비벼대는 비슈누의 표상이다. 우리는 순례자들이 코끼리의 코끝에 동전을 올려놓는 광경을 물끄러미 지켜보았다. 순례자들이 동전을 올려놓으면 코끼리는 코를 들어 순례자의 머리에 갖다 댄 다음 돈을 옆에 있는 코끼리 부리는 사람에게 건넸다.

우리는 회당을 나와 넷째 안뜰에 있는 한 건물의 지붕으로 올라갔다. 그곳에선 총 넓이가 400제곱미터 이상 되는 사원 전체가 다 보였다. 각 안뜰 벽담에 있는 출입문 위에 세워진 '고파람'이라 불리는 탑들이 동서로, 그리고 또다른 탑들은 남북으로 이어져 있었다. 탑들이 교차하는 지점에 황금빛을 발하는 돔이 하나 있었는데, 그 돔 아래에 바로 영원의 뱀의 형상을 타고 있는 비슈누가 있다. 이 가장 신성한 성전을 향해 각 안뜰을 지나고 작은 신전이 나타나면 그 앞에 발을 멈추고 경배하는 순례자들의 모습이 눈에 들어왔다. 바라문 승려(인도의 사성 가운데 제1계급의 승려—옮긴이) 두 명이 성스러운 강 카베리에서 청동 단지에 물을 길어오는 모습도 보였다. 섬으로 이어진 다리를 건널 때 넓은 강바닥에 모래만 풀풀 날리는 광경을 보았던 나로서는 저 사람들이 정말 어렵게 물을 길어왔을 거라는 생각에 안타까운 마음이 들었다. 강 상류에서 관개수로 공사를 하는 바람에 강물이 말랐다고 했다. 잠시 후, 고동 소리와 북소리가 울렸다. 바라문 승려들이 자신의 몸을 깨끗이 씻고 옷도 갈아입은 다음 각 신전의 성상 앞 제단도 다 차렸다는 것을 알리는 신호였다. 제단을 다 차리고 나면 승려들은 신전 앞의 커튼을 열어 순례자들이 앞으로 나아가 신의 성상을 만나게 하는 것이다. 많은 신과 여신들, 작은 신전들, 이마에 '신도어'라는 빨간 딱지를 붙인 순례자들, 그리고 맨살로 드러난 가슴에 명주 실타래를 감고 있는 바라문 승려들—이 모두가 어쩌면 기독교인들에게는 정말 낯선 것인지도 모른다. 로마 가톨릭 신자인 어슐라 킹 교수가 나에게 말했다.

"비슈누는 이 사원 중앙, 바로 한가운데에 있어요. 비슈누 신을 만나러 가는 일은 우리가 성당에 들어가 성찬대 위 성합(聖盒) 속에 숨어 있는 하나님을 찾는 일과 똑같아요."

그녀는 하늘로 치솟은 힌두사원의 탑이나 가톨릭 대성당의 첨탑이나 모두 신도들의 마음을 위로 끌어올려 그들에게 초월의식을 심어준다는 의미에서 같은 상징적인 의미가 있다고 하였다. 그녀는 계속해서 말했다.

"밖에서 보면 사원이 굉장히 크게 보이지요. 그러나 사원은 결국 신이 숨어 있는 작은 중심으로 이어지지요. 그 중심이 바로 성스러운 비밀의 장소랍니다. 초월의 상징으로서의 탑도 있어야 하지만 직접 찾아가서 신이 받아들일 준비가 되어 있는 곳에서 신에게 말을 전하는 공간도 있어야 하는 거예요."

나는 히버 주교를 떠올렸다. 나무와 돌로 된 우상에 절하는 이교도들을 비난하던 그의 찬송가도 생각했다. 그리고 어렸을 적 캘커타에서 두르가의 형상을 보고 두려워했던 일을 그녀에게 들려주었다. 그런데 어슐라는 어느 누구도 나무나 돌을 숭배하는 것이 아니라고 주장했다. 그녀의 설명은 이러했다.

"신도들이 나무나 돌을 숭배하는 것이 아니라 그 형상들을 통해 숭배한다는 겁니다. 즉 그 형상들은 우리 눈에 보이지 않는 무엇을 가리키는 표시에 불과한 것이죠. 신도는 형상을 보면서 신과 접촉하고 대화하는 겁니다. 형상은 겉으로 드러난 표상에 불과한 것이죠."

그러면서 어슐라는 형상 속에 숨어 있는 신의 개념이 아마도 그리스도는 말 그대로 신에게 바쳐진 예수의 몸 속에 현존한다는 가톨릭의 믿음과 유사한 것인지 모른다고 하였다.

"그 둘 모두 어떤 성스러운 힘이 집중되어 있는 특정한 공간을 가리키는 겁니다."

정통적인 기독교인들이 가장 흔히 저지르는 실수는 힌두교가 여러 신을 모시기 때문에 잘못된 종교라고 주장하는 것이다. 서구에서는 그런 것을 다신교라고 부른다. 그리고 다신교는 하나밖에 없는 하나님을 숭배하는 일신교보다 열등한 것으로 간주하는 것이다. 그러나 사실 힌두교는 다신교가 아니다. 그들은 하나의 신을 숭배하는데, 다만 다양한 형상들을 통해 숭배하는 것이다. 그 다양한 형상 혹은 표상과 관련해볼 때 그 비슷한 것이 기독교에도 있다는 사실은 많은 사람들이 생각지 못한 일이리라. 기독교인들은 성자나 성스러운 인물들을 기리고 그들을 경애하며 촛불을 켜고, 이따금 기도도 올린다. 기독교가 영국에 전해졌을 때 영국 각 지역의 신들이 때로 기독교의 성자로 바뀌기도 했다. 기독교인들은 또한 천사나 대천사를 찾아 그들과 함께 예배를 올리고, 그들을 보호한다. 개인적으로 수호천사를 믿는 사람들도 많다. 거의 모든 교회에서 때에 따라, 그리고 계절에 따라 하나님의 서로 다른 모습을 강조한다는 것은 공통적인 관습처럼 되어버렸다. 가령, 기독교인들이 오순절에는 성령으로서의 하나님을 숭배하고, 삼위일체의 축일(오순절 다음 일요일—옮긴이)에는 삼위일체로서의 하나님을 숭배하고, 크리스마스에는 아기 예수에 구현된 하나님을 숭배하는 것이 바로 그것이다.

어슐라 킹은 다양한 모양의 사당과 많은 기둥들, 그리고 많은 탑과 안뜰이 있는 사원은 바로 하나의 신의 각기 다른 모습을 구현하고 있는 것으로 생각하고 있었다. 비록 힌두교에서 신을 경배하는 방법은 하나가 아니긴 하지만 "사실 그 모든 것이 수많은 형태 속에 스스로를 내보이는, 그러나 숨어 있는 하나의 신에 집중되어 있다"는 것이 그녀의 설명이었다.

"힌두교의 장점은 다양성에 있어요. 그러나 바로 그 장점이 약점이기도 하지요. 혼란을 가져다줄 수 있기 때문이에요. 기독교의 장점은 하나로의 집중성, 즉 하나로의 지향성이에요. 그러나 문제는 그 장점이 바로 기독교의 다양성과 풍요성을 차단한다는 것이지요."

아마도 기독교인들이 가장 이해하기 쉬운 힌두교의 예배 형태는 힌두교인들이 지상에 살고 있다고 믿는 어느 개별 신들에게 드리는 예배일 것이다. 우리 아버지는 독실한 기독교인이었다. 내가 학교 다닐 때 아버지는 나에게 '신의 노래'라는 의미의 제목인 『바가바드 기타Bhagavad Gita』라는 책을 한 권 주었다. 그 책은 힌두의 신인 크리슈나와 의심 많은 무사 아르주나의 대화를 그린 위대한 서사시 『마하바라타Mahabharata』의 일부이기도 하다. 그런데 비슈누의 화신(化身)인 크리슈나는 『바가바드 기타』에서 왜 가끔 신이 지상에 내려오는지를 이렇게 설명한다. '선함이 쇠퇴할 때마다, 올곧음을 일으켜야 할 때마다 내가 내려가리라. 선한 자를 보호하고 악한 자를 멸망케 하기 위해, 그리고 선함을 바로 세우기 위해 어느 때고 내가 나타나리라.'

이것이 바로 힌두교식 신의 화신, 즉 어리석음과 파멸로부터 인류를 구원하기 위해 지상에 내려온 신의 모습이다. 아버지가 나에게 주신 『바가바드 기타』는 크리스토퍼 이셔우드와 힌두학자인 스와미 프라바난다가 공동번역한 것이다. 이 두 사람은 서문에서 『바가바드 기타』를 복음서라고 설명하면서 이렇게 말했다.

"이 책의 본질적인 메시지는 시간의 제약을 받지 않는다. 어느 하나의 언어, 어느 하나의 종족이나 시대에 속하지 않은 언어로 인간의 모습으로 나타난 신이 그의 친구인 인간에게 말하는 것이다."

물론 힌두교식 신의 화신과 예수의 신성함에 대한 기독교의 믿음에는 많은 차이가 있다. 예를 들어 힌두교의 비슈누파 사람들은 지금까지 비슈누가 아홉 사람의 모습으로 나타났고, 앞으로 열번째 모습을 보일 거라고 믿는다. 그들은 비슈누는 신의 속성을 그대로 유지한 채 자기 마음대로 모습을 바꿀 수 있다고 생각한다. 반면 기독교에서는 하나님이 인간의 모습으로 나타난 것은 딱 한 번 일어난 일이며, 바로 나사렛 예수가 하나님의 인간된 모습이고, 또 그것이 영원히 변하지 않는 모습이라고 주장한다. 예수 없이는 기독교가 없으며, 따라서 기독교인들은 예수가 역사적 인물일 뿐 아니라 하나님이 지상에 내려와 우리 가운데 거했던 바로 그 한 번밖에 없는 유일한 존재라는 사실을 인정할 수밖에 없는 것이다.

우리는 다시 예수의 유일성에 관한 문제로 돌아온 셈이며, 이 문제를 기독교에서 그냥 방임할 수 없는 것은 당연한 일이다. 힌두교의 다양성은 곧 비슈누의 화신인 크리슈나를 사람에 따라 숭배할 수도 있고 숭배하지 않을 수도 있다는 의미이다. 또한 크리슈나를 역사적인 인물로 받아들일 수도 있고 신화적인 인물로 받아들일 수도 있다는 의미이다.

그러나 내가 보기에 예수나 크리슈나가 인간에게 매력적인 존재로 받아들여지는 이유는 동일한 듯하다. 인간이면서 신(神)인 존재는 우리가 사랑할 수 있고, 의지할 수 있고, 또 평생을 동반자로 함께할 수 있는 신이다. 우리가 서로 가까이 지내고 사랑하듯이 우리는 그 신에게 가까이 다가갈 수 있고, 또 사랑할 수 있다. 구약에 나오는 저 높은 곳의 하나님보다는 예수에게 더 친근감을 느끼기 쉽다. 천 개의 머리를 가진 뱀 위에 누워 있는 비슈누보다는 피리를 불고 있는 크리슈나에게 더 친근감을 느끼기 쉽다. 어슐라 킹은 크리슈나는 '우리가 쉽게 다가갈 수 있는 신'이라고 설명해주었다.

신성과 인간성을 동시에 지닌 인격적인 신의 특질은 신들의 탄생 이야기에서도 잘 나타난다. 어슐라 킹은 예수의 탄생과 크리슈나의 탄생 사이에 유사한 점이 있다고 말한다. 크리슈나의 탄생도 보통의 잉태에 의한 것은 아니었다. 예수와 마찬가지로 크리슈나는 신과 인간인 한 여성 사이에서 태어났다. 크리슈나의 탄생 이야기를 보면 비슈누는 자기 머리카락 하나를 뽑아 크리슈나 어머니의 자궁에 심었다고 한다. 크리슈나의 지상의 부모는

불을 내뿜으며 주변을 온통 황폐화시키는 뱀의 왕 칼리야를 밟고 선 크리슈나상. 크리슈나는 뱀의 왕을 무찔러 지상에서 추방하였다. 크리슈나는 모든 존재의 근원이자 법 집행자인 비슈누의 8번째 화신이다. 크리슈나의 위업은 힌두 신화에 잘 나와 있다. 마드라스에서 발견된 16세기 조상(彫像).

사악한 전제군주인 캄사의 폭정을 피해 도망쳤다. 이것은 마태복음에서 요셉과 마리아가 헤롯의 폭정을 피해 도망간 것과 비슷하다. 두 지배자는 신이 인간의 모습으로 내려오리라는 사실을 알게 되어 그에 해당되는 갓난아기를 살해하려고 무진 애를 쓴다. 그리고 두 인간의 탄생은 기적 같은 사건들과 함께 일어난다. 다음의 시는 크리슈나의 탄생을 그린 중세의 시이다.

소식을 듣고 나는 발걸음을 서둘렀다.
야소다의 한 여인이 아들을 낳았다는 것이다.
그 집의 안뜰은 찬양의 노래로 고동치고,
그 광경을 보고 내가 무슨 말을 할 수 있으리?
땅에는 사람들이 던진 보석이 가득하고,
노인에서 갓난아기들까지 모든 사람들은 춤을 추었지.
흙먼지가 뿌옇게 공중을 뒤덮었으니
소치는 사람들과 그들의 아내들이 문가로 몰려든다,
더욱더 기쁜 마음으로―내가 무슨 말을 하리오?
수르다스의 신은 이 모든 이들의 기분을 알아
세상에 기쁨을 준 것이다―난다의 작은 아기를.

이 시를 보면 크리스마스 캐럴이 생각난다. 이 시나 크리스마스 캐럴에는 '세상의 기쁨'이 실려 있다. 그리고 신의 풍요로움과 인간의 궁핍함의 대조가 담겨 있다. 누가복음에는 양치기가 나오고, 이 시에서는 소치는 사람들과 그들의 아내가 나온다.

어슐라 킹은 이렇게 말했다.

"여러 종교에 나오는 영웅과 신적인 존재의 탄생을 비교해보면 비슷한 유형을 찾을 수 있을 겁니다. 부처의 탄생에도 여러 징후와 경이가 뒤따랐어요. 그러한 것들이 바로 비범함을 나타내는 방법이고 모든 경계를 깨뜨리는 방법이지요. 그러니 인간의 세계에 인간적인 것 이상의 것이 있음을 보여주는 예라 할 수 있어요. 바로 이 순간 이 특정한 인물 속에는 어떤 계시 같은 것이 숨어 있는 거지요."

그녀는 나에게 흙장난을 하고 있는 어린 크리슈나에 관한 이야기를 들려주었다.

"크리슈나의 어머니가 이렇게 말했어요. '입을 벌려보아라. 너 흙을 먹었잖니.' 크리슈나는 안 먹었다고 했고, 어머니는 계속 다그쳤지요. '너 먹었잖아! 입 벌려.' 그래서 크리슈나는 입을 벌렸고, 어머니는 그의 입 안에 온 우주가 담겨 있음을 보았다는 거예요. 두려웠던 어머니는 그에게 제발 보통 아이가 되어달라고 간청했다고 합니다. 누가복음에도 비슷한 얘기가 있잖아요. 어린 예수가 부모 몰래 집을 나서서 예루살렘 성전의 랍사들을 가르쳤다는 얘기 말이에요. 그런데 예수의 어머니인 마리아는 예수의 말을 들은 모든 이들이 어린 예수의 지혜에 놀랐다는 사실을 자랑스럽게 여기기는커녕 혹 예수가 길을 잃은 것은 아닌지 요셉과 자신이 무척 걱정했다며 야단을 쳤잖아요."

나는 어슐라 킹에게 힌두교와 기독교 사이에 유사성이 있다는 사실을, 전능한 하나님 아버지를 믿고 성령에 의해 잉태하고 동정녀 마리아에게 태어난 그의 외아들 우리 주 예수 그리스도를 믿는다고 한 기독교의 교리와 어떻게 조화시킬 수 있느냐고 물었다.

그녀는 이렇게 대답했다.

"그것은 사람이 해석하고 이해해야 할 신학적 주장이지요. 서구의 접근방식은 굉장히 합리적이에요. 서구인들은 예수는 모든 것일 수도 있고, 아무것도 아닐 수도 있다고 생각해요. 그런데 동양의 접근방식, 특히 인도식 접근방법은 훨씬 더 포용적이죠. 인도 사람들은 예수를 받아들일 수 있고, 또 크리슈나도 받아들일 수 있어요."

"하지만 거기엔 차이가 있잖아요? 기독교인들은 신적인 예수가 역사적인 인물이라고 믿어야 하지 않습니까? 반면 힌두교인들은 크리슈나를 그냥 신화적인 인물로 받아들이는 것 아닌가요?"

"그게 바로 이것 아니면 저것이라는 사고방식의 좋은 예지요. 즉 신화에 나오는 얘기냐, 아니면 역사냐 하는 것. 그런데 제 생각엔 그건 너무 일차원적인 생각인 것 같아요. 그리스도가 기독교인들에게 현실인 것처럼 힌두교인들에게는 크리슈나가 현실적인 존재이지요. 중요한 것은 경험의 실재, 심리적인 영향의 실재가 아닌가요? 역사로서의 역사, 그것이 어느 한 본보기를 내세우지 않는다면, 사람들에게 영감을 주지 않는다면, 자신과 세계를 변화시키지 않는다면 실상 무의미한 것이 아닌가요?"

그녀의 말을 다시 표현하면, 역사가 우리에게 의미가 있으려면 그것이 우리의 경험과 관련 있어야 한다는 것이다. 나는 리처드 버리지를 생각했다. 그는 사실만으로는 우리가 진리에 도달할 수 없다고 주장하면서 중요한 것은 그 사실의 해석이라고 했다.

아기 크리슈나(왼쪽)와 아기 예수. 힌두교와 기독교는 아기 신(神)에 관한 신화가 풍부한 종교다.
아기가 나이를 넘어선 지혜로움을 보여도 그 인간적인 연약함 때문에 사람들이
더욱 깊은 신앙을 품을 수 있으므로. 여기의 아기 예수 그림은 프라 안젤리코의 1450년 작품인
「여덟 성자와 함께 있는 마돈나와 아기 예수」의 모습이다.

어슐라와 얘기하는 동안 예전에 내가 한 번 만난 적이 있는 어느 인도 사람이 생각났다. 예수회 사람으로 거의 15년 동안 기독교 신학 공부에 매진해왔고, 또 그의 집안이 4대에 걸친 기독교 집안이긴 하지만 그는 아직도 예수보다는 크리슈나가 더 가슴에 와 닿는다고 하였다. 인도에서 많은 시간을 보낸 나 역시 그와 같은 생각이었다. 어떤 의미에서 나에게도 예수보다는 크리슈나가 더 의미 있는 존재였다. 내가 그 동안 겪은 어려움이 있다면 그것은, 하나님이 예수를 통해 그 모습을 나타냈다고 하지만 내가 말을 건넬 수 있는 예수를 나에게 보낸 것은 아니지 않는가 하는 생각이었다. 물론 나는 인간 예수의 가르침을 존경한다. 그리고 위대한 계율에 따라 살았던 그의 생애도 존경한다. 그는 진정으로 주 하나님을 사랑했고, 이웃을 자기 몸처럼 사랑한 사람이었다. 그러나 그는 내가 그대로 따르기 불가능한 삶의 본보기를 세운, 나와는 거리가 먼 존재였다. 아무리 애를 써도 나 자신의 무능함만 더 드러날 뿐이었다. 이러한 내 심정을 말로 표현하면 아마 예수가 십자가에 못박힘으로써 내가 용서를 받았다는 그 사실을 선뜻 진정으로 받아들일 수 없었다고 할 수밖에 없을 것이다. 학생 때 나는 이러한 죄악의 고통을 술로 달랬고, 나이가 들어서는 더이상 죄에 대해 생각하지 않음으로써 그 고통을 이겨냈다.

인도에서 나는 하나님을 이해하는 또다른 방법을 생각하기 시작했다. 힌두교를 통해 나는 나와 하나님 사이에 그렇게 큰 격차가 있는 것은 아니라는 사실을 배우게 되었다. 신성함은 우리 모두에게 있기 때문이다. 케임브리지 대학의 학자 줄리어스 리프너가 말했듯, '신은 우리의 내적 자아'이다. 물론 힌두교는 단색의 종교가 아니었다. 다채색의 종교였던 힌두교는 다양한 단계의 정신적 성취를 인정하고 구원으로 향하는 다양한 길을 포용하였다. 그러나 우리 모두가 향하는 목적지는 똑같았다. 리프너가 설명했듯, '자기 자신의 자아(에고)를 버리는 것……그리고 영혼 속에서 우리가 궁극적 실재인 브라만과 동일하다는 사실을 깨닫는 것'이 바로 우리가 나아가는 최종 목적지였다. 나는 예수의 신성함의 의미는 바로 그가 진정으로 자기 자아를 버리고 자신이 하나님과 동일한 존재임을 깨달은 사람이라는 의미가 아닌가 생각하기 시작했다. 내가 이런 생각에 끌리게 된 이유는 나 역시 '모든 이해를 초월하는 평화', 그 평화의 적이 바로 자아, 즉 우리 자신을 손아귀 안에 가두어놓는 이기심, 자기 자신만의 생각이라는 사실을 알고 있었기 때문이다. 나는 내가 왜 내 자아의 부름을 거역하려 했는지 쉽게 이해할 수 있었다. 내가 자아의 부름을 거역하면 행복하고 그렇지 않으면 불행을 느끼기 때문이었다. 그렇게 간단한 사실을 왜 진작 몰랐단 말인가. 더 나아가 나는 내 자아를 억제하지 못하는 것이 죄가 아니라 내 어리석음 때문이라고 생각하기 시작했다. 나는 믿을 수 없는 신의 용서를 필요로 하는 본래적인, 타고난 악인은 아니었다. 그저 어리석을 따름이었다. 이런 생각을 안고 사는 것이 쉬웠다. 이런 생각이 바로 나 자신을 더 드높일 수 있는 가능성이 있다는 생각으로 이어지기 때문이었다.

사이 바바 : 신인(神人)?

우리 모두에게 신성함이 깃들어 있다는 생각이 기독교인으로 자란 많은 사람들에게 점차 매력적인 생각으로 다가오는 듯하다. 인도의 첨단기술 중심지로 급속히 발전하고 있는 방갈로르 교외에는 스리 사스야 사이 바바의 종교센터가 있다. 사이 바바(Sai Baba)는 바로 현대의 신인(神人)으로 유명한 사람이다. 그곳에서 나는 사이 바바가 신의 화신이라고 믿는 수천 명의 사람을 발견할 수 있었다. 사이 바바는 우리 모두가 신적인 존재라고 주장한다. 사이 바바와 우리 사이에 유일한 차이가 있다면 그는 그 사실을 알고 있는데, 우리는 모르고 있다는 점이다.

화이트필즈의 복합 단지는 사이 바바가 매년 때가 되면 와서 일정 기간 머문다는 거대한 은둔소와 같은 건물군이었다. 대학도 있고, 대규모 호스텔 시설도 있고, 또 그 정신적 지도자를 따라 평생을 바치겠다고 한 사람들이 거주하는 숙소도 있었다. 그 안뜰의 중앙에는 삼면이 열린 홀이 하나 있었다. 그곳이 바로 신도들이 매일 아침 여덟시가 되면 모여 자신들이 신이라고 믿는 사람을 만나는 장소였다. 가부좌를 틀고 앉아 매일 일어나는 만남의 시간을 기다리면서 나는 주위에 모인 사람들을 둘러보았다. 홀은 5천 명이 앉을 수 있는 대규모 시설이었지만 그날만큼은 사람들이 꽉 차는 바람에 밖에 앉아서 기다리는 사람도 많았다. 그중에는 외국인들도 많았다. 내 한쪽 옆에는 중년의 인도 사람이 앉아 있었다. 옷을 잘 입은 것으로 보아 비교적 부유한 계층인 것 같았다. 그는 무슨 기도문 같은 것

(다음쪽) 사이 바바는 인도에서 가장 잘 알려진 그리고 가장 인기 있는 신인(神人)이다. 사이 바바를 열렬히 따르는 신자들은 그를 아바타, 즉 비슈누 신의 화신으로 간주하면서 그에게 기적의 능력이 있다고 믿는다.

을 암송하고 있었다. 다른쪽 옆에는 한 젊은이가 앉아 있었다. 그는 유럽 아니면 미국에서 온 청년 같았는데, 조용히 뭔가를 열심히 적고 있었다. 내 앞에는 단정한 차림의 대학생들이 열을 지어 앉아 있었다. 여자들은 남자들과 통로를 사이에 두고 따로 앉아 있었다. 외국인들도 모두 인도 사람들과 마찬가지로 헐렁한 바지에 긴 셔츠를 입고 있었다. 여자들은 모두 어깨를 스카프로 덮고 있었다. 인도 사람들이나 외국인들 모두 삶의 어떤 큰 흐름 속에 함께 있었다. 모두 똑같은 사람들이었지, 새로운 세대니 남과는 다른 대안적 삶의 방식을 택한 사람이라느니 하는 표시나 징후는 전혀 찾아볼 수 없었다.

안내인은 모두 앞뒤 좌우로 일정한 간격을 두고 줄에 맞춰 앉아 있어야 한다고 말했다. 그래야 사이 바바가 그 사이로 걸어갈 수 있다는 것이다. 한 여인이 코끼리 신인 가네슈의 형상이 장식된 빨간 장미와 하얀 재스민을 마지막으로 손질하고 있었다. 다른 여인들은 홀에 먼지 하나 없게 한다고 바닥을 쓸고 닦았다. 그곳에 모인 사람들은 여느 교회에서 흔히 볼 수 있는 회중들과 마찬가지로 조용히 앉아 있었다. 사람들이 제각각 자기가 하고 싶은 대로 하던 스리랑가나타스와미 사원의 광경과는 사뭇 달랐다.

갑자기 사람들의 머리가 모두 한 곳에 집중되었다. 곱슬곱슬한 검은 더벅머리를 한 작은 사람이 문을 통해 들어오더니 홀 밖에 앉아 있던 여자들 쪽으로 걸어가는 모습이 눈에 들어왔다. 그는 사람들에게 인사하면서 홀 안으로 들어섰다. 사이 바바는 정말 작은 사람이었다. 몸도 호리호리했다. 그는 부드럽고 우아한 사프란색 긴 튜닉을 입고 있었다. 작은 키에 비해 옷이 너무 길어서인지 그가 손을 들어 회중들에게 축복을 내리며 홀 안을 걷는 동안 그의 뒤로 옷자락이 꼬리처럼 끌려 다녔다. 이따금 그는 멈춰 서서 앉아 있는 사람에게 간단히 뭐라고 말을 하기도 하고 봉투에 담긴 애원의 글을 받기도 했다. 어떤 사람들은 그가 지나갈 때 고개를 숙여 그의 발에 입을 갖다대기도 했다. 나도 운이 좋은 편에 속했다. 사이 바바가 내 이마에 손을 갖다댔기 때문이다. 그를 유심히 살펴보았으나 나이가 얼마인지 알아낼 수는 없었다. 들리는 말에 의하면 70세 정도 된다던데……

마침내 사이 바바가 홀 전면에 있는 자리로 향했다. 의자 양옆으로는 실물 크기로 그의 사진이 걸려 있었다. 그가 자리에 앉자 회중으로부터 긴 기도의 소리가 흘러나왔다. '오옴……' 옴(Aum)은 힌두교의 수많은 성어 가운데 하나인 주문이다. 사이 바바의 추종자들은 '옴'을 '신성과 우주의 소리, 즉 신의 소리와 창조의 소리를 상징하는 신비의 단음절'로 간주한다. 회중들은 두 차례 더 '오옴……' 하고 주문을 외웠다. 그런 다음 하모늄과 북 소리에 맞추어 사이 바바를 찬송하는 '바잔스' ─송가─를 부르기 시작했다. 사이 바바는 음악에 맞추어 부드럽게 손을 흔들며 그냥 우아한 미소를 띤 채 앉아만 있었다. 녹음을 해서 파는 '바잔스' 가운데 어느 한 곡에서는 사이 바바를 이렇게 그리고 있다.

우리의 어머니, 아버지, 형제자매가 모두 한 분에 있으니
땅과 불과 물과 달과 태양도 모두 이분에 있으니.

'바잔스'가 끝나자 사이 바바는 자리에서 일어나 홀을 떠났다. 그와 같은 알현 시간 동안 그는 회중들에게 단 한 마디도 하지 않았다. 설교도 없었으며, 가르침도 없었다. 그의 추종자들 역시 그런 것을 기대하지 않았다. 그들의 유일한 목적은 그냥 사이 바바의 눈을 들여다보는 것이었고, 그냥 대면하는 것이었다.

뜰 밖에서 나는 기독교인이라는 한 여인에게 물었다. 사이 바바가 예수의 신성을 어떻게 생각하도록 가르쳤느냐고. 그녀의 대답은 이러했다.

"스와미는 말하길 여러 단계가 있다고 했어요. 첫 단계에서는 우리가 하나님의 메신저라는 거예요. 우리가 신성하다고 인식하는 단계죠. 둘째 단계는 우리가 하나님의 아들이나 딸이 되는 단계죠. 제 경우가 바로 이 둘째 단계라 할 수 있어요. 이는 우리가 하나님에게 더 가까이 다가가 이미 하나가 되었음을 느끼는 단계죠. 그 다음이 셋째 단계인데, 이 단계가 바로 우리의 현실 삶이죠. 즉 우리가 하나님이라고 인정하는 단계랍니다. 예수는 생의 마지막에 이것을 깨달았어요. 확신컨대 예수는 아버지 하나님과 하나이신 분이랍니다."

나는 런던의 좋은 직장을 버리고 이곳에 와서 사이 바바의 추종자가 되었다는 또다른 여인에게 사이 바바가 예수처럼 신적인 존재냐고 물어보았다. 그녀의 대답은 이랬다.

"저는 예수가 하나님인 것처럼 우리 모두 하나님이라고 생각해요. 당신도 그렇고 저 또한 그렇죠."

"그렇다면 우리와 예수, 혹은 우리와 사이 바바 사이에는 어떤 차이가 있다고 생각하십니까?"

"그들은 그 사실을 알고 있는데 우리는 모르고 있다는 것이죠."

나는 이란 사람들도 만났다. 그 사람들은 말했다. "제발 인터뷰는 하지 말아주세요. 우

리가 사이 바바의 추종자라는 사실이 고국에 알려지면 우린 정말 위험한 상황에 처하게
될 겁니다." 한 미국인은 자기는 크리슈나와 시바와 예수와 사이 바바를 믿는다고 하였다.
한 오스트리아 사람은 사이 바바가 신인지는 확신이 안 서지만 그래도 그를 깨달음을 얻
은 사람이라고 생각한다고 하였다. 오스트리아 사람의 딸은 모든 종교는 신으로 나아가는
여러 길에 불과하다는 사이 바바의 믿음에 놀랐다고 하면서 이렇게 말했다.

　　"우리나라에는 오직 가톨릭 교회만이 있어요. 우리 가톨릭 교회에선 이렇게 말해요. 우
리는 진리를 안다고. 유일한 진리만을 알고 있다고. 우리의 교회 뒤에는 교황을 비롯한 거
대한 조직이 있어요. 그 조직에서 다른 나라에 선교사를 파견해 그리스도를 믿어야 한다
고 전하지요. 하지만 전 이게 과연 내가 생각하는 종교인지, 그건 잘 모르겠어요."

　　분명한 것은 어슐라 킹과 같은 현대 가톨릭 신학자들의 생각이 아직은 오스트리아의 로
마 가톨릭 교회까지는 스며들지 않았다는 사실이었다. 그곳에서는 아직도 기독교의 절대
적 우월성을 가르치고 있고, 하나님의 유일한, 그리고 영원한 화신의 유일성을 가르치고
있으며, 동시에 다른 믿음을 통해 들어올 수 있는 어떤 지혜와 통찰도 배제하고 있다.

　　내가 어슐라 킹의 이야기를 떠올리지 않을 수 없었던 일이 또하나 있었다. 그것은 사이
바바와 관련된 전설 같은 이야기를 들었을 때였다. 사이 바바와 관련된 이야기에는 복음
서의 이야기와 유사한 데가 있었다. 사이 바바의 어머니가 어느 날 우물가에 서 있는데 커
다란 빛이 몸 속으로 들어왔고, 그때 기적처럼 사이 바바를 가지게 되었다고 하였다. 사이
바바의 탄생 역시 기적 같은 징조와 함께 이루어진 것이다. 사이 바바는 가난한 집에서 태
어났다. 점성가들은 별이 이미 신의 화신의 탄생을 알려주었다고 말한다. 어렸을 적 그는
또한 예루살렘 사원에서의 예수처럼 조숙하고 지혜로운 아이였다. 악마가 그의 몸 속에
들어왔다고 말하는 사람들이 있었다. 예전에 예수의 경우도 그랬었다. 사이 바바의 생애
에 관한 믿을 만한 전기에 의하면 사이 바바의 몸 속에 있는 악마를 쫓아낸다고 사람들이
무당을 불렀다고 한다. 무당은 어린 사이 바바의 머리를 깎고는 두피에 상처를 낸 다음 그
속에 라임 오렌지를 짜 넣었다. 사이 바바가 아프다는 표시를 전혀 하지 않자 무당은 상처
에 붉은 칠리를 문지르고 심지어 산(酸)까지 집어넣었다. 그리고 사이 바바를 몽둥이로
때리기도 하고 매일 양동이에 담은 냉수를 108번 쏟아붓기도 하였다. 이런 필사적인 노력
에도 불구하고 악마가 아직 빠져나가지 않았다고 생각한 무당은 사이 바바의 눈에 풀을
발라 그의 얼굴을 붓게 만들었다. 마침내 사이 바바는 아프다고 하면서 울기 시작했다. 부

모는 깜짝 놀랐지만 사이 바바는 침착하게 어디에 가면 약초를 구할 수 있으니 그것을 구해달라고 하였다. 약초는 효험을 보였고, 결국 무당은 쫓겨나고 말았다.

예수와 마찬가지로 사이 바바도 예나 지금이나 사람의 병을 치료하는 능력을 지니고 있고, 그 밖의 다른 기적도 행한다고 알려져 있다. 그런 기적 가운데 몇 가지, 특히 아무것도 없는 상태에서 성회(聖灰)를 만들고 반지와 같은 세속의 물건을 만들어내는 그의 기적 때문에 어떤 사람들은 그를 사기꾼 아니면 요술쟁이에 불과한 존재로 폄하하기도 한다. 그러나 화이트필즈에서 내가 만난 사람의 이야기는 달랐다. 은퇴한 공무원으로 지금은 유명한 예술가가 된 그 사람은 굉장히 합리적이고 이성적인데 실제로 사이 바바가 기적을 행하는 것을 목격했다고 했다. 그는 사이 바바에게 직접 그의 기적을 두고 논란이 많은데 어떻게 생각하느냐고 물었다 한다. 그러자 사이 바바가 이렇게 대답했다는 것이다.

"그것을 두고 논란을 벌일 필요가 없지요. 다 일시적인 것, 흘러가는 구름과 같은 것이지요."

그러면서 그가 오른손을 몇 차례 돌리자 손바닥에 반지가 나타났고, 그 반지를 그에게 주었다는 것이다.

그가 행하는 기적 때문에 사람들이 사이 바바에게 몰린다고 생각하면 잘못이다. 마찬가지로 예수의 제자들을 감동시킨 것이 오로지 예수의 기적 같은 행위라고 생각하는 것도 잘못이다. 그 이상의 것이 있으며, 실제로 진정한 믿음은 실망 속에서도 자랄 수 있는 것이다. 화이트필즈에서 내가 만난 또 한 사람이 있다. V. K. 나라시만이라는 그 사람은 예전에 인도에서 잘나가던 기자였다. 인디라 간디가 1975년에서 1977년까지 국가 비상사태를 선포하고 엄격한 검열제도를 실시하던 시기에 몇몇 기자들이 검열을 위반했다는 죄목으로 구금되었다. 당시 나라시만은 검열에 용감하게 맞선 신문『인디안 익스프레스』의 편집부에 근무하고 있었다. 그런 나라시만이 처음 사이 바바를 찾아간 것은 그의 손자가 뇌를 다쳤기 때문이었다. 말하자면 기적적으로 손자를 치료할 수 있는 방법이 뭐 없겠는가 싶어서 사이 바바를 찾은 것이다. 결국 그의 손자는 죽고 말았지만 그후 나라시만은 자신의 남은 생애를 사이 바바에게 바치기로 하고 화이트필즈에 정착하여 그곳 잡지 일을 보고 있다. 내가 왜 사이 바바에게 헌신하기로 했느냐고 물었을 때 그는 이렇게 대답했다.

"그에게는 그리스도와 같은 그 무엇이 있으니까요."

나는 단 두 차례의 대면식에서 사이 바바를 보았을 뿐이다. 그와 얘기할 기회는 없었지만 그가 썼다는 글들은 읽었다. 그 글들이 나에게 깊은 충격이나 감명을 주었다고는 말하기 어렵다. 더욱이 그렇게 몇 종류의 글만 읽고, 몇 차례 경험한 것만 가지고는 자신을 신적인 존재라고 하는 사이 바바의 주장에 뭐라 판단을 내릴 수도 없다. 그러나 내가 온 마음으로 받아들이는 것은, 벌써 130개국 이상으로 확대되고 있는 사이 바바에 대한 믿음이 바로 우리가 이 지상에 살면서, 아니 계속 이곳에 살면서 우리를 이해할 수 있는 신을 얼마나 절실하게 원하고 있는지를 입증해주고 있다는 사실이다. 우리는 저 먼 하늘에서 내려왔지만 궁극적 실재보다는 우리에게 더 가까이 다가와 있는 신의 개념에 이끌리는 것이다. 그것이 힌두교에서는 바로 브라만이다. 오늘날과 같은 회의의 시대에 그와 같은 소망이 아직 강하다고 한다면 대부분의 사람들이 하나님의 존재를 당연히 여겼던 예수의 시대에도 그 소망이 얼마나 강했을지 쉽게 이해할 수 있다.

그렇다면 사도 도마가 그들 신앙의 모태가 되었다고 생각하는 인도의 기독교인들은 이 모든 생각을 어떻게 바라보고 있을까? 인도는 수많은 신의 화신이 존재하는 땅이다. 그러나 인도의 기독교인들은 아직도 예수가 하나님의 유일하고 진정한 화신이라고 가르침을 받는다. 물론 그것은 선교사들의 메시지였고, 지금도 가장 큰 세 개의 교회인 로마 가톨릭 교회, 인도 북교회, 인도 남교회가 가르치고 있는 메시지이다. 인도 북교회와 남교회는 인도독립 후 인도의 영국국교회가 주요 개신교회와 합치면서 형성된 교회들이다.

기독교와 달리트

인도에서 선교사들이 개종시킨 대부분의 사람들은 '불가촉천민(不可觸賤民)' 즉 인도 사회의 카스트 제도에서 제외되어 차별과 억압 속에 사는 최하층 천민이었다. 지금은 그들을 달리트(억압받는 자)라고 부른다. 아자리아 주교는 달리트 출신 기독교인으로 인도 남부 마드라스 교구 교회의 지도자가 된 최초의 인물이다. 그는 종파를 떠나 달리트 출신 모든 기독교인들로부터 사회의 차별뿐 아니라 교회 내의 차별에 대해서도 분명히 반대하는 입장을 표명하여 널리 존경받는 인물이다.

마드라스 남부의 코블롱이라는 어촌에서 그를 만났을 때 그는 나를 따뜻하게 포옹해주었다. 내가 그를 만난 것은 이번이 처음은 아니다. 그는 쾌활하고 잘생긴 사람이었다. 백발의 곱슬머리에 환한 미소가 특징인 부드러운 얼굴의 그는 아주 깨끗한 성직자용 긴 옷인 하얀 카속을 입고 있었고, 가슴에는 나무로 만든 아주 단순해 보이는 십자가 목걸이를 걸고 있었다. 내가 예수의 유일성이 인도 기독교인들에게 과연 어떤 의미를 지니느냐고 물었을 때 그의 얼굴에서 미소가 사라졌다. 그는 위엄 있는 목소리로 대답했다.

"기독교가 단 하나의 진정한 신앙이라는 것은 기독교인들이 내세운 주장이 아닙니다. 예수 본인이 그렇게 주장을 했지요. 바로 그가 '나는 길이요, 진리요, 생명이니' 라고 하지 않았습니까. 나는 내 신도들에게 그 사실을 확신시킬 필요가 없습니다. 그들 스스로 알아내야죠. 그들이 예수와 의사소통할 수 있고, 예수에게 기도할 수 있고, 예수의 말에 귀를 기울일 수 있기 때문에 예수가 유일한 하나님이라는 사실을 그들이 알아내야 하는 겁니다."

아자리아 주교는 어렸을 적에 아무런 교육도 받지 못했던 어머니가 누군가에게 큰 소리로 얘기하는 통에 잠에서 깨곤 했다고 한다. 어머니가 누구와 이야기하는 것인지 주위를 둘러보았지만 아무도 없었다는 것이다. 나중에 깨달은 것은 바로 어머니가 예수와 이야기하고 있었다는 사실이었다. 그는 이렇게 설명했다.

"어머니의 그런 모습을 보고 나는 신석인 존재이자 인간으로 체험되는 그리스도의 실재를 볼 수 있었습니다."

그러면서 그는 예수와 힌두교의 비슈누의 여러 화신들은 서로 다르다고 분명한 선을 그었다. 그의 말에 의하면 인도의 신들은 왔다가 떠나는 존재들이라, 그들이 신적인 존재로 되돌아가면서 그들의 인간적인 형태는 사라지는 것이다. 반면 예수는 죽음과 부활 속에서도 계속 인간으로 남아 있었으며, 그와 우리의 관계로 인해 앞으로도 계속 인간으로 남을 수밖에 없는 존재라는 것이다.

내가 주목해서 본 것은, 아자리아 주교의 경우 어렵지 않게 인간의 친구 예수와 그와는 사뭇 다른 예수, 즉 평등을 위해 싸우는 달리트 편에 서 있는 정치적 해방자로서의 예수를 한데 결합시키고 있다는 사실이었다. 물론 나는 아자리아 주교의 달리트를 위한 대의명분에는 공감하고 경의를 표한다. 그러나 지금 그들이 처해 있는 상황을 보면 선교사들이 전파한 예수가 실제로는 달리트 기독교인들을 해방시키지 못했다는 것이 분명하지 않은가. 인도에서 대부분의 기독교인들은 그들의 계급적 신분을 그대로 유지한다. 그들이 평등의 종교인 기독교로 개종했음에도 때로 달리트들은 여전히 교회 내에서도 다른 사람들과는 구분된다. 예배를 볼 때도 그들은 성경 봉독을 할 수 없으며 중요한 역할을 맡을 수도 없다. 심지어 죽어서도 높은 계급의 기독교인들과는 다른 무덤에 묻히게 된다. 이런 모든 것은 아자리아 주교가 있는 타밀 나두 주(州)에서도 마찬가지이다. 내가 이 사실을 지적하자 그도 부인하지 않았다. 그러나 그는 선교사와 그들이 가르쳤던 정통 기독교를 이렇게 옹호하고 나섰다.

"당신이 선교사들의 실패라고 주장하는 것은 사실이 아닙니다. 달리트들이 존엄성과 자존심을 박탈당하는 것은 그들의 탄생이 안고 있는 수치와 오명 때문입니다. 저는 그 수치나 부끄러움을 극복할 수 있었습니다. 바로 예수가 해방자이기 때문이죠. 예수가 가르친 하나님의 왕국이 다가오고 있다는 생각이 달리트 기독교인들에게 변화에 대한 희망을 준 것입니다. 이 구원의 메시지에서 그들이 볼 수 있는 것, 그것은 바로 해방입니다."

아자리아 주교가 인도 남교회의 지도자이긴 하지만 코블롱 기독교인들의 대부분은 로마 가톨릭 신자들이다. 그와 헤어지고 난 뒤 나는 달리트 가톨릭 신자로 꽤 이름이 있는 아로키아 마리아를 만났다. 그녀 이름은 '우리의 건강한 숙녀'라는 의미였다. 젊고 굉장히 활동적인 그녀는 매일 아침 먼 거리를 자전거를 타고 출근하여 교회에서 아이들 가르치는 일을 충실히 수행했다. 마드라스 교구에서 그녀는 유일한 여성 교리문답 교사였다. 대략 서른 살은 된 것 같은데 아직 미혼이었다. 사실 그녀가 사는 지역의 풍습으로 보아 아직 결혼하지 않은 것은 지극히 예외적인 일이었다. 그녀는 말린 야자수 잎으로 지붕을 댄 조그만 토담집들이 한데 모여 있는 작은 마을에서 부모, 친척들과 함께 살고 있었다. 당연히 십자가가 걸려 있으려니 생각했던 그녀의 목에 은색의 조그만 권총이 걸려 있었다. 왜 권총을 목에 달고 다니느냐고 묻자 그녀는 박장대소를 하며 이렇게 말했다.

"계급이 높은 사람들을 쏘려고요."

그 마을에 있는 교회는 1808년에 세워진 것이었다. 이것은 로마 가톨릭 선교사들이 거의 200여 년 전에 이곳에 왔다는 뜻이었다. 그러나 아로이카 마리아와 같은 달리트 기독교인들은 아직도 힌두 카스트 제도로 인해 그들이 겪어야 하는 차별과 굴욕으로부터 해방되었다고 느끼지 않았다. 그렇다고 그녀가 실망하거나 낙담한 것은 아니었다. 내가 그녀에게 예수와 달리트를 동질적인 존재로 생각하느냐고 물었을 때 그녀의 대답은 이러했다.

"물론 당연히 그렇죠. 예수는 달리트예요. 제가 행복해하는 이유도 바로 그 때문이죠."

"하지만 달리트들이 기독교인이 되고 난 이후 예수가 그들 사회에 무엇을 해주었습니까?"

"그는 우리편이지요. 제가 예수와 아주 가깝기 때문에 알 수 있어요. 그리고 그가 우리 편이기 때문에 저는 제가 달리트인 것을 아주 행복하게 생각하고 있어요."

그날은 바로 세족 목요일(성 목요일)이었다. 마리아는 그날 저녁 예배에 같이 가자고 제안했다. 교회는 여자와 어린아이들로 가득했다. 나는 예배당 입구에 남자들과 함께 서 있었다. 마을의 기독교 구역에 거주하는 사람들은 거의 다 모인 듯했다. 교회 밖 모래 광장에는 열대나무 그늘 아래 한가로이 졸고 있는 소와 가끔 어슬렁거리는 개밖에 없었다. 벵골 만에서 떠오른 붉은 달이 구름 사이로 은빛 길을 만들었다. 어디선가 올빼미 한 마리가 날카로운 소리를 냈다. 사람들이 말없이 예배가 시작되기를 기다리는 동안 멀리서 파도치는 소리가 들려오기도 했다. 드디어 붉은색 제의(祭衣)를 입은 수염 달린 젊은 신부가 네댓 명의 복사(服事)를 이끌고 제의실에서 걸어나왔다. 그가 제단 뒤의 신부 자리로 가는 동안 나는 성단소(聖壇所)와 교회 본당을 구분하는 아치 위에서 다분히 서구적인 모습의 예수 그림을 보았다. 니디 신부는 타밀어로 예배를 진행했다. 그러나 예배를 따라가는 일이 어렵지는 않았다. 예배의 형식이 서구에서 자란 기독교인들 모두에게 익숙한 전통적인 것이었기 때문이다. 교회 내의 그 어떤 성상이나 의식에서 마리아 같은 달리트와 비슷한 예수나 인도 예수의 모습은 찾아볼 수 없었다.

인도의 예수를 찾아서

서구 문명과는 다른 고대 문명을 지닌 인도인들에게 예수가 그들과 관련이 있는 하나님이 되기 위해서는 예수가 인도화되어야 한다고 느끼는 인도 기독교인들이 많다. 신학자들은 인도를 기독교화시키려고 노력한 개신교나 가톨릭 신자들에게 '적응주의자'라는 용어를 만들어 붙여주었다. 세계적으로 잘 알려진 인도의 기독교 예술가 조이티 사이가 바로 그런 '적응주의자'였다. 어느 글에서 그는 이렇게 말했다.

"궁극적으로 예술의 목표는 숭배자들에게 그가 누구인지 보여주는 것이다. 그런 이유로 우리는 인도 기독교 예술가가 되기를 원한다. 외국의 예술은 인도인들에게 그가 누군지 제대로 보여줄 수 없다."

나는 방갈로르에서 자동차로 약 40분 거리에 있는 실베푸라 마을의 한 은둔소에서 조이

티 사이를 만났다. 작은 오두막들이 옹기종기 모여 있는 숲속에 바로 그의 은둔소가 있었다. 그리고 숲 중앙에 자주색과 흰색의 부겐빌레아 덩굴로 덮인 그의 화실이 있었고, 한쪽 구석에는 성스러운 힌두 양식인 만다라 모양의 작은 예배소가 있었다. 안경을 쓴 그의 몸은 호리호리했으며, 긴 백발의 머리, 텁수룩한 검은 수염, 그리고 창백해 보이는 얼굴이 주는 느낌은 고행자의 인상 바로 그것이었다. 그는 나에게 무척 다양한 스타일의 그림을 보여주었다. 이상한 표정의 얼굴을 만들어내며 빙빙 돌아나가는 선(線)들. 눈이 깊숙이 박힌 길쭉한 한 얼굴은 에스파냐의 화가 엘 그레코를 연상시켰다. 영국 시인 블레이크의 「옛적부터 항상 계신 자Ancient of Days」를 연상시키는 얼굴도 있었다. 십자가에 못박힌 예수의 모습을 담은 한 그림은 고갱의 「황색 예수Yellow Jesus」에 영향을 받은 듯 보이기도 했다. 가는 성냥개비 같은 모습들은 바로 인도의 부족 예술 전통에서 비롯된 화풍이었다. 조이티 사이는 자기가 전에는 요가 수도사와 같은 모습의 예수와 십자가의 길을 그린 적이 있다고 알려주었다. 또한 십자가에 못박힌 예수의 모습을 세상 창조를 춤추며 즐거워하는 시바 신처럼 그리기도 했고, 아기 예수의 모습을 아기 크리슈나의 모습과 비슷하게 그리기도 했노라고 하였다.

조이티 사이의 그림이 항상 교회의 승인을 받은 것은 아니었다. 어떤 그림들은 너무 힌두교 색채가 많이 들어가 있다는 말을 들어야 했고, 또 어느 한 그림은 '노출이 너무 심하다'는 평을 듣기도 했다. 이런 비판들이 그를 굉장히 고통스럽게 했다. 그는 스스로 '철두철미한 정통은 아니지만 그래도 정통' 기독교인이라고 생각했기 때문이다. 또한 예술가로서뿐 아니라 '교회가 인정한 신학자'로서 자신의 명성을 판단하고 있었기 때문이다. 그는 독학으로 신학을 공부했다. 비록 스스로 정통 기독교인이라고 주장하지만 그래도 그는 예수가 어떤 식으로든 인도의 현실과 관련이 있어야 한다고 생각하는 사람이었다. 그리고 앞으로도 계속 인도라는 전체 맥락 속에 예수를 표현하여 인도 사람들이 그들에게 말을 건네는 그들의 예수를 찾을 수 있도록 하겠다고 말했다.

조이티의 어머니는 영국인이었다. 그러나 그의 아버지는 인도 사람이고, 게다가 힌두교인이었다. 그가 열네 살 때 어머니가 로마 가톨릭으로 개종하였고, 그것이 집안 불화의 불

마드라스 남쪽 코블롱의 달리트 마을에서 열린 세족 목요일 미사. 신부는 그리스도의 수난을 상징하기 위해 붉은색 제의를 입었다.

씨가 되었다. 조이티의 어머니나 조이티는 그의 아버지가 지닌 인도의 정신적 전통의 힘을 인정하면서도 그것이 어떻게 기독교와 연결될 수 있는지 그 방법을 찾지 못했다. 그러다 마침내 조이티는 그가 말하는 '신화의 바다'에서 그 방법을 찾았다고 하였다. 신화의 바다, 그것을 그는 인도 종교의 가장 중요한 면이라고 생각했다. 그는 갠지스 강이 시바 신의 머리에서 흘러나왔다는 신화는 바로 신성한 에너지가 지상으로 내려온 것을 의미한다고 설명했다. 그는 또한 어느 독일 교회의 요청으로 그림을 그렸다고 했다. 그런데 갠지스 강의 신화에 바탕을 둔 그 그림의 내용은 바로 한 사마리아 여인에게 우물에서 물을 떠다달라고 요청한 예수의 이야기와 연관이 있다는 것이었다. 요한복음에 나오는 그 이야기에서 예수는 자기가 주는 물을 먹는 사람은 누구든지 갈증을 느끼지 않을 것이고, 그 물이 영원한 삶으로 이어지는 샘물이 되리라고 하였다.

조이티는 이렇게 말했다.

"제 생각에 서구 사람들은 신화와 상징을 내던지고, 너무 이성중심적이라서 종교적 경험이 지닌 현실적인 에너지와 힘을 상실한 것 같아요. 많은 젊은이들이 교회 가는 일을 무의미하다고 생각해요. 그렇다고 그것이 그들이 종교적이 아니라거나 어떤 정신적인 것을 찾지 않는다는 것을 의미하는 것은 아니죠. 사실 그들도 무의식 속에 던져진 강력한 이미지나 이야기와 자신들을 연결시켜줄 수 있는 그 무언가를 찾고 싶어하죠. 서구인들이 동양의 종교에 매력을 느끼는 이유가 바로 신화와 상징을 동양의 종교에서 재발견할 수 있다고 생각하기 때문입니다."

그렇다면 예수가 인간이면서 동시에 신이라는 믿음이 신화에 바탕을 둔 것이란 말인가? 조이티는 예수의 탄생과 부활의 이야기들이 '그 성격상 전설적인 요소'를 지니고 있다는 사실을 인정하면서 그 이야기들이 바로 예수가 교회에 대해 갖는 의미를 나타낸다고 하였다. 그러면 신화적인 예수와 신화적인 크리슈나의 차이는 무엇인가? 이 물음에 대해 조이티는 매우 재미 있는 대답을 하였다. 그는 중요한 차이로 크리슈나의 경우는 다른 사람들이 그 이야기를 한 것이고, 예수의 경우는 예수 스스로 이야기를 한 것이라고 대답했다. 그가 보기에 역사적인 예수는 일차적으로 이야기꾼이라는 것이다. 그리고 그의 작품들은 바로 예수가 한 그 이야기들과 사람들이 예수에 관해 한 이야기들에 영감을 받은 것

예수를 춤추며 세상 창조를 즐거워하는 부족의 고수(鼓手)로 그린 조이티 사이의 목각화.

이라 하였다. 그러면서 그는 마하트마 간디가 언젠가 했던 말, 즉 예수가 비록 존재하지 않았다 하더라도 자신은 예수의 가르침 때문에 예수를 존경한다는 말을 나에게 상기시켜 주었다.

조이티는 예수와 인도의 신은 다른 중요한 차이들도 있다고 생각한다. 예수는 아래에서 부터 세상에 나온 하나님, 그러니까 정말 가난한 집안에서 출생한 하나님이다. 반면에 크리슈나의 탄생과 같은 인도 신들의 탄생 이야기를 깊이 살펴보면 비천한 출생에도 불구하고 인도의 신들은 왕이나 지배자와 관련이 있음을 알 수 있다. 예수와 관련해서 또하나 주목해볼 것은 예수가 바로 고통당하는 하나님이라는 사실이다. 실제로 조이티는 복음서의 본질이 예수의 고통에 있다고 생각했다. 달리 말하면 인도 종교의 신들은 고통을 피하라고 가르치지만 복음서에서는 고통을 창조적인 과정, 즉 더 행복한 상태로 나아가는 여행의 한 단계로 간주하고 있다는 것이다.

인도의 예수를 찾으려는 노력에서 조이티 사이보다 더 큰 차원에서 진지한 노력을 한 기독교인들도 있다. 그중에서 가장 유명한 사람이 웰시 로마 가톨릭의 수도사였던 비드 그리피스였다. 1906년에 태어나 1993년에 사망한 그는 스리랑가나타스와미 사원에서 약 50킬로미터 정도 떨어진 카바리 강둑에 작은 은둔소를 세웠다. 그는 자신이 왜 영국의 베네딕트 수도원을 떠나 인도의 종교를 연구하게 되었는지를 이렇게 설명했다.

"저는 서구 세계뿐 아니라 서구의 교회에 뭔가 결핍되어 있다는 사실을 알게 되었습니다. 우리는 우리 영혼의 반쪽만 가지고 살아온 셈입니다. 의식적인 이성만으로 살아온 거죠. 이제는 우리 영혼의 나머지 반쪽을 회복해야 할 필요가 있습니다. 바로 무의식의 직관 영역입니다."

인도에서 28년 이상을 보내고 난 뒤 그는 『동서양의 결합 *The Marriage of East and West*』이라는 책을 냈다. 이 책의 제목 자체가 어쩌면 그가 지향하고자 하는 믿음을 잘 요약하고 있는지도 모른다.

나는 한 번도 비드 그리피스를 만난 적이 없다. 하지만 인도 남부 케랄라 주 출신의 크리스타다스 신부의 배려로 비드 그리피스의 은둔소에 가본 적이 있다. 크리스타다스 신부는 비드 신부가 살았던 작은 오두막을 구경시켜주었고, 비드 신부가 글을 쓸 때 사용하던 고물 타자기도 보여주었다. 그리고 비석에 비드 신부의 사진이 붙어 있는 소박한 무덤도 보여주었고, 형형색색의 밝은 돔이 달린 작은 예배당도 보여주었다. 멀리서 보면 그 예배당은 여느 힌두 사원 같은 모양이었지만 가까이 다가가 보면 돔의 꼭대기에 인도 요가 수도사와 같은 예수의 동상이 서 있는 것을 볼 수 있다. 그리고 예수상 아래에는 성 베드로의 상도 있었다. 크리스타다스 신부 자신도 허리끈이 달린 긴 사프론색 옷을 입고 목에는 염주를 걸고 있는 것이 마치 힌두 성자의 모습과 비슷했다. 젊은 나이에 비드 그리피스의 제자가 되었다는 그는 40대 중반이었지만 아직도 젊고 활력이 넘치는 모습이었다. 베네딕트 수도회의 수도사인 그가 어떻게 힌두교의 표식이나 상징물을 그렇게 많이 달고 다니느냐고 묻자 이렇게 대답했다.

"나는 그리스도의 빛 속에서 우리나라 종교의 위대함을 볼 수 있었습니다. 힌두교를 받아들인다고 해서 그리스도의 그 어떤 것도 잃고 싶지는 않습니다. 다만 나는 인도인으로서 내 정체성을 잃고 싶지는 않습니다. 그리고 기독교의 유산이 내가 물려받은 인도의 유산을 실천하는 데 장애가 되지도 않았습니다."

비드 신부는 풍요로운 인도 유산의 많은 부분을 자신의 신학에 통합시킨 사람이었다. 인도에 오기 전부터 그는 모든 피조물들이 남성적인 힘과 여성적인 힘의 균형을 이루고 있다는 힌두 교리를 잘 알고 있었다. 또한 그는 우리의 본성에는 남성적인 요소와 여성적인 요소가 공존한다는 융의 가르침도 받아들였다. 인도에 와서 그가 깨달은 것은 서구의 사상과 종교는 대체로 남성적인 힘이 지배하고 있다는 사실이었다. 서구인들은 이성과 활동성과 공격적인 자아를 너무 강조하였다. 그는 서구인을 '자신의 자아 속에 갇혀 있는 사람'이라고 묘사했다. 비드 그리피스가 인도에서 알게 된 것은 인도에서는 인간 본성의 여성적인 측면이 사람들의 사고와 삶을 지배하고 있다는 사실이었다. 인도 사람들은 이성보다는 본능을, 능동적인 것보다는 수동적인 것을 강조해왔다. 결론적으로 말하면 비드 그리피스는 세상의 미래가 우리의 본성을 구성하고 있는 이 두 측면의 재통합에 달려 있다고 믿는 사람이었다.

비드 그리피스는 또한 자연과 우주에 대한 인도 사람들의 태도를 높이 샀다. 그는 '인도의 모든 피조물에는 비범한 성스러움이 깃들어 있다'고 생각했다. 그는 인도에서 땅과 물과 공기와 불과 나무와 식물과 동물이 어떻게 성스러운 것으로 간주되고 있는지, 인간 또한 얼마나 성스러운 존재인지 차근차근 설명하기도 했다. 내가 이해한 바로, 인도의 종교는 모든 자연 속에 성스러운 힘이 내재되어 있다는 생각에 바탕을 둔 것이다. 그리고 이런 생각에서 우리는 그 힘이 자연을 넘어서는, 즉 자연을 초월하는 힘이라는 사실도 알 수 있다. 비드 그리피스는 바로 이와 같은 인도의 종교사상을 유대인의 종교가 하나님을 생각하는 방식과 비교하기도 했다. 유대교나 이슬람교, 그리고 기독교에서 하나님은 '초월적인 창조의 신, 무한히 성스럽고 자연과는 분리되어 있으면서 자연을 초월하는 존재, 그래서 자연과 혼동될 수 없는 존재' 라는 것이 그의 생각이었다.

서구는 소외로부터 출발하였고, 동양은 친화성으로부터 시작되었다. 서구는 외부로부터 배운 도그마에서 시작되지만 동양은 신이 존재한다는 내적 확신에서 시작된다. 나도 예전에는 더비셔 산 속 저 먼 그곳에 신이 있다는 의식을 가져본 적이 있다. 그것은 바로 영국의 시인 제러드 맨리 홉킨스의 시에 나오듯 '신의 광휘로 충만한' 세계의 경험이었다.

비드 그리피스는 죽는 날까지 베네딕트 수도사의 신분을 그대로 유지했다. 결코 인도의 종교를 위해 기독교를 저버린 사람은 아니었다. 그렇다면 비드 그리피스의 사상의 구도 속에 예수는 어떤 자리를 차지하고 있을까? 지상에 잠시 살다가 다시 초월의 천국으로 되돌아간 하나님이 어떻게 오늘날까지 모든 자연 속에 존재할 수 있단 말인가? 조이티 사이의 경우와 마찬가지로 비드 그리피스에게도 그 대답은 아마 신화가 될 것이다. 비드 그리피스는 예수의 삶과 죽음과 부활을 통해 인류가 구원을 얻었다는 이야기가 바로 하나의 성스러운 신화라고 믿었다. 그는 신화에 관한 가장 의미 있는 설명을 자신의 글에서 충분히 밝히고 있다. 신화는 결코 거짓말이 아니다. 신화는 바로 '우리가 진리에 다다르는 가장 가까운 길' 이다.

이성을 넘어서

내가 아는 한 모든 종교는 이성(理性)이 우리를 멀리까지 끌고 갈 수는 있지만 신을 체험하기 위해선 이성을 넘어서야 한다는 것을 내세운다. 그런데 그러한 신의 체험을 묘사하는 데 어떤 사실적인 진술이나 이성적인 진술보다 더 가까이 다가갈 수 있는 방식이 바로 신화였다. 웰스에서 리처드 버리지가 말했듯이, 요한복음에 나온 예수의 신성에 관한 진술이 어쩌면 예수라는 존재 자체에 관한 것은 아닐 수 있지만 보다 중요한 것은 '어떤 다른 사실들이 제공할 수 있는 것보다 더 진실된 진리' 를 표현한 것이라는 점이다.

비드 그리피스도 예수가 역사적 인물이지 신화 속에 나오는 영웅은 아니라는 사실은 인정했다. 그런데 그의 삶의 해석에 바로 신화적 요소가 깃들어 있다. 왜냐하면 그 해석이 과학적 서술이나 이성적인 설명에 따른 것이 아니기 때문이다. 비드 그리피스는 예수의 신화는 예수가 믿은 것이 바로 자연과 하나님 모두와 재결합해야 하는 우리의 운명이라는 사실을 이해하는 데 도움을 주는 것이라 주장했다. 예수의 신성을 설명하면서 그는 이렇게 썼다. '모든 사람에게도 존재하는 정신의 깊숙한 곳에서, 영혼의 바탕 혹은 중심에서 예수는 그가 하나님이라 부른 궁극적 실재와 하나라는 사실을 알고 있었고, 또 아버지와 아들의 관계 속에서 자기 존재의 바탕을 직접 경험했다.' 물론 그 궁극적 실재는 인간에게만 깃든 것이 아니고 모든 자연, 모든 피조물 속에 깃들어 있다는 것이 비드 그리피스의 생각이었다. 예수의 신성에 관한 비드 그리피스의 설명을 보면서 나는 늘 그 설명이 우리 자신에 신성이 깃들어 있다는 힌두교의 생각에 아주 가깝다고 생각해왔다.

크리스타다스 신부는 은둔소에서의 예배는 비드 그리피스가 바라던 동양과 서양의 결합을 실현하는 하나의 시도라고 말했다. 그는 나를 낮 예배에 초대했다. 나는 그 예배당 바닥에 가부좌를 틀고 앉아 예전에 사이 바바의 은둔소에서 들었던 것과 같은 옴 소리를 들으면서 어렸을 때는 그렇게 무섭게만 여겨졌던 힌두교의 예배가 이렇게 편안하게 느껴질 수 없다고 생각했다. 서구의 기독교인으로서 내가 배웠던 어떤 교리도 나에게는 영향을 미치지 못했다. 그 교리들이 나에게 어떤 내적 확신도 주지 못했던 것이다. 그런데 받아들이는 사람의 내적 확신이 없으면 그 어떤 종교도 그저 속임수에 불과한 것이 아니겠는가. 비록 사람들이 서로 다른 방식으로 신을 구하긴 하지만 사람들이 구하는 신이 항상 똑같은 신이라는 사실을 나에게 보여준 곳이 바로 인도였다. 신은 신이 존재한다고 확신하는 사람에게만 존재한다고 생각하는 사람들에게서 나를 등돌리게 만든 것은, 물론 내가 앞으로도 더 열심히 노력해야겠지만, 바로 내가 '신을 향한 전 세계적인 요구'라고 말한 것의 실현이었다. 내가 기독교 교육을 통해 만들어온 편협한 신, 나의 죄를 씻어주는 데에만 몰두하고 있는 신이 아니라 그보다 더 포용력 있는 큰 신을 보여준 것도 인도였다. 그리고 나에게 무미건조한 도그마를 그대로 받아들이는 대신 직관의 중요성을 망각하지 않도록 가르친 곳도 바로 인도였다.

예배 동안에는 내내 기독교식 기도와 성경 낭독이 있었다. 그러나 예배가 끝날 때쯤 크리스타다스 신부가 성소(聖所)로 들어갔다. 마치 스리랑가나타스와미 사원의 신의 형상들이 들어 있는 성소와 같은 어두컴컴한 그곳으로 들어선 크리스타다스 신부는 불타는 장뇌가 가득한 등잔을 성체 앞에서 천천히 빙빙 돌렸다. 그런데 그 성체가 바로 힌두교에서 빛의 성스러움을 상징하는 '아르티' 라는 힌두교의 성체였다. 크리스타다스 신부에게는 그 행위가 바로 세상의 빛 그리스도에 대한 경의를 표하는 행동이었던 것이다.

그런데 바로 여기에 문제점이 있는 듯하다. 세상의 빛 그리스도는 하나님의 유일한 화신 예수를 의미한다. 힌두교인들은 크리슈나가 역사적인 인물이냐 아니냐에 그렇게 신경을 쓰지 않는다. 사이 바바의 추종자들은 그가 신적인 존재라는 사실을 믿는다. 그러나 사이 바바가 힌두교의 유일한 신의 화신이라고는 생각지 않는다. 그러나 기독교인이 역사적인 존재인 예수가 하나님의 유일한 화신이라고 믿지 않는다면 예수가 하나님이라는 믿음이 금세기 안에 사라질지도 모른다. 그렇다면 비드 그리피스는 리처드 버리지의 경계를 넘어선 것일까? 역사가 예수에 부과한 한계는 무엇인가? 이 문제가 정말 중요한 문제라는 것은 복음서 자체에도 암시되어 있다. 복음서가 고대의 전기 양식으로 기록된 것으로 보인다는 사실은 저자가 예수를 인간적인 존재, 아그리콜라와 같은 고대의 중요한 역사적 인물처럼 같은 시대를 살았던 인물로 표현하고 싶어했다는 사실을 보여준다. 복음서 저자들은 예수를 단순히 하늘에서 내려온 하나님으로 보지 않았다. 오히려 그가 신적인 존재라는 사실을 보여준 것은 그의 실제 인간적인 삶, 그리고 그 끔찍했던 죽음이었다. 그렇게 부각된 인간적인 삶, 그것을 어떻게 보아야 하나? 그것을 알아내기 위해서는 하나님으로서의 예수가 아니라 인간으로서의 예수를 연구해야 할 것이다.

2
유대인 예수

예수는 누구였는가?

내 삶의 소중한 여행을 시작하기에 런던 히스로 공항보다 더 적당한 장소가 떠오르지 않았다. 내 가슴속에는 항상 성지(聖地)에 가보고 싶은 욕망이 꿈틀대고 있었다. 지금은 이스라엘과 그 주변의 아랍국들을 포함한 지역이 바로 옛날에 성지로 불렸던 곳이다. 나는 그곳에 가보고 싶었다. 그곳은 바로 다른 어떤 문학보다도 나에게 많은 영향을 미친 신약의 땅이기 때문이다. 그 땅은 또한 어렸을 적부터 나를 사로잡아왔던 교회가 생겨난 곳이기도 하다. 그 성지가 나에게는 상당한 의미를 지닌 땅이기 때문에 나는 국경을 넘어, 혹은 어느 항구에 내려 비로소 여행을 마쳤다는 느낌이 오도록 육로나 해로를 통해 그곳에 가고 싶었다. 비행기를 타고 여행하는 것은 사실 낭만이 없다. 그러나 이스라엘의 국립 항공인 엘 알은 항공 여행의 단조로움을 말끔히 씻어주는 항공사였다. 비행기에 오르기 전 모든 승객들은 마치 피의자가 경찰서에서 심문을 받는 것처럼 숙달된 안전요원들로부터 철저한 검색과 검문을 받아야 했다. 그 안전요원 가운데 한 젊은 여자가 나에게 전에 이스라엘에 가본 적이 있느냐고 물었다.

"없습니다."

나는 자신 있게 대답했다.

"정말입니까?"

그녀는 다시 물었다.

그때 문득 전에 한 번 텔아비브 공항을 통해 이스라엘 땅을 밟은 적이 있다는 사실이 떠올랐다. 그런데 내가 그 사실을 말해야 하나? 내가 머뭇거리자 그녀가 다시 물었다.

"확실한가요?"

"아, 전에 한번 가본 적이 있습니다."

"이민국을 통해 들어간 것이 아니라면 괜찮아요."

그녀는 퉁명스럽게 대답하고는 다시 이스라엘에 누구 아는 사람이 있느냐고 물었다.

물론 이스라엘엔 몇 명 아는 친구가 있었다. 그런데 괜히 그들의 이름을 밝혔다가 그 친구들에게 곤란한 일이라도 생기면 어떻게 하나 하는 걱정이 앞섰다. 혹 이 여자가 내 수첩이라도 뒤져 그 친구들 이름을 찾아내지나 않을까 하는 의심도 들었다. 그래서 나는 그 여자에게 내 상황을 설명하면서 시간을 벌었다. 나는 인도에서 여러 해 동안 일한 신문기자이고, 우리 특파원 두 명이 이스라엘에 있다고 하였다. 나는 이스라엘 보안 당국이라면 그 정도는 알고 있어야 한다고 생각했기 때문에 있는 그대로 얘기한 것이고, 사실 기자 친구가 있다고 그게 잘못된 것은 아니라고 생각했다.

그러자 그 여자는 또다른 질문을 던졌다. 휴가차 이스라엘에 가시는 겁니까, 아니면 일 때문에 가시는 겁니까? 산더미 같은 카메라 장비를 둘러메고, 또 BBC 텔레비전 직원들이 같이 있는 상황에서 나는 일 때문에 간다는 사실을 숨길 수 없었다. 그래서 내가 이스라엘에 가는 이유를 설명했다. 또다시 나는 겁이 더럭 났다. 내 입에서 예수 이야기가 나오면 그 여자가 나를 친 팔레스타인 성향의 교회와 연관이 있는 기독교인이라고 생각하지 않을까 하는 두려움 때문이었다. 그런데 오히려 그 여자가 더 당혹해하는 것 같았다.

"당신은 인도에서 근무한다고 했는데, 그런데도 예수에 관한 다큐멘터리를 찍는 데 선정되었단 말인가요? 왜 당신이 그런 일을 하죠?"

그녀는 놀라는 표정으로 물었다.

나는 되도록이면 웃으면서 이 난관을 넘기고 싶었다. 그래서 이렇게 대답했다.

"예수가 인도에서 죽었다고 믿는 사람들이 있어요. 그리고 카슈미르에 가면 예수의 비석이 있다는 말도 들을 수 있지요."

그 여자는 믿을 수 없다는 듯이 나를 바라보았다. 그러고는 그런 허무맹랑한 이야기를 믿고 다니는 나 같은 사람이 이스라엘 안보에 무슨 위협이 되겠는가 생각했는지 웃음을 터뜨리며 가볍게 이런 농담도 하는 것이었다.

"그냥 그런 일을 하는 데 당신이 가장 어울리기 때문에 뽑힌 거라고 말하면 안 되나요?"

그녀의 이런 말에 나는 내가 그런지 어떤지 잘 모르겠다는 식으로 그냥 얼버무리고 말았고, 그녀는 나를 가도 좋다며 내보내주었다.

비행기를 타기 위해 기다리는 동안 나는 오늘날 이스라엘에서의 기독교의 역할에 대해 생각해보았다. 이스라엘이 비록 예수가 태어난 땅이고, 또 예수가 온 생애를 살다 죽은 곳이긴 하지만 지금은 기독교가 소수 종교에 불과한 곳이기도 하다. 그곳 기독교인들 대부분은 고대 동방 교회에 속한 팔레스타인인들이고, 또 이스라엘 당국이 달가워하지 않는 사람들이기도 하다. 실제로 그들은 이스라엘 사람들이나 회교도인 이웃 아랍인들이 의혹의 눈초리로 바라보는 사람들이기도 하다. 주변에서 나는 이스라엘 정부가 환영하는 기독교인들을 볼 수 있었다. 그들은 다름 아닌 수익성 좋은 관광업계의 일원으로 이스라엘을 찾아가는 두 무리의 기독교 순례단이었다.

오늘날 이스라엘에서 중요한 것이 기독교가 아니라 이슬람과 유대교라는 인상을 받은 것은 내가 다윗 왕이 세운 3천 년의 고도 예루살렘에 도착했을 때였다. 유대인이나 회교도인들 모두가 성스러운 도시로 여기는 곳이 바로 예루살렘이다. 예루살렘의 역사가 바로 오늘날까지 그들 전통의 한 부분이기 때문이다. 구(舊)도시로 이어지는 다마스커스 게이트로 걸어가면서 나는 생각했다. '기독교인들을 만날 때마다 그들 모두를 예루살렘으로 데려오라고 명한 유대 대제사장들의 편지를 안고 사도 바울이 분명 이 길을 걸었으리라.' 그러나 내가 통과한 그 좁은 문은 회교도이자 오스만 제국의 위대한 술탄 술레이만이 세운 문이었다. 나는 길 양쪽으로 작은 상점들이 즐비한 미로처럼 복잡한 골목길을 따라 구도시 안으로 들어섰다. 기독교 관광객들에게 온갖 잡동사니를 팔고 있는 상점 주인들도 모두 회교도들인 것 같았다.

돌로 포장된 길을 따라 걷던 나는 검은 부르카를 뒤집어쓴 채 인도 북부의 나안과 같은 모양의 갓 구워낸 빵과 오렌지와 갖가지 모양으로 자른 고깃덩어리를 팔고 있는 여성들을 보았다. 작은 카페에서 풍겨 나오는 아랍 음식의 그 달콤한 냄새는 정말 뿌리치기 어려울 정도였다. 즉석에서 평평한 팬에 구워 만들어내는 과자 또한 런던에서 대량으로 만들어 파는 과자와 사뭇 달랐다. 나는 젊은 이스라엘 병사들이 경계를 서고 있는 어두컴컴한 계단을 통과했다. 이스라엘 병사들은 칼라 단추를 풀어놓고, 셔츠도 혁대 밖으로 아무렇게나 풀어놓고, 베레모는 주머니에 쑤셔 넣고, 머리카락은 헝클어진 채 정말 단정치 못한 모습으로 근무를 서고 있었다. 내가 젊었을 때 영국 육군에서 근무할 때는 단정함이 능률과 효율성을 반영한다고 배웠는데 이스라엘 병사들의 모습은 영 딴판이었다. 역사적으로 이스라엘 군대는 규율이 엄하고 지극히 효율적인 군대라고 평가되고 있지만 내가 본 그들의 모습은 분명 말끔하고 단정한 모습은 아니었다. 나는 또 기독교인들의 모습도 보았다. 서둘러 성묘소(聖墓所) 교회로 발걸음을 옮기던 나는 이따금 검은 실크 모자를 거꾸로 쓴 듯한 차림의 그리스 정교 성직자들, 검은 옷에 아주 평평한 모자를 쓴 이집트 그리스도 교회인 콥트교 성직자들, 그리고 긴 대열을 이루며 걸어가는 기독교 순례 관광객들의 모습을 보았다. 그러나 그 성직자들이나 순례자들 가운데 구도시에 속한 사람은 거의 없었다.

내가 성묘소 교회에 가고 싶었던 것은, 로마 가톨릭 신부인 제롬 머피오코너가 쓴 안내 책자에 학문적으로 단언을 내리기도 어렵고 그 반대되는 주장들도 있지만 그 교회가 예수가 십자가에 못박히고 묻힌 곳일 수 있다는 글이 실려 있었기 때문이다. 교회 외부의 모습을 보면 누구나 실망하지 않을 수 없을 것이다. 그러나 나는 이미 안내책자에서 '기독교의 중심이 되는 성당묘가 장엄하게 홀로 세워진 곳이 그곳이며, 주변의 이름 모를 건물들은 마치 바위에 붙은 조개류들처럼 그냥 붙어 있는 것들이다'라는 글을 읽었기 때문에 그러려니 하고 받아들일 수 있었다. 사실 평지에서 보면 교회의 윤곽을 제대로 구분하기가 쉽지 않다. 교회가 어디에 붙어 있는지 찾는 일도 만만치 않다. 교회가 반대편 회교 사원 뜰을 둘러싸고 있는 담장에 가려져 있기 때문이었다. 교회는 마치 수풀이 무성하게 자란 정원에서 살아남으려 발버둥치는 작은 나무와 같은 형상이었다. 그것은 곧, 적어도 오늘날보다 격렬하고 전투적인 두 신앙인 이슬람교와 유대교 사이에 끼여 부대끼고 있는 기독교를 상징하는 모습이 아닌가 싶었다.

이러한 상황은 기독교 구역의 중심지에서도 마찬가지였다. 내가 점심을 먹은 곳은 이슬람교도가 운영하는 식당의 야외 테이블이었고, 바로 그 반대편에는 예수의 그림을 파는 아랍계 상인들의 상점들이 늘어서 있었다. 그들이 그리는 예수는 백발에 하얀 피부를 지닌 유럽인 모습이었다.

식사를 하면서 내가 깨달은 것은 그곳에 있는 대부분의 기독교인들이 바로 나처럼 예루살렘에 방문차 온 사람들이란 사실이었다. 예루살렘에서 기독교가 정치적으로 중대한 이해관계를 지녔던 유일한 시기는 중세에 십자군이 지배하였던 100년의 기간이었다. 어떻게 보면 예루살렘의 긴 역사에서 짧지만 피비린내 나던 시기뿐이었다. 지금도 예루살렘은 정말 매력적인 도시이지만 그 도시가 유대교인이나 회교도들에게 미친 영향에 비하면 기독교인들에게는 별반 영향을 주지 못하고 있다. 나는 살라딘이 십자군을 패퇴시킨 이후 예루살렘이 다시 기독교에 속하지 못한 이유가 반드시 공정치 못한 역사적 곡절 때문만은 아니라고 생각한다. 기독교에서 중요한 것은 지상에 있는 예루살렘이 아니라 천국에 있는 예루살렘이다. 중세 철학자인 피에르 아벨라르는 천국을 그리며 '젖과 꿀이 흐르는 황금의 도시 예루살렘'을 노래했었다. 최근에는 시릴 테일러가 〈인간의 손으로 만들어지지 않은 오 그대〉라는 찬송가를 썼는데, 그 찬송가에서 예루살렘은 바로 착한 품성과 용기와 신앙의 메타포이다. 이처럼 현실적 장소의 실제 사건을 정신적으로 승화시키는 경향이 시초부터 기독교의 전통이었고, 그것이 바로 예수의 종족적 특성을 잃어버리게 만든 이유 중 하나인 것이다. 우리는 예수가 유대인이라는 사실을 잊어버렸으며, 또 이스라엘 땅이 그에게 얼마나 소중했으며, 그가 결코 그 땅을 떠난 적이 없다는 사실을 잊어버린 것이다. 대신에 우리는 우리 자신의 이미지대로 예수를 주물러온 것이었다.

나는 자라면서 이슬람교나 힌두교처럼 유대교 역시 이상한 종교로 보게 되었다. 그렇게 배웠기 때문이다. 하나님에게 향하는 길은 오직 한 길만이 있을 뿐이며, 그 길을 따르지 않는 자는 모두가 상궤를 벗어난 사람, 하나님을 믿지 않는 사람들이었다. 실제로 내가 세례도 받고 견진성사도 받은 영국국교회에서는 예수를 정도를 벗어난 존재로 바라보는 듯하다. 최초의 영국국교회 기도서를 보면 수난일을 기리는 기도문에 하나님에게 '모든 유대인들, 터키인들, 비그리스도교도들과 이단자들(오스만 제국 사람들과 그전의 사라센까지 포함하여)에게 자비를 베푸시고, 그들의 무지와 굳어진 마음과 말씀에 대한 경멸을 다 빼앗아주옵소서'라는 대목이 있었다. 그런데 공식적으로 채택되지는 않았지만 현재까지 널리 사용되고 있는 1928년 개정판 기도서에서는 터키인들이 빠지고 유대인들만이 특별히 하나님의 은총이 더 필요한 민족으로 유일하게 거론되고 있다. 즉 수난일에 하나님은 '당신의 고대 종족인 유대인들에게, 그리고 당신을 알지 못하는 모든 사람들에게 자비를 베풀어' 달라는 요청을 받고 있는 것이다. 내가 감사해야 할 것은 다행히 오늘날의 영국국교회에서는 수난일 예배에 아브라함의 하나님에게 보다 온화한 기도를 드리고 있다는 사실이다. 이제는 그 기도에서 신도들은 하나님에게 당신 성약(聖約)의 자식들인 유대인과 기독교인 모두에게 축복을 내리고, 이스라엘이 구원받고 이교도들이 모여 사랑과 평화 속에 모두가 함께 살 수 있는 하나님 왕국의 출현을 서둘러달라고 기도하고 있는 것이다.

그러나 우리가 유대교인과 똑같은 성약의 자식들이라는 사실과 예수가 믿었던 하나님을 처음 알았던 종족이 유대인들이었고, 그들이 아직 똑같은 하나님을 믿고 있다는 사실을 기억하고 있는 기독교인들이 과연 얼마나 될 것인가? 내가 예수가 기독교인이 아니라 유대인으로 태어나 유대인으로 성장하고 유대인으로 죽었다는 사실을 알고 놀랐던 것은 대학에 들어가서 비로소 역사적 예수에 관한 글을 읽었을 때였으니 이 얼마나 안타까운 일인가.

'오 베들레헴 작은 골'

성지에서 나는 기독교가 유대인 예수의 특성을 망각함으로써 잃은 것이 있다면 무엇인지 알아보고 싶었다. 그런데 예루살렘 앞에 당도했을 때 나는 문득 지뢰밭을 지나고 있다는 느낌이 들었다. 예수의 역사성에 관해 연구를 하면 할수록 더 많은 역사적 예수들이 나타나는 것 같았기 때문이다. 예수가 과연 어디에서 태어났는지, 예루살렘에서 버스로 30분 거리도 안 되는 베들레헴에서 태어난 것이 과연 맞는 얘기인지, 학자들 사이에 의견이 분분하니 나는 얼마나 많은 서로 다른 예수를 만나야 하는 것인가?

베들레헴 중앙에 있는 망거 스퀘어(구유 광장)는 하나의 충격이었다. 많은 사람들의 사랑을 받고 있는 캐럴 〈오 베들레헴 작은 골〉의 작가는 베들레헴을 고요한 마을로 보았을지 모르나 지금은 사정이 달랐다. 광장에 주차된 관광버스들이 에어컨을 계속 돌리기 위해 엔진을 켜놓아 그 소음과 역겨운 냄새가 내 귀와 코를 가만 놔두지 않았다. 그렇게 시끄럽고 먼지 풀풀 날리는 베들레헴에서 예수의 탄생은 바로 돈을 버는 일과 관련이 있을 뿐이었다. 어디를 가든 싸구려 올리브나무와 크리스마스 장면이 그려진 진주조개 기념품을 파는 상점들이 있었다. 베들레헴은 아랍인 마을이었고, 또한 매우 가난한 마을이었다. 주민들이 생계를 위해 돈을 벌 수 있는 유일한 방법은 관광 상품을 파는 일뿐이었다. 엽서를 파는 사람들, 그리고 길안내를 하겠다고 나선 사람들을 뿌리치고 발걸음을 옮긴 나는 허리를 굽혀 그리스도 탄생 교회로 이어지는 키 낮은 문을 통과했다.

내가 들어선 곳은 서늘하고 어두컴컴한, 그러나 널찍한 건물이었다. 옆으로는 장미색

최초의 기독교인 황제 콘스탄티누스와 그의 어머니 헬레나 여왕. 콘스탄티누스의 개종은 교회뿐 아니라 국가를 통해서 기독교를 표현하는 그리스도교국의 시작을 알리는 사건이었다. 정교회에서는 콘스탄티누스와 헬레나를 성자로 인정하고 있다.

기둥들이 늘어서 있었다. 내가 가지고 있는 안내책자를 보면 지금 현재 그 교회는 그리스 정교와 아르메니아 교회가 공동으로 소유하고 있다. 많은 형상들이 있고 먼지 낀 샹들리에가 달린 교회의 모습은 영락없는 동방의 교회였다. 6세기에 건축된 그 교회는 최초의 기독교인 황제 콘스탄티누스 대제의 지시에 따라 세워진 그전의 옛 교회 터에 세워졌다. 콘스탄티누스 대제는 자신의 어머니 헬레나를 보내 복음서에 나오는 장소들을 찾아보라고 하였다. 헬레나는 여러 곳을 돌아다니며 온갖 유물들을 수집하였고, 그 가운데에는 그녀가 진짜 예수가 짊어졌던 십자가라고 생각한 것도 있었다. 그러다 헬레나는 어느 지역에서 그 지역 사람들이 예수가 탄생한 곳이라고 믿고 있는 동굴을 찾아내곤 그곳에 예수 탄생의 교회를 세워야겠다고 결심하게 된다. 물론 복음서에는 예수가 동굴에서 태어났다는 언급이 전혀 없다. 하지만 예전부터 기독교인들이 그 동굴을 숭배했던 것은 틀림없는 사실이었다. 기원후 135년에 하드리아누스 황제는 기독교가 확산되는 것을 막고자 그 동굴 근처에 아도니스 신전을 세우라고 명령한 적이 있었다. 그런데 결과적으로 보면 하드리아누스 황제가 의도했던 것과는 달리 이교도의 신전이 있다는 사실 때문에 기원후 326년에 그 동굴을 찾아 나섰던 헬레나가 쉽게 위치를 확인할 수 있었던 것이다.

그곳에 가면 바닥을 이루고 있는 두꺼운 판자 아래 최초의 교회 모습을 그린 모자이크를 볼 수 있다. 내가 그곳에 갔을 때 검은 옷을 입은 사제들이 높이 솟은 제단에서 예배를 막 마치고 있는 중이었고, 관광객들은 여러 나라 말로 열심히 설명하는 안내원들의 말에 진지한 표정으로 귀를 기울이고 있었고, 순례자들이 빽빽이 들어선 교회 아래 동굴 같은 작은 지하실에서는 등잔불이 반짝였다. 그 순례자들이 예수가 태어났다는 곳을 표시해주고 있는 별 장식 앞에 무릎을 꿇고 키스하기 위해 차례를 기다리는 모습을 보고 있노라면 저들이 얼마나 신심이 돈독한 사람들인가를 짐작할 수 있었다. 하지만 정말로 예수가 베들레헴에서 태어난 것일까? 예수가 그곳에서 태어났다는 사실을 입증할 만한 증거가 성경 이외에는 아무 데도 없다. 그리고 예수가 그곳에서 태어났다고 하는 복음서의 이야기도 믿을 수 없다고 생각하는 학자들도 많다. 예수 탄생의 이야기는 4복음서 가운데 마태복음과 누가복음, 두 군데에만 나온다. 요한복음이나 마가복음에서는 전혀 언급이 없고, 사도 바울 역시 잘 모르는 듯 보인다.

그런데 예수 탄생에 관한 언급과 관련해서 마태복음과 누가복음 사이에도 큰 차이가 있다. 마태복음에서는 요셉과 마리아의 집이 베들레헴에 있었고, 예수가 태어나자 동방박사들이 그곳을 방문했다고 언급하고 있다. 그런데 요셉과 마리아와 아기 예수가 베들레헴이나 그 근처에서 태어난 갓난아기들을 모두 죽이라고 명령한 헤롯 왕의 분노를 피해 이집트로 갔다가, 헤롯 왕이 죽자 고국으로 돌아왔으나 그들이 간 곳은 베들레헴이 아니라 나사렛이었다는 것이다.

반면에 누가복음에서는 요셉과 마리아가 나사렛에 살았고, 베들레헴에 간 것은 인구조사에 등록을 하기 위해서라고 언급한다. 특히 누가는 그 시기를 아우구스투스 황제 재위 시절로 퀴리니우스라는 사람이 로마의 총독으로 시리아를 통치하던 때라고 확인한다. 그리고 누가 역시 그 지방 목자들이 아기 예수를 찾아간 이야기를 하고 있다.

마태와 누가 이야기의 이런 차이 이외에 세세한 부분에도 문제가 없는 것은 아니다. 마태복음 이외에는 헤롯 왕이 베들레헴에서 태어난 갓난아기들을 죽이라고 명령한 기록이 없다. 그렇다고 누가가 언급한 인구조사에 관한 기록이 있는 것도 아니다. 아우구스투스 황제 때 인구조사가 있었지만 그 시기는 기원전 4년이 아니라 기원후 6년이었다. 그리고 그때는 퀴리니우스가 시리아의 총독으로 재임하던 시기도 아니었다. 어쩌면 누가가 공식적인 기록을 살펴볼 수 없어 총독의 이름을 잘못 알았을 수도 있다. 기독교 저자인 테르툴리아누스는 예수가 태어나던 시기에 인구조사가 있었으며, 그때 총독이 사투르니우스였다고 설명한다. 그래서 일부 학자들은 테르툴리아누스가 누가의 잘못을 바로잡아주었다고 생각하기도 했다.

일견 복음서 저자들이 예수 탄생의 이야기를 자기들이 이용 가능한 역사적 기록에 꿰어 맞추려고 노력한 흔적이 보이기도 한다. 하지만 그 노력이 늘 제대로 된 것은 아니다. 헤롯 왕이 죽고 난 뒤 그의 왕국은 아들들이 각각 통치하는 나라로 분리되었다. 마태는 요셉이 이집트에서 돌아와 베들레헴이 아닌 나사렛으로 돌아간 이유가 유대와 사마리아 지역에서 헤롯 왕을 계승한 그의 아들 아르켈라우스가 두려웠기 때문이라고 하였다. 그러나 나사렛으로 간 요셉이 그렇게 크게 안심했을 것 같지는 않다. 왜냐하면 헤롯 왕의 또다른 아들인 안티파스가 나사렛을 통치하고 있었기 때문이다.

헤롯과 그의 아들들은, 영국 지배하의 인도 토후국의 군주들이 영국의 추종자였듯이, 로마의 추종자였다. 인도에서의 영국과 마찬가지로 로마 역시 로마 추종 군주를 자기네 뜻에 따라 폐위시킬 권한이 있었다. 예수가 아직 어린아이였을 때 로마는 아르켈라우스를 쫓아내고 자기네들이 직접 아르켈라우스의 왕국과 그 수도인 예루살렘을 지배하게 된다.

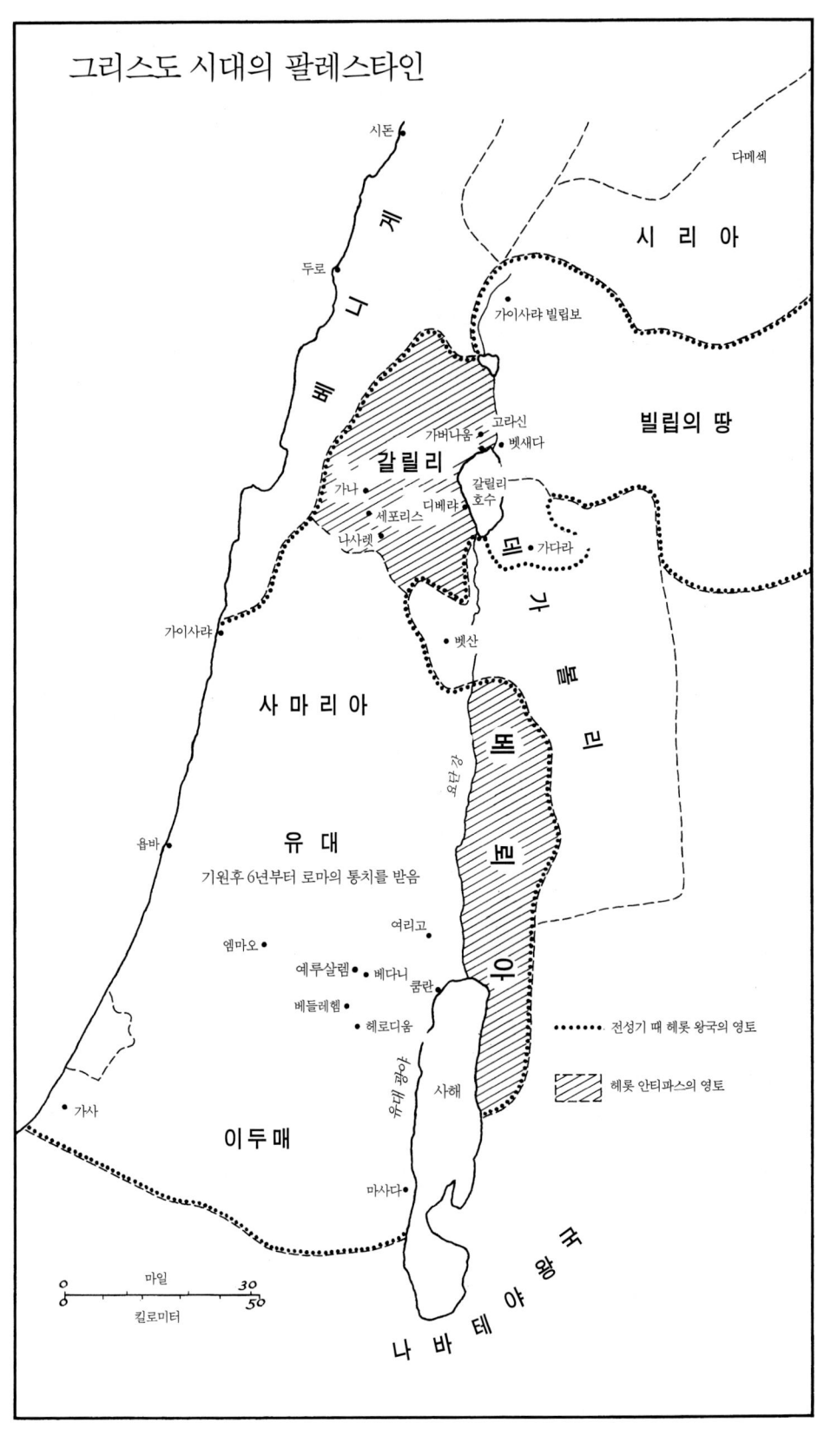

그리스도 시대의 팔레스타인

시돈

다메섹

시 리 아

두로

가이사랴 빌립보

빌립의 땅

고라신
가버나움
벳새다
갈릴리

갈릴리
호수

가나
디베랴
세포리스
가다라
나사렛

가이사랴

벳산

사 마 리 아

욥바

유 대

기원후 6년부터 로마의 통치를 받음

여리고

엠마오

예루살렘
베다니
쿰란
베들레헴
헤로디움

전성기 때 헤롯 왕국의 영토

헤롯 안티파스의 영토

가사

사해

이 두 매

마사다

나 바 테 야 왕 국

마일
30

킬로미터
50

로마인들이 유대인들의 사정을 잘 알고 그 유대인들의 내부 문제를 처리하기 위해 당시 귀족계급이었던 유대 제사장들의 협조를 구했음은 물론이다.

교회에서 나온 나는 유대인 예수를 찾는 내 탐구 여행의 길잡이가 되어달라고 초대한 미국인 에드 샌더스와 예수 탄생 장소에 대해 많은 이야기를 나누었다. 에드는 겉보기엔 사업가 같은 인상을 풍겼다. 중년을 넘어선 나이, 대머리에 부티가 나는 얼굴, 그리고 세심하게 차려 입은 옷차림 등 누가 봐도 돈 많은 사업가 같은 풍채였다. 그러나 그는 뛰어난 학자였다. 캐나다에서 교수로 있다가 영국으로 건너온 그는 옥스퍼드에서 잠시 가르치다 지금은 미국 듀크 대학 종교학과에서 종교 예술 · 과학 교수로 재직중이었다. 그는 자신의 연구가 바로 자신의 삶이라고 하면서, 자신은 다른 역사가들과 마찬가지로 학자로서 사실을 찾아내고 그것을 서로 연결시키는 데 관심이 많은 역사가이지 신앙에 영향을 받는 종교학자가 아니라고 주장하였다.

에드는 예수가 베들레헴에서 태어났다고 보지 않았다. 단지 마태나 누가가 고대 예언에 맞추어 예수 탄생 이야기를 하려고 노력했을 뿐이라고 생각했다. 예수가 고대 예언의 실현이라고 굳게 믿은 마태와 누가가 예수의 신성한 운명과 관련된 단서를 찾기 위해 히브리 성서들을 연구했다는 것이다. 베들레헴은 다윗 왕의 가족이 살던 마을이었다. 다윗이 선지자 사무엘에게서 기름 부음을 받아 이스라엘 왕이 된 곳이 바로 베들레헴이었다. 구약의 곳곳에는 다윗의 후손 가운데 한 사람이 언젠가는 이스라엘 백성을 구원하여 위대한 민족으로 만들 것이라는 희망이 피력되어 있다. 그 후손이 메시아, 즉 구세주가 되리라는 예언이었다. 예언자 미가는 '베들레헴 에브라다야 너는 유다 족속 중에 작을지라도 이스라엘을 다스릴 자가 네게서 나올 것이라. 그의 근본은 상고에 태초에니라' 고 예언하였다. 이런 고대의 기록들을 한데 종합해보면 베들레헴이 마태나 누가가 메시아 예수의 탄생 장소로 여길 수 있는 가장 적절한 장소, 아니 유일한 장소였는지도 모른다.

에드는 예수의 탄생 장소를 말해줄 분명한 증거들이 없다고 생각하는 사람이었다. 그는 이렇게 말했다.

"솔직히 말씀드리면 저도 모릅니다. 우리가 갖고 있는 유일한 정보가 있다면 그것은 예수가 나사렛 출신이라는 것이죠. 아주 단순한 가정처럼 보이지만 그가 나사렛에서 태어났

(다음쪽) 6세기에 세워진 베들레헴의 예수 탄생 교회 내에 있는 비잔틴 양식의 본당 모습. 판석 바닥 아래에는 4세기에 헬레나 여왕이 세웠다는 원래 교회의 모습을 담은 모자이크가 있다.

다는 사실, 그것뿐입니다."

나도 그럴 수 있다고 생각했다. 당시엔 사람들이 오늘날처럼 많이 돌아다니지 않았을 테니까.

일부 학자들의 생각은 에드 샌더스의 견해와 다르다. 성지를 돌아다니던 중에 나는 안 내책자에서 복음서의 이야기가 역사적으로 정확한 이야기임을 보여주는 사례가 있음을 알게 되었다. 내가 참조한 안내책자의 저자는 바로 제롬 머피오코너 신부였다. 도미니크 수도회 소속의 그 신부는 많은 세월을 성지에서 보낸 학식이 깊은 유명한 학자였다.

제롬 신부는 헤롯 왕이 베들레헴 지역 내의 모든 아기들을 살해하라고 명령을 내렸을 때 요셉이 고향집을 떠나 도망갔다는 마태의 견해를 받아들였다. 그는 역사에서 헤롯이 잔인무도한 지도자로 그려지고 있다는 사실이 그것을 뒷받침한다고 믿었다. 헤롯은 10명 의 아내 가운데 둘, 한 아내의 조부, 최소한 아들 셋, 그리고 처남 등 아주 가까운 사람들 까지도 처형한 왕이었다. 백성들의 복종을 받아내기 위해 징벌로 많은 인명을 살상하는 일이 그의 통치 방법이었다. 로마의 황제도 헤롯의 아들이 되느니 돼지가 되는 것이 낫겠 다고 했을 정도였다. 유대에서 헤롯의 뒤를 이어 왕위를 계승한 그의 아들 아르켈라우스 는 아버지만큼 능력은 없어 비록 짧은 기간밖에 통치하지 못했지만 그 역시 그 아버지에 그 아들이었다. 따라서 마태의 견해가 옳다면 요셉은 분명 공포정치가 두려워 도망간 것 이 틀림없다. 제롬 신부 이외에도 예수가 베들레헴에서 태어났다는 사실에 더 무게를 두 고 믿는 학자들이 많다.

기독교인들이 경건함을 표시하기 위해 즐겨 얘기하는 예수 탄생을 둘러싼 이야기들 가 운데 하나, 즉 예수의 구유 주위에 있던 소와 나귀의 이야기가 분명히 역사적인 사실은 아 니다. 그렇다고 예수 구유 가까이에 있던 소나 나귀가 단순히 크리스마스 카드를 만드는 예술가들의 상상에서 비롯된 것도 아니다. 그 이야기는 선지자 이사야가 이사야서 제1장 에서 하나님을 알아보지 못한 이스라엘 사람들을 질책하며 하는 말에서 그 기원을 찾을 수 있다. 그 말은 이렇다. '소는 그 임자를 알고 나귀는 주인의 구유를 알건마는 이스라엘 은 알지 못하고 나의 백성은 깨닫지 못하는도다.' 여기서 '주인의 구유'라는 언급을 예수 탄생의 예언으로 볼 수 있다는 것이 얼마나 흥미로운가. 중세 초기에는 크리스마스 장면 에서 소나 나귀가 당연히 등장하는 동물이었다. 물론 마태복음이나 누가복음 어디에도, 그리고 성경의 다른 어느 구석에도 그 이야기는 나오지 않는다. 하지만 사람들은 크리스마스를 그 동물들과 연계해서 생각한다. 소와 나귀를 언급하지 않고는 예수 탄생의 구유 이야기를 완결할 수 없다.

물론 어떤 의미에서는 예수 탄생의 장소 문제가 그렇게 중요한 문제가 아닐 수도 있다. 그가 어디에서 태어났든지 그는 자라서 너무나 비범한 존재가 되었고, 따라서 그의 추종자들이 그를 둘러싼 놀라운 주장들을 하게 된 것이다. 그리고 그 주장들이 아직까지도 받아들여지고 있지 않은가. 그러나 또다른 의미에서 보면 베들레헴은 중요한 장소이다. 어느 캐럴송 책을 보아도 예수 탄생 전통에서 중심이 되는 장소로 등장하는 곳이 바로 베들레헴이다. 〈오 베들레헴 작은 골〉이나 목자들이 그리스도가 '다윗의 고향'에서 태어난다는 얘기를 듣는다는 내용이 수록된 〈목자들이 밤에 양들을 지키는 동안〉이란 캐럴을 부르지 않고는 크리스마스를 제대로 즐겼다고 할 수 없는 것이다.

나로서는 이 점이 어려웠다. 크리스마스는 학자들이 논쟁을 벌여야 하는 역사적인 문제일 뿐만 아니라 신화이기도 하다. 흔히 우리는 신화를 거짓말 또는 허구와 같이 취급한다. 하지만 신화는 동서고금을 통해 더 큰 진리를 말하는 유력한 방식으로 존재해왔다. 그리스인들은 그들의 신화를 있는 그대로 믿은 민족이 아니었다. 하지만 그들의 신화, 즉 그리스 신화가 오늘날 우리가 아직도 경탄하고 존중하는 한 문명의 근간을 이루고 있다는 사실은 부인하지 못한다. 그들의 신화가 내보이고 있는 가장 중요한 진리는 인간과 자연은 서로 떼어놓을 수 없으며, 자연과 사회의 질서는 다른 것이 아니라는 사실이다. 우리가 이 진리를 벌써 깨달았다면 아마 오늘날과 같은 환경 위기는 도래하지 않았을지 모른다.

우리는 종교적·문화적·철학적 신념이나 믿음이 저하된 시대에 살고 있다. 심지어 과학적 믿음까지도 훼손당하고 있는 것이 오늘날의 시대다. 이런 혼란과 혼동 속에서도 크리스마스 신화는 아직도 수백만의 사람들에게 믿음을 주고 있다. 그 신화가 없었으면 분명 절망의 구렁텅이에 빠져 있을 사람들이 그나마 희망을 안고 산다. 그 신화는 바로 그 사람들에게 우리 세계의 중심에는 하나님이 있다는 믿음을 주고 있다. 그, 우리를 진정으로 염려하시는 하나님 말이다. 아니, 염려보다는 '사랑'이라는 표현이 더 어울리겠다. 그리고 그 신화는 사람들에게 언젠가는 평화가 지배하는 때가 오리라는 믿음을 주고 있다. 나는 학자들이 왜 예수의 생애에 관한 정확한 사실들을 밝히려고 노력하는지 이해할 수 있다. 그리고 그렇게 하는 가운데 왜 그들이 그 사실들을 신화나 전설이나 추측이 아닌 분명한 역사적 사실로 확립하려 하려는지도 이해할 수 있다. 또한 왜 기독교에서 예수를 역사적인 인물로 받아들이는 것이 중요한지도 알고 있다. 그래야 예수의 주장이 현실의 사람과 사건에 연관될 수 있으며, 그래야 믿을 수 있기 때문이 아닌가. 그러나 그런 학자들의 노력이 신화를 파괴하는 결과로 나아간다면 그것은 비극이다. 나는 아직도 신화를 아직까지 존재하는 의미 있는 것으로 보고 싶다. 신화와 역사를 구분하여 둘 중 하나를 반드시 선택해야 할 필요가 있을까? 나는 그러고 싶지 않다. 그러나 일부 사람들은 그렇게 해야 한다고 생각한다.

많은 기독교 학자들은 역사로부터 신화를 구분하고, 예수의 생애에 관해서는 믿을 필요가 있는 것만 추출하는 식으로 이 난관을 해결하려고 한다. 처녀 잉태설에 관한 더럼의 옛 주교의 생각이 좋은 예이다. 그는 철저한 기독교인이었고, 기적에 대한 믿음을 어렵게 만드는 이른바 과학의 시대가 내보이고 있는 회의론에 믿는 사람들이 맞서 싸울 수 있도록 도와주었다. 그렇지만 그는 득보다는 해를 많이 안겨주었다. 안타깝게도 그는 자신의 생각을 언론에서 요약 보도하도록 했는데, 결과적으로 그의 생각이 헤드라인에만 나오는 꼴이 되어 많은 사람들에게 그 주교는 예수를 전혀 믿지 않는 사람이라는 인상만 남기게 된 것이다. 필요 없는 것을 제거하려다 중요한 것까지 잃게 된 꼴이었지만, 그것이 그 주교의 의도는 아니었다.

나사렛에서의 좋은 소식

베들레헴에 관한 논란에서 뭐 하나 딱 잡히는 게 없어 마음이 무거웠지만 완전히 포기하지는 않았다. 나는 예수에 관한 더 분명한 사실을 확인할 수 있으면 어느 곳이든 찾아가는 것이 중요하다고 생각했다. 물론 많은 사람들이 예수의 생애에 대해 보편타당한 것으로 받아들이는 사실도 있고, 그에 따라 세워진 합리적인 가설이나 가정도 있다. 그러한 사실이나 가정들을 예수가 유대인이라는 배경에 비추어 검증할 수 있다면 우리는 아마 역사적인 예수가 복음서의 골격을 이루는 위대한 신화의 의미를 몸으로 보여준 인물이라는 새로운 확신을 얻어낼 수도 있을 것이다. 바로 오늘날과 같은 회의와 불신의 시대에 말이다. 그리고 베들레헴, 혹은 적어도 베들레헴이 상징하는 그 모든 것들이, 예수가 그곳에서 태어났다는 것을 내가 확신하지는 못하더라도, 앞으로도 계속 그 의미로 존재할 수 있을 것이다.

그래서 나는 나사렛으로 갔다. 갈릴리에 있는 이 조용하고 평범한 작은 마을에 관해서는 별로 논란이 없다. 권위 있는 대부분의 학자들이 예수가 어린 시절을 나사렛에서 보냈다는 사실에 이의를 달지 않는다. 복음서가 쓰일 당시의 초기 기독교인들은 예수가 유대 역사에서 별로 중요하게 취급되지 않은 한 작은 마을에서 태어났다는 사실에 적지 않게 당황했을 것 같다. 요한복음의 한 구절에서 우리는 그런 상황을 짐작할 수 있다. 예수를 따르라고 부름을 받은 셋째 제자 빌립은 나다니엘에게 이렇게 말한다.

"모세가 율법에 기록하였고 여러 선지자가 기록한 그이를 우리가 만났으니 요셉의 아들 나사렛의 예수니라."

그러자 나다니엘은 빌립에게 말한다.

"나사렛에서 무슨 선한 것이 날 수 있느냐?"

빌립은 대답한다.

"와 보라."

이 일화는 예수의 고향에 대한 사람들의 회의적인 시각과 그것에 대해 교회가 어떻게 반응하고 있는지를 잘 보여준다. '와 보라.' 이것은 예수와 동행을 하다보면 나사렛에서 어떤 좋은 소식이 있는지 알게 된다는 뜻이 아닌가.

초대 교회가 나사렛에 관해 불편하게 생각했다는 것이 바로 대부분의 학자들이 그곳이 틀림없이 예수의 고향일 거라고 생각하게 된 이유가 된다. 복음서에 관해 사람들이 대체로 받아들이는 부분이 있다. 예수에 대한 신용을 높여주는 것도 아니고 그렇다고 예수에 대한 초대 교회의 주장을 뒷받침하는 것도 아닌 복음서의 이야기들이 실은 역사적으로 어느 정도는 믿을 만한 이야기라는 사실이다. 결국 복음서는 예수의 의미, 그의 중요성에 대한 깊은 확신의 표현이다. 어쩌면 회의론자들은 그 복음서들을 종교적 선전(宣傳)의 한 형태로 간주할 수도 있다. 그래서 그들이 예수를 보통 사람과 같은 존재로 보는 식의 주장을 한다 해도 그냥 그럴 수도 있다고 보면 된다. 그나마 그들이 예수라는 존재를 완전히 지워버리지 않은 것만으로도 감사할 따름이다. 복음서 저자들이 예수를 나사렛 출신이라고 기술했다 해서 그들에게 돌아올 무슨 이익이 있었던 것은 아니다. 다만 그들은 정말 예수가 나사렛 출신이라는 사실을 받아들이고, 따라서 나사렛을 의미 있는 곳으로 만드는 방법을 찾아 나섰던 것이다.

누가복음은 가브리엘 천사가 마리아에게 예수의 탄생이 임박했음을 알렸던 곳이 바로 나사렛이라고 주장한다. 이 이야기는 복음서 이야기 가운데 예수의 어머니인 마리아가 중심인물로 등장한 몇 안 되는 이야기 가운데 하나이기 때문에 많은 로마 가톨릭 신자들에게 각별히 중요한 의미를 지닌다. 가브리엘 천사가 마리아에게 그 소식을 전했다고 믿어지는 동굴 위에는 성수태고지(聖受胎告知)를 기려 봉헌된 현대식 거대한 로마 가톨릭 바실리카(고대 로마의 장방형 건조물—옮긴이)가 있다. 그 건축물의 지붕이 있는 회랑들은 성모를 그린 갖가지 모자이크로 장식된 하나의 미술화랑이기도 하다. 태국의 교회, 스코틀랜드의 교회, 미국의 교회, 인도의 교회 등 세계 각지에서 모자이크를 보낸 것이다. 세계 각지에서 온 성모—정말 세계 곳곳에서 온 성모였다. 내가 관리인에게 유대인 마리아도 있느냐고 물었을 때 그는 이렇게 대답했다.

"진짜 성모 한 분으로 충분하지 않은가요?"

그의 말은 정확했다. 다시 한번 나는 교회가 예수의 유대성, 즉 유대인 예수의 모습을 어떻게 애써 지우려고 했는지 그 사실을 깨닫게 되었다.

갈릴리 언덕에서

나사렛에서 차를 몰아 나는 양쪽 끝에 뾰족한 산봉우리가 있다 해서 '하틴의 뿔'이라고 알려진 길고 높은 능선을 지나 갈릴리 해로 향했다. 제롬 신부의 안내책자에는 그 능선이 바로 살라딘이 예루살렘의 왕인 기 드 뤼지냥의 기치 아래 참전한 십자군에게 결정적 패배를 안긴 곳으로 나와 있다. 십자군들은 24시간 이상 물 한 모금 마시지 못해 필사적으로 하틴의 샘가로 접근하려 했다. 하지만 그곳으로 가는 길목을 살라딘의 군대가 가로막고 있었다. 십자군의 전위부대인 템플 기사단원들이 술탄의 병사들이 만든 장애물을 향해 돌진하자 술탄의 병사들은 길을 열어 기사단이 통과하도록 내버려두었다. 그런 다음 다시 대열을 정비하여 십자군 보병들의 진격로를 봉쇄하였다. 그러자 십자군 보병부대는 전열이 흐트러지면서 허둥지둥 물을 찾아 뿔뿔이 흩어지고 말았다. 결국 홀로 남아 왕의 텐트를 지키던 템플 기사단은 술탄의 군대를 막아내지 못했고, 이 전투에서 아크레의 주교는 십자가를 손에 꼭 쥔 채 전사하였다. 헬레나가 처음 발견한 그 성스러운 유물인 십자가—그것이 살라딘 회교 군대의 전리품이 되고 만 것이다.

나는 다음날 이 역사적인 장소에서 제롬 신부를 만나기로 되어 있었다. 그러나 또다른 재난 때문에 약속을 지킬 수가 없었다. 건조한 초원을 화재가 휩쓸고 지나간 것이었다. 그래서 우리의 만남은 갈릴리 해가 내려다보이는 또다른 높은 언덕에서 이루어졌다.

대학 다닐 때 도미니크 수사들의 연례 강좌를 들었던 나는 제롬 신부가 하얀 수도복을 입은 엄숙한 표정의 몸이 호리호리한 사람, 더욱이 예루살렘의 프랑스 성경학교 도서관에서 30년 동안 연구만 했으니 얼굴 또한 창백한 학자의 모습이 아닐까 예상했었다. 그러나 내가 만난 제롬 신부는 목이 열린 셔츠에 바지를 입은 우람한 체격의 소유자였다. 더욱이 아일랜드인 특유의 유머 감각을 그대로 지니고 있는 쾌활한 성격의 신부였다. 그는 성경학교의 엄숙한 전통을 깬 최초의 도미니크 수사가 바로 자신이며, 덕분에 자기가 예루살렘의 국외이주자들 사회에서 꽤나 유명한 사람이 되었다며 웃었다. 특히 그는 외국 특파원들 가운데도 친구가 많다고 자랑하였다. 그러나 이런 호방하고 사교적인 성격에도 불구하고 그는 학자로서 대단한 명성을 지닌 사람이었으며, 나도 그의 외향적인 성격 이면에 깊은 학문적 지식이 뒷받침되어 있다는 사실을 곧 알게 되었다.

제롬 신부는 예수가 태어난 곳이 어딘지, 대화의 방향을 곧장 그 문제로 잡았다. 그는 유대의 경제사를 살펴보면 나사렛이 아닌 베들레헴이 요셉과 마리아의 고향이라는 마태의 주장이 설득력 있다는 사실을 알게 된다고 하였다. 그가 제시한 논리는 이렇다. 예수가 어렸을 때는 기원전 4세기에 파괴된 갈릴리의 수도 세포리스가 다시 재건되던 시기였다. 그런데 세포리스는 나사렛에서 걸어서 한 시간 거리였으며, 그래서 요셉이 나사렛으로 가서 세포리스 재건 사업에 참여한 것이 아닌가 하는 것이 제롬 신부의 생각이었다. 그는 이렇게 말했다.

"로마제국 지배하에서 제대로 된 음식을 먹을 수 없었기 때문에 아내와 아이를 둔 남자들은 아마 나사렛이 정말 살기 좋은 장소였을 겁니다."

그러면서 제롬 신부는 요셉이 엄밀한 의미의 목수라기보다는 작은 마을 같은 곳에서 흔하게 찾아볼 수 있는 일반적인 의미의 건축업자, 그러니까 이것저것 다 뚝딱거리며 만들어내던 사람이 아니었을까 생각하고 있었다. 우선은 예수가 어느 외딴 시골 벽지에서 자란 사람이 아니라는 점을 받아들이는 것이 중요하다고 제롬 신부는 강조했다. 당시 세포

(다음쪽) 갈릴리 해. 예수 전도의 배경이 되었던 시리아 산맥 아래에 있는 내륙 호수. 북쪽에서 남쪽으로는 길이가 약 11킬로미터이고, 서쪽에서 동쪽으로는 약 6.4킬로미터 정도이다.

리스 재건 사업에 참여한 사람들 가운데 로마에서 온 기술자들, 이탈리아에서 온 실내장식가들, 그리스에서 온 미술가들 등이 많이 있었고, 그들은 그리스어를 제2의 언어로 의사소통을 하였던 것이다. 따라서 예수가 '위선자(hypocrite)'라는 그리스어를 사용한 것을 보면 그의 성장 환경이 외딴 벽지는 아니었다는 것을 어느 정도 감지할 수 있다.

나는 그 동안 내가 알고 있었던 사실, 그러니까 예수가 '보잘것없는 천한' 가정에서 태어났다는 종래의 생각을 어디서도 확인할 수 없었다. 그의 부모가 유대인 가운데서도 엘리트 계층에 속한 것은 아니었지만 그렇다고 사회의 밑바닥 계층, 즉 사회에서 버림받은 계층에 속한 것은 분명 아니었다. 사실 사회 밑바닥에서 성장해 사회에 영향력 있는 설교자가 된다는 것은 기적에 가까운 일이다. 제롬 신부가 제시한 것처럼 오히려 예수가 범세계적인 배경에서 성장한 사람이기에 그런 일이 가능한 것이 아닌가 싶다. 신약에 정통한 일부 권위 있는 학자들은 심지어 요셉이 학자였을지도 모른다고 말한다. 예수가 거의 일상적으로 사용하던 언어는 아람어였고, '목수(carpenter)'에 해당하는 아람어를 법률에 관한 유대인들의 주석에서 찾아보면 바로 '학식 있는 자'를 의미하는 것으로 나타난다. 아무튼 나중에 예수의 사회적 기반에 관한 매우 상반된 견해를 만나기도 했지만 그때는 일단 제롬 신부의 견해가 타당한 듯 보였다.

제롬 신부와 나는 갈릴리 언덕의 높은 곳에 앉았다. 우리 아래엔 석양을 받은 푸른 바닷물이 눈부시게 반짝이고 있었고, 바다 건너 동쪽엔 갈색의 골란 고원이 황량하게 서 있었다. 그리고 남쪽으론 저 멀리서 흉물스럽게 늘어선 듯 보이는 티베리아스 휴양지만이 웅장한 풍경에 슬쩍 상처를 낸 듯한 모습으로 눈에 비칠 뿐이었다. 바다 건너편에 해안을 따라 나 있는 도로도 보이지 않았고, 순례자들을 싣고 그 도로를 따라 성지를 향해 달리는 버스 소리도 들리지 않았다. 이곳이 바로, 한적한 곳에 아름답게 자리잡고 있는 갈릴리 언덕이었다. 제롬 신부는 젊었을 때 그곳의 풍광에 대단히 큰 감동을 받은 적이 있었다고 말했다.

"처음 갈릴리 언덕을 보았을 때 그건 정말 놀라운 경험이었습니다. 1964년 여름이었지요. 그때 처음 이스라엘에 온 나는 나사렛에서 버스를 타고 이곳으로 왔답니다. 티베리아스를 뒤로 하고 언덕 가장자리로 올랐을 때 내 앞에 거대한 호수가 펼쳐져 있었지요. 성경에서 말한 그대로였습니다. 성경에 적힌 말들이 그대로 살아 내 앞에 다가온 듯했지요. 그냥 글에서만 읽었던 것을 내 두 눈으로 확인한 셈이었습니다. 현실이었지요. 하나님이 역사적으로 구체성을 띤 실제적인 존재라는 사실이 분명하게 다가왔답니다."

성경학자들이나 역사가들의 주장 속에서 우리가 확신할 수 있는 것이 하나 있었다. 그것은 예수가 실제로 갈릴리 언덕을 걸었고, 호숫가도 걸었다는 사실이다. 1세기 이후 거의 변하지 않은 언덕과 바다가 바로 예수 이야기의 증인인 셈이었다. 어떤 사람들은 갈릴리 언덕과 바다를 '제5의 복음서' 라고 지칭하기도 한다. 사실 갈릴리 지역에 관한 이야기는 복음서의 많은 부분을 차지하고 있으며, 또한 우리는 복음서를 통해 예수가 갈릴리 지역에서 많은 감명을 받았다는 사실을 확인할 수 있다. 예수의 많은 비유담은 고기잡이와 농사일의 비유로 가득하다. 겨자씨, 밀, 호밀풀, 들녘의 백합, 고기잡이, 산언덕을 배회하는 양 등을 비유로 언급한 것이 어쩌면 갈릴리 지역의 풍경을 마음에 두고 있는 예수로서는 당연한 것이었는지도 모른다.

반면 예수가 도시에서 보낸 시간은 거의 없는 듯하다. 실제로 복음서 어디에도 예수가 요셉이 일한 곳으로 추정되는 세포리스에서 제자들을 가르쳤다는 얘기는 없다. 그리고 서술 구조가 비슷한 마태, 마가, 누가 3개의 공관 복음서(여기서 '공관' 이라는 뜻의 'synoptic' 은 그리스어에서 유래된 것으로 '같은 관점에서' 라는 뜻이다)에도 언급되어 있듯이 헤롯 왕이 건설했다는 티베리아스의 경우도 마찬가지다. 또한 도시들도 예수가 그곳에서 많은 시간을 보낼 수 있을 만큼 그를 환대한 것 같지 않다. 마태복음이나 누가복음을 보면 예수가 가르침을 준 도시에서 받은 대접에 매우 통렬한 반응을 보인 것으로 기록하고 있기 때문이다. 예수가 이렇게 말하지 않았는가.

"화 있을진저 고라신아, 화 있을진저. 벳새다야, 너희에게서 행한 모든 권능을 두로와 시돈에서 행하였더면 저희가 벌써 베옷을 입고 재에 앉아 회개하였으리라."

예수와 세례 요한

마가복음은 예수가 세례 요한에게서 세례를 받는 것에서 시작한다. 복음서에 언급된 어느 사건이 초대 교회에 해를 끼치는 것일수록 그 사건이 실제로 일어난 것일 수 있다는 가능성이 높다는 대체적인 검증방법을 적용하면 예수의 세례 받음은 가장 가능성이 높은 일로 기록될 수 있다. 우선 첫째, 예수의 세례 받음은 '죄의 사함을 위한 회개의 세례' 라는 요한의 가르침에 비추어볼 때 예수가 스스로를 죄인으로 생각했다는 것을 함축하고 있다. 둘째, 예수가 살았던 당시 중동지역의 문화에 비추어보면 중요한 위치에 있는 사람이 아랫사람을 만나러 가는 일은 절대 있을 수 없는 일이었다. 따라서 요한이 예수를 만나러 갔다면 그것은, 복음서에서 암시하고 있듯, 요한이 예수의 신성한 운명을 알고 있었다는 의미가 된다. 그러나 역사적인 측면에서 볼 때는 예수가 정신적인 인도자로 요한을 찾았고, 또 그의 손에 의한 세례를 받아들였다는 것이 더욱 설득력 있다. 대부분의 학자들은 복음서에서 요한이 예수가 자신보다 더 위에 있는 존재라고 인정한 대목들이 바로 앞에서 언급한 그런 어려움을 극복하기 위해 나중에 추가된 것이라 믿고 있다. 더 나아가 제롬 신부와 같은 비교적 정통파에 속하는 성경학자들 역시 예수가 요한의 제자로서 자신의 임무를 시작했다는 데 대해 의심하지 않는다. 제롬 신부는 요한이 처형당했을 때 예수가 그 뒤를 이어 지도력을 발휘한 것으로 생각하고 있다.

요한은 역사가들이 말하는 이른바 종말론 선지자가 아니었나 싶다. '마지막'을 뜻하는 그리스어에서 비롯된 종말이라는 단어를 볼 때 요한은 최후의 시대가 다가오고 있음을 경고한 선지자였다. 초기의 많은 히브리 선지자들의 가르침에도 신의 심판에 관한 경고가 있으며, 따라서 요한은 스스로 그 위대한 전통의 계승자로 보았을 것이 분명하다. 아마도 그는 선지자 엘리야를 염두에 두고 있었던 듯하다. 입고 다니던 옷이나 황야에서의 삶을 선호한 것이나 불 같은 설교 스타일에서나 요한은 엘리야를 닮았던 것이다. 이런 점이 아마 그와 동시대를 살았던 사람들에게는 중요한 의미를 지녔던 듯하다. 왜냐하면 엘리야는 언젠가 다시 돌아와 주의 날, 심판의 날을 선포하리라는 예언을 했기 때문이다. 그러나 요한이 스스로 후대의 엘리야로 생각했다고 해서 그가 시간과 공간, 그리고 세상의 종말을 예언하는 선지자, 곧 우주적 운명을 점치는 선지자라는 뜻은 아니다. 오히려 그는 어떤 위대한 구원이 곧 일어나리라는 믿음을 지니고 있었다고 보는 것이 더 타당할지 모르겠다. 1세기에는 과연 하나님이 개입하여 자기 민족을 외국의 지배로부터 해방시켜줄 것인가를 놓고 많은 추측들과 생각들이 있었다. 요한과 같은 선지자는 모세나 여호수아의 선례를 따라 하나님이 또다시 자기 민족을 외국의 지배로부터 해방시켜주리라 예언하였다. 그러나 유대인 역사가인 요세푸스는 그런 사람들을 호되게 비판하였다.

"혁명적인 변화를 이끌어낼 심산으로 하나님을 들먹이던 그런 사기꾼과 협잡꾼들이 대중들을 설득하여 미친 사람처럼 행동하게 만들었으며, 하나님이 사막에서 그들에게 구원의 증표를 건네리라는 믿음을 주며 사람들을 사막으로 이끌고 갔던 것이다."

유대인들이 또다시 독립을 상실한 상태에서 구원의 희망은 어쩌면 당연한 것이었다. 시리아 통치자들에 대항하여 봉기를 일으킨 후 유대인들은 유대의 고위 성직자 가문인 하스몬 가문 사람들의 통치를 받게 되었다. 물론 그 가문의 사람들은 유대의 왕이란 지위를 누리게 된 셈이다. 그러다 기원전 63년에 로마인들이 1만 2천여 명의 유대인들이 살해된 3개월 동안의 포위작전 끝에 예루살렘으로 진입하게 된다. 비록 하스몬 가의 사람들이 대중적으로 인기 있는 지도자들은 아니었지만 유대인들은 그들의 왕조를 그래도 황금기였다고 판단하였다. 전제왕권의 그늘 아래에서 그나마 자유를 누리던 시기였기 때문이다. 물론 로마인들이 직접 유대인들을 통치한 것은 아니었다. 대신 헤롯 가문의 사람들을 로마에 예속된 왕, 이른바 똘마니 왕으로 내세웠던 것이다. 그러나 그런 식으로 간접 통치하는 조치가 독립 상실로 인해 상처 입은 유대인의 자존심을 절대 회복시켜줄 수는 없었다. 유대인들은 독립적인 하스몬 가문을 대신한 헤롯 가문의 왕들을 로마의 제5열에 불과할 따름이라고 간주하였던 것이다. 더욱이 헤롯이나 그의 아들들은 정통 유대인으로 대접받지 못했다. 왜냐하면 그들은 유대 남쪽의 이두매 출신으로 그곳 사람들이 유대교로 개종한 것이 얼마 되지 않았기 때문이다.

자, 그렇다면 이제 우리는 예수의 역할이 무엇이었는지 알아낸 셈이 아닐까? 만일 예수가 요한의 뒤를 따른 사람이었다면 엘리야가 마차를 타고 하늘로 떠난 뒤에 엘리사가 그 뒤를 이었듯이, 그 역시 요한이 떠나고 난 뒤 그 뒤를 이은 종말론 선지자는 아니었을까? 에드 샌더스를 포함한 많은 역사가들은 예수가 스스로를 바로 그런 식으로 생각했다고 믿는다. 샌더스는 이렇게 말한다.

"예수는 이스라엘에 대한 약속이 곧 실현되리라 믿었습니다. 다시 말해, 이스라엘의 종말론적인 부활이 가까이 다가왔다고 생각한 것이죠."

물론 이런 견해에 동조하지 않는 학자들도 있다. 우선은 어떻게 요한과 예수라는 두 명의 마지막 선지자가 있을 수 있었는지, 그것은 불가능하지 않겠느냐는 생각이다. 제롬 신부는 복음서의 설명이 예수가 갈릴리에서 가르침을 시작한 이후 그 역할이 변했음을 보여준다는 점에서 믿을 만하다고 생각하고 있었다. 그는 '이전엔 율법이 너희들에게 말했으나 이젠 내가 말한다'는 예수의 주장을 언급하면서 이렇게 설명해주었다.

"이 말은 단순히 선지자의 말이 아닙니다. 메시아의 말이지요. 어쨌든 예수는 자신이 선지자 이상의 존재이며, 유대인을 구원해줄 하나님의 마지막 대리인이라는 확신에 이르렀던 것입니다."

물론 이것도 예수에게 이스라엘을 회복할 하나님의 기름 부음을 받은 대리인으로서의 역할, 즉 메시아의 역할이라는 하나밖에 없는 역할을 부여하는 하나의 해석에 지나지 않는다. 현재 구할 수 있는 증거로 판단내리기가 어려운 것이 있다면 그것은 예수가 자신의 역할을 어떻게 생각했느냐 하는 점일 것이다. 때로 예수는 또다른 인물, 즉 천상의 구름을 타고 나타날 신비의 '인자(인간의 아들)'가 불쑥 나타나 하나님의 구원을 가져다주기를 기대하고 있었던 것 같기도 하다. 그 신비의 인물이 그 자신을 언급한 것인지, 아니면 정말 다른 누군가 나타나리라 생각하고 있었던 것인지, 현재로선 알 길이 없다.

예수는 바리새인이었는가?

갈릴리에서 순례의 길을 따라 지나던 중 나는 우연히 한 학자를 만나게 되었다. 그는 예수에게 또다른 역할이 있었음을 보여주는 증거들을 찾아 정리하던 학자였다. 그는 예수가 메시아로서의 역할만을 행한 것이 아니라 다른 역할도 행했다고 믿었다.

내가 찾아간 곳은 갈릴리 해 연안의 가버나움이었다. 복음서에 따르면 가버나움은 예수가 자신의 임무를 행하는 동안 본거지로 삼았던 곳이다. 또한 그곳은 사도들 가운데 제일 먼저 거론되고 또 가장 중요한 인물인 베드로의 고향이기도 하다. 그 가버나움이 복음서에서 그렇게 중요한 위치를 차지하고 있기 때문에 나는 그곳이 아직도 어촌으로서의 그 모습을 그대로 지니고 있지 않을까 기대하고 있었다. 그러나 그곳은 예수의 저주가 그대로 실현된 듯 보였다. 마태복음에서 예수는 이렇게 말한다.

"가버나움아 네가 하늘에까지 높아지겠느냐 음부에까지 낮아지리라."

한때 번영을 이루던 마을에서 이제 남아 있는 것이라곤 고고학자들이 발굴한 유적지뿐이다. 부분적으로 복원된 유대교 교회당 하나, 조그만 로마 가톨릭 수도원 하나, 프란체스

15세기 이탈리아 풍경화에 나타난 그리스도의 세례 모습. 예수 머리 위에 있는 비둘기는 성령의 상징으로, 예수에게 내려와 그가 하나님의 아들임을 확인해준다. 1450년경 피에로 델라 프란체스카가 그린 그림.

88

코 수도회 소속 고고학자들이 베드로의 집터라고 믿는 곳 위에 세운 로마 가톨릭 교회 하나, 그리고 딸기색의 돔이 있는 매우 아름다운 그리스 정교 교회 하나. 그런데 현대식으로 건설된 로마 가톨릭 교회는 결코 아름답다고 할 수 없었다. 내가 보기에 그 로마 가톨릭 교회는 어느 지하 주차장의 상부 구조물 같은 형태로 정말 볼품이 없었다. 두 개의 교회, 즉 로마 가톨릭 교회와 그리스 정교 교회는 성스러운 자리를 차지하려는 두 종파 사이의 경쟁을 상징한다. 유대교 교회당은 예수가 살았던 시대보다 훨씬 뒤에 세워진 것으로, 공관 복음서에 따르면 예수가 가르침을 전파하고 병든 자를 치료하고 또 바리새인들과 갈등을 빚었던 옛 유대교 교회당이 있던 바로 그 자리 위에 세워졌다고 한다. 그곳에서 나는 랍비라 불리는 율법 박사 데이비드 로젠을 만났다.

검은 머리에 수염을 기른 로젠은 아일랜드와 남아프리카 케이프 타운에서 최고의 랍비라는 중요한 위치에 있는 사람치곤 나이가 젊어 보였다. 당시 예루살렘 근동(近東) 지역 학 센터의 교수였던 그는 말이 빠르긴 했지만 목소리는 분명하고 거침이 없었다.

내가 예수를 어떻게 생각하느냐고 묻자 그는 금방 이렇게 대답했다.

"그는 유대인 랍비입니다. 예수는 유대인으로 태어나, 유대인으로서 제자들을 가르쳤고, 유대인으로 설교를 했으며, 유대인으로 죽었습니다."

"잠깐만요."

나는 잠시 생각하다 다시 물었다.

"그렇다면 그건 예수가 바리새인일 수도 있다는 말인가요? 바리새인은 예수의 적이 아닌가요?"

내가 로젠에게 예수가 바리새인이라는 뜻으로 그렇게 얘기한 것이냐고 묻자 그는 얼른 이렇게 대답했다.

"예수의 가르침은 모두 오늘날의 유대교 기원이 되었던 이른바 바리새인 유대교, 즉 랍비 유대교에 뿌리를 두고 있습니다. 예수의 말 가운데 어느 것 하나 랍비들이 했던 말과 유사하지 않은 것이 없습니다."

"하지만 우리는 바리새인들은 율법을 엄격히 준수하는 사람들이고, 예수는 오로지 사랑과 관련이 있는 사람으로 배웠는데……"

"제가 한 가지 지적하고 싶은 것이 있는데, 그것은 히브리 성경이나 바리새 문학에서는 '하나님에 대한 사랑'이라는 개념이 '하나님에 대한 두려움'이란 개념보다 훨씬 더 많이 언급되어 있다는 사실입니다."

　나한테는 크루덴의 성경 어구 색인 사전이 한 권 있었다. 신학을 공부하던 학창 시절, 성경에 언급된 특정 단어들이 어느 지역과 연관이 있는지, 어떤 의미를 지닌 것인지 알아보기 위해 구입한 사전으로 그때 이후 필요할 때마다 늘 가지고 다녔다. 그 사전에서 나는 바리새라는 단어를 찾아보았다. 이렇게 정의가 내려져 있었다. '예수는 바리새인들을 위선자라고 비난했다. 그것은 그들이 장로들의 전통이 부과한 꼼꼼한 형식성에 신경을 쓸 뿐 그에 상응하는 마음과 가슴은 전혀 신경 쓰지 않았다는 사실에서 드러난다. 그들은 야심에 찬 사람들이며, 자기만 옳다고 생각하는 오만하고 거만한 사람들이다. 그런 점은 모두 예수의 가르침에 반하는 것이다.' 그런데 로젠은 그 사전에서 '바리새적인'이란 단어를 지워야 한다며, 그들은 위선자들이 아니라 오히려 예수가 그랬던 것처럼 사랑을 소중히 여긴 사람들이라고 주장했다. 그렇다면 왜 그런 엄청난 오해가 생긴 것일까?

　로젠은 그가 말하는 '유대의 민족적 배경'에서 벗어나려고 노력했던 유대 기독교인들의 의도에서 비롯된 것이라고 하였다. 바로 '상대방에 비하여 자신의 우월성'을 보여주고자 하는 의도에서 비롯된 하나의 해석이라는 의미였다. 로젠은 예수가 바리새인들과 지극히 불편한 관계에 있었다는 가능성을 완전히 배제하지는 않는다며 이렇게 설명했다.

　"율법의 주석서라 할 수 있는 탈무드에 보면, 바리새인이라 하더라도 그 가운데 일곱 부류의 사람이 있다는 설명이 있습니다. 때로 주석자들은 스스로를 바리새인이라 부르는 특정 부류의 사람들을 굉장히 멸시하기도 했지요. 가령, 어느 바리새인 랍비는 동시대의 현인들에 관해 언급하면서 이렇게 말했답니다. '그들을 조심하라. 그들이 깨물면 여우처럼 깨물고, 그들이 혓바닥을 놀리면 독사처럼 놀리고, 그들이 침을 쏘면 전갈처럼 쏘기 때문이다.' 그래요, 이게 바로 그들 내부의 갈등의 언어랍니다."

　그가 이렇게 말하는 동안 나는 기독교인들 역시 그들 사이에 분열이 조장될 때면 신랄하고 사나운 언어를 사용하여 서로 헐뜯는다는 사실을 떠올리지 않을 수 없었다.

　로젠의 말을 듣고 나는 예수 시대의 유대교가 오늘날의 유대교와는 분명히 다르다는 사실을 확인할 수 있었다. 오늘날 거의 모든 유대인의 삶은 랍비의 유대교에서 비롯된 것이다. 로젠이 말했듯, 바리새인들은 바로 랍비의 선구자였다. 하지만 예수 시대에 그들은 유대인들 가운데 한 부류에 불과했다. 당시엔 바리새인들 말고도 교회당을 운영하는 데 주도적인 역할을 하고 있었던 성직자 귀족 사두개인들이 있었고, 율법 준수에 관한 한 꼼꼼

하기 이를 데 없었던 엄격한 에세네인들도 있었다. 에세네인에 관해선 내가 쿰란에 가서 더 자세히 알게 되었다.

나는 유대교의 이 세 파에 관해 어느 정도는 알고 있었다. 예수와 거의 동시대를 살았던 유대의 역사학자인 요세푸스의 글에 이들 세 파에 관한 언급이 있었기 때문이다. 바리새인은 분명히 에세네인들보다는 더 관대한 사람들이었다. 그들은 보통사람들이 극단적인 의식에 의해서가 아니라 규칙적인 기도와 조심스럽게 순결의 법을 준수하는 것, 그리고 자비의 행동 등을 통해 일상생활 속에서 신앙을 지킬 수 있도록 도와주려 했던 사람들이다. 사두개인들의 종교는 성서의 엄격한 독해와 정기적으로 제물을 바치는 종교적인 의식 등에 기초한 종교다. 바리새인들 역시 제물을 바치는 일이 최고의 영적 의무라고 가르쳤다. 이들 세 파, 즉 바리새파, 사두개파, 에세네파의 사람들은 그리스 철학을 읽고 그것을 유대의 신앙과 조화시키려 노력한 지식인들이었으며, 카리스마를 지닌 병의 치료자이자 특히 개인적으로 가난한 제자를 두고 있던 스승들이었다. 따라서 우리가 배운 것처럼 바리새인들은 결코 편협하고 율법만 따지는 고집쟁이가 아니라, 예수 시대에 존재했던 유대의 여러 파 가운데 가장 진보적이고 관대한 부류의 사람들이라 할 수 있었다. 나는 예수가 그런 바리새인 가운데 한 사람이었다고 주장하는 이론의 매력이 여기에 있는 것이 아닌가 생각했다.

유대학자가 아니면서 예수가 바리새인과 많은 점에서 공통점이 있다는 사실을 인정하는 학자들이 있다. 예를 들어 에드 샌더스는 "예수가 그 시대의 유대 지도자들과 긴장관계에 있었다는 징후가 그리 많지 않다"고 하였다. 그러면서 그는 만일 예수가 유대 율법에 반하여 설교를 했다면, 즉 예수가 유대 율법이 잘못된 것이라고 말했다면 그것은 실제로는 모세와 하나님의 율법이 잘못된 것이라고 말하는 것과 같기 때문에 분명히 심각한 결과를 초래했을 것이라고 설명했다. 물론 심각한 결과가 없었던 것은 아니었다. 예수가 십자가에 못박혀 죽은 것이 그것이다. 그러나 우리가 아는 것처럼, 그것은 예수가 유대 율법에 반하여 설교했기 때문도 아니고, 그가 바리새인과 갈등을 빚었기 때문도 아니었다.

그러나 로젠은 예수가 단순히 또 한 사람의 바리새인이라는 사실은 믿지 않았다. 그는 이렇게 말했다.

"제 생각에 예수의 가르침은 전통적인 유대의 가르침의 맥락에서 볼 때 굉장히 풍부하고 광범위한 것이죠. 그런데 유대인을 적대시한 무서운 논쟁과 그 시대에 자행되던 폭력과 편견 때문에 예수의 가르침의 아름다움이 유대 사회 전체에 그리 잘 알려지지 않았다는 사실은 참으로 큰 비극이라 할 수 있지요."

기적을 행하는 자

유대인 예수를 찾기 위해 준비하고 있을 때 나는 한때 가톨릭 신부였으나 지금은 유대 학자로 활약하고 있는 나의 스승 게자 베르메스를 만났었다. 예수의 가르침에는 예수만의 유일한 권능이 스며 있음을 깨달았다는 그가 이런 말을 한 적이 있었다.

"예수의 윤리 규범에는 히브리의 어떤 규범에서도 찾아볼 수 없는 형식상의 숭엄함, 독특한 특징, 독창성이 있다. 그의 비유가 지니는 그 놀라운 예술성은 어디에서도 찾아볼 수 없는 것이다."

그러나 베르메스 선생도 예수가 바리새인이라는 사실은 믿지 않았다. 대신에 그는 예수 시대의 사회에서 예수가 했던 또다른 역할을 찾아냈다. 그것은 악령추방자(귀신 쫓는 자), 질병치료자, 그리고 교사로서의 역할, 곧 성스러운 기적 수행자로서의 역할이었다. 베르메스 선생은 1세기 유대의 전설적인 성자였던 천체 주기 제도사 호니라는 낯선 인물에 관해 글을 쓴 적이 있었다. 그 내용에 따르면, 호니는 예수와 마찬가지로 하나님과 굉장히 밀접한 관계를 유지했던 것으로 나타난다. 그러면서도 그는 전능의 신에 대한 접근 태도가 건방지다는 이유로 동료 유대인들을 화나게 만들기도 했다. 하지만 호니에게는 놀라운 능력이 하나 있었다. 바로 비를 내리게 하는 능력이었다. 그가 가뭄을 그치고 비를 내려달라고 기도하면 정말 비가 내렸던 것이다. 베르메스 선생은 예수도 어쩌면 호니와 같은 신앙심이 깊은 사람으로 간주된 것이 아닌가 생각하였다.

갈릴리에서 그 다음에 내가 들른 곳이 바로 기적을 행하는 자 예수의 문제에 직접 부딪힐 수 있는 곳이었다. 그곳은 예수가 많은 사람들을 먹여 살렸다는 갈릴리 해 연안에 세워진 베네딕트파 오병이어(五餠二魚) 교회였다. 교회 안으로 들어서자 한 미국인 설교자가 순례자들에게 그 오병이어의 역사가 지니는 의미를 설교하고 있었다.

"이 기적이 우리에게 가르쳐주는 것은 우리가 예수에게 기도하면 우리가 필요로 하는 것을 다 준다는 겁니다."

그런데 나는 이런 설교가 무슨 도움이 될까 싶었다. 오늘날 믿는 사람들이 안고 있는 문제 가운데 하나는 그들의 기도에 응답이 없다는 것이다. 아니면 적어도 그들이 기대하는 방식으로의 응답이 없다는 것이다. 그런데도 순례자들에게 예수가 5천 명의 사람들을 떡 다섯 개와 물고기 두 마리로 먹이고도 열두 바구니가 남았다는 것을 믿으라니, 과연 그것이 가능하겠는가? 이런 식의 믿음 강요는 유대인 예수가 아니라 교회의 예수에게 어울리는 것이다.

요한복음이 우리에게 알려주는 바에 따르면 첫 기적은 갈릴리 가나에서 예수가 혼인 잔치에 포도주를 공급한 일이다. 이 기적은 내가 굉장히 좋아하는 기적이다. 왜냐하면 이 기적이 의미하는 바는 초대 교회가 그래도 예수를 편협한 도덕주의자로 생각하지 않았고, 내가 많은 설교를 통해 들었던 그 모든 즐거움에 반대한 엄격한 청교도로도 생각하지 않았다는 것을 보여주는 것이 아닌가. 요한복음의 같은 장(章)에 이런 대목이 나온다. '예수께서 이 처음 표적(表蹟)을 갈릴리 가나에서 행하여 그 영광을 나타내시매 제자들이 그를 믿으니라.' 그러나 우리가 살고 있는 이 과학의 시대에 예수의 기적은 오히려 불신의 근거가 되기도 한다.

"도대체 있을 법하지 않은 그런 기적을 기록한 복음서를 어떻게 믿을 수 있습니까?"

아마 기독교인이라면 이런 식의 질문을 많이 받아보았으리라 생각된다. 하지만 그날 베네딕트 교회에 참석한 순례자들에게 그런 기적의 이야기가 그들 신앙에 장애물이 되지는 못했다.

일부 기적의 이야기가 소문에 근거한 것일 수도 있다. 언론인인 나는 오늘날 정교한 통신 수단이 발달해 있음에도 소문이 얼마나 큰 힘을 발휘하는지 잘 알고 있다. 소문은 정보의 대부분이 사람의 입에 의해 전해지는 사회에서 무성하게 자라는 게 일반적이다. 그리고 소문은 곧 사실이 된다. 사람들에게 중요한 것은, 그리고 후대까지 계속 전해지는 것은, 실제 일어난 일이 아니라 사람들이 일어났다고 믿는 것이기 때문이다. 복음서 저자들은 예수가 행한 기적들이 구약의 예언을 확인시켜주는 것이기에, 그리고 그런 기적이 예수를 구약에 나오는 영웅들을 계승한 인물임을 보여주는 것이기에, 그것을 그대로 믿고 싶었던 듯하다. 예를 들어 5천 명의 사람들을 먹였다는 기적은 모세를 따르던 말 많은 사람들이 황야에 가서 굶어 죽느니 차라리 이집트에서 죽음을 당하는 편이 낫겠다고 불평했을 때 하나님이 모세를 도와주셨다는 이야기를 떠올리게 한다. 그때 하나님은 저녁엔 메추라기를 보내셨고, 아침엔 이슬을 빵으로 변하게 하셨던 것이다.

그러나 엄청난 기적들─수많은 사람을 먹인 기적, 폭풍을 잠재운 기적, 물 위를 걷는 기적, 그 밖에 병을 고치는 것 이외의 다른 기적들─이 충분히 일어날 법한 일이라고 믿는 사람들도 있다. 그런 사람들은 아무리 현대 과학이 발달했다 하더라도 그 과학이 우리가 그러리라고 생각했던 만큼의 조직화되고 조율된 세상 속에 우리를 살게 하지는 못한다고 주장한다. 뉴턴이 생각했던 것처럼 자연이 예측 가능한 것은 아니다. 그리고 자연 속에는 우리가 알지 못하는 힘이 있을 수 있다. 기도와 신앙으로 불러낼 수 있는 힘 말이다. 자연이 예측 불가능한 것처럼 이런 힘이 세상사에 끊임없이 관여하면서 비정기적인 방식으로 우리 삶에 영향을 미치는 어느 신의 존재 가능성을 열어두는 것이 아닌가 싶다. 철저한 회의론자가 아니라면 대개의 사람들은 열린 마음으로 기적의 문제에 접근하고 싶어한다고 나는 생각한다. 에드 샌더스도 나에게 이런 말을 들려주었다.

"나는 그 두 마리의 물고기를 잘라 수천 명의 사람을 먹였다고는 생각하지 않습니다. 그렇다고 초기 기독교인들이 대단한 거짓말쟁이고 사기꾼이라고도 생각하지 않습니다. 따라서 나는 그런 기적들을 어떻게 설명해야 할지 모르겠습니다. 혼란스럽지요. 그래도 인정할 것은 인정해야 하니까요."

또다른 미국 성경학자이자 신학자인 마커스 보그는 그런 기적들은 '역사적으로 미결된 사건들' 속에 포함시켜야 할 것이라고 말했다.

보그는 예수가 치료의 기적들을 행했다고 믿을 만한 충분한 근거가 있다고 하였다. 첫째는, 그 기적들이 지금 일반적으로 입증되고 있다는 것이다. 둘째는, 그 시대에는 질병의 치료와 귀신 쫓는 의식이 빈번히 일어났다는 것이다. 셋째는, 예수의 적들도 예수가 악마와 결탁했다고 비난하면서 예수가 기적을 행했다는 사실을 인정했다는 사실이다. 보그는 "예수를 따르는 제자들이나 그를 의심하는 적들 모두 예수를 치료의 능력을 지닌 신앙심 깊은 사람으로 생각했다"고 말한다. 요즘 우리는 병을 치료하는 기적에 관해 그런 기적에는 의학적·심리적 요인이 작용하고 있다는 얘기를 듣지만 그래도 아직 많은 사람들이 그런 기적이 일어난다고 믿고 있는 것이 현실이다. 예수 시대에 사람들은 세상에는 우리 눈으로 확인할 수 없는 더 많은 일들이 진행되고 있다고 믿었다. 일상생활 속에 영혼의 세계가 개입하여 영향을 미친다고 생각했던 것이다. 보그가 말했듯이, 그것은 "믿음의 한 조건이 아니라 신앙의 한 부분"인 것이다. 따라서 예수가 그의 시대에 사람을 치료했다는 것, 그리고 그런 치료 행위를 사람들이 기적으로 생각했다는 것에 아무런 의심이 있을 수 없다. 예수가 행한 그런 기적들이 역사적으로 중요한 이유는 그것을 통해 예수가 보그가 말하는 '유대교의 카리스마적 흐름 속에 성령이 가득한 사람'이었음을 보여주기 때문이다. 이런 예수의 모습은 분명 데이비드 로젠이 말한 바리새인으로서의 예수나 에드 샌더스가 말하는 종말론의 선지자로서의 예수의 역할과는 또다른 예수의 모습인 것이다.

나는 오병이어 교회에서 나와 도로 위쪽에 있는 또다른 성지로 향했다. 그곳은 로마 가톨릭 교회가 갈릴리에 나름대로 예수의 이미지를 심은 곳으로, 베드로에게 봉헌된 예배당이 하나 있었다. 그곳 뜰에서는 몸집이 작고 피부가 검은 남아프리카 출신 프란체스코 수도회 소속 토머스 신부가 순례자들을 안으로 안내하고 있었다. 토머스 신부는 순례자들에게 예배를 보기 위해서는 옷차림이 단정해야 한다는 사실(반바지는 사절이었다)을 정중하게 부탁하는 한편, 정해진 시간에 정확히 야외 제단에서 예배를 올리기 위해 모든 일을 일일이 점검하고 있었다. 늘 환하게 웃는 그의 모습을 보고 있자니 그 유명한 남아프리카 출신의 데즈먼드 투투 대주교가 생각났다.

나는 토머스 신부에게 이렇게 말했다.

"그러니까 이곳이 예수가 베드로에게 당신이 교회를 세울 반석이라고 말한 바로 그곳이군요."

그러나 복음서에 관한 내 지식이 얼마나 짧은지, 금방 들통나고 말았다.

토머스 신부는 미소를 지으며 이렇게 대답했다.

"이곳을 찾아오는 많은 순례자들이 그렇게 생각하고 있지요. 그 일은 여기 호숫가가 아니라 바다 연안에 있는 가이사랴 빌립보에서 있었던 일이지요."

"그럼 여기는요?"

"여기 이 교회는 예수가 자신의 교회를 세우겠다고 한 그 반석이 아니라, 예수가 부활 후에 아침을 드신 곳이라 알려진 바위 위에 세워진 것이랍니다."

"그렇다면 이곳이 베드로와는 어떤 관련이 있는 것이지요?"

"당시는 예수가 베드로에게 양의 먹이를 주라고 한 시절이고, 지금은 베드로의 후계자인 교황이 그러고 있지 않습니까."

이 말과 함께 그는 웃음을 터뜨렸고, 나도 따라 웃지 않을 수 없었다.

예배당 안에는 제단 앞에 바로 그 바위가 놓여 있었다. 그리고 교회 밖에서 나는 다른 순례자들과 함께 옛 교회 터 위에 찰랑찰랑 고여 있는 물 속을 걷기도 했다. 제롬 신부의 안내서에 따르면, 옛 터에 있는 심장 모양의 돌은 12개의 좌대로 12사도를 기리던 어느 버려진 건물에서 가져온 것으로 알려져 있다.

정말 매력적인 곳이었다. 뜰에서 거행되는 예배에 참석한 순례자들에게 더욱더 헌신과 기도의 마음을 다질 수 있게 해주는 곳이었다. 그러나 역사적인 사건을 기리는 곳이라고 하기엔 좀 거리가 있는 것 같았다. 부활 다음날 아침식사 사건은 요한복음에만 기록된 사건이다. 대충의 내용은 이렇다. 예수의 부활 이후 베드로와 그의 동료들은 갈릴리로 돌아와 그들의 본업을 계속한다. 그들은 밤이 되어 물고기를 낚으려고 했으나 잡히지 않았고, 그러던 중 그들은 호숫가에 서 있는 한 낯선 사람을 만나게 되고 그가 그들에게 어디에 그물을 던져야 하는지 알려준다. 정말 기적처럼 물고기가 많이 잡혔다. 그제야 제자 가운데 한 사람이 그 낯선 사람이 예수임을 알아보게 된다. 잡은 물고기로 아침식사를 마친 뒤 예수는 자신을 배신한 베드로를 불러 다시 소명을 내린다. 사실 요한복음은 모든 학자들이 복음서 가운데 가장 비역사적인 복음서로 간주하고 있으며, 더욱이 그 내용 가운데 부활 이후의 이야기들은 일반적으로 의심스러운 부분이 많은 것으로 알려져 있다. 그러나 로마 가톨릭 교회에서는 이곳을 굉장히 소중한 장소로 여긴다. 내 생각엔 아마도 베드로에게 내려진 소명, 즉 양들에게 먹이를 주라는 그 의무가 베드로의 후계자인 교황이 전 세계 교회의 최고 수장(首長)임을 뒷받침하는 일일 수 있기에 그곳을 중히 여기는 듯하다. 물론 그 이야기에 의심을 갖는다 해서 반드시 예수가 부활 후에 제자들에게 모습을 나타내지 않았다는 것을 말하고자 하는 것은 아니다. 다만 이런 이야기들을 통해 내가 확인할 수 있었던 것은, 유대인 예수의 본질에 다가가려면 기독교 역사를 둘러싸고 있는 두꺼운 외피를 한 겹 한 겹 자꾸 벗겨내야 한다는 사실과 기독교인들은 갈릴리를 대단히 소중하게 여기고 있다는 사실이었다.

나는 푸른 바다와 그 바다를 둘러싼 산의 아름다운 풍경을 뒤로 하고 갈릴리를 떠나야 했다. 갈릴리에 있는 동안 나는 예수도 틀림없이 이곳의 아름다운 풍광에 깊은 감동을 받았으리라는 확신이 들었다. 그러면서도 기독교인들이 그들이 세운 그리 유명하지 않은 교회에 왜 그리 관심을 많이 갖는지 한편으론 걱정도 되었다. 나는 그들이 세운 교회보다는 갈릴리 산의 한적함 속에서 오히려 하나님의 존재를 더 실감할 수 있었다. 그곳 갈릴리라는 곳은 기독교가 자연과 점점 더 멀어져가고 있다는 내 생각을 다시 한번 확인시켜주었

으며, 갈릴리의 아름다움이 예수에게 과연 어떤 의미였는지를 교회가 반드시 상기할 필요
가 있다는 사실을 재차 다짐하게 해준 곳이었다. 내가 다소 낭만적인 감정에서 그런 생각
을 했는지는 모르겠다. 그러나 그래도 위안이 되는 것은 모든 기독교인들이 다 갈릴리의
아름다움에 둔감한 것은 아니라는 사실이었다. 사람들이 가장 좋아하는 찬송가 가운데 하
나인 〈인류의 구세주이자 아버지이신 분〉에 다음과 같은 대목이 나오지 않는가.

오 갈릴리에서의 안식일의 휴식이여,
오 하늘을 향해 솟은 언덕의 정적이여,
그곳에서 예수는 무릎을 꿇고 그대와 나누리
사랑으로 전해진
영원의 침묵을.

사해사본의 메시지

과연 갈릴리는 역사적인 예수의 모습을 나에게 분명하게 보여주었을까? 이상한 방식이
긴 하지만 분명 그랬다. 예수가 걸었을 호숫가를 따라 걸으면서, 예수가 올랐을 산언덕을
오르면서 나는 예수는 역사적인 인물이고 실제로 생존했던 분임을 확신할 수 있었다. 교
회가 그 동안 나에게 믿으라고 가르쳐준 예수에 대해 의문도 갖고, 종종 그 믿음을 상실해
가면서 나는 무의식적으로 그의 존재에 대해 의심을 하게 되었다. 내가 확신컨대, 오랫동
안 기독교 전통을 유지해온 나라들에서도 그들이 학교에서 배운 옛 왕이나 여왕과 예수가
하나 다를 바 없는 똑같은 역사적인 인물이라는 사실을 제대로 인식하지 못한 사람들이
부지기수일 것이다. 많은 사람들이 예수가 실제로 존재했던 사람이라는 사실을 생각하지
못하는 이유는 사람들이 교회가 그 모든 것을 만들었다는 인상을 받기 때문이다. 그리고
그런 인상은 사해사본(死海寫本)의 발견에 따른 여러 추측과 주장으로 더욱더 굳어진 것
이 아닌가 싶다.

사해사본은 예수 시대에 금욕주의 생활을 했던 유대 종족인 에세네파의 문고로 알려져 있다.

사본의 발견으로 사해 연안의 쿰란은 주요 관광지가 되었다. 그곳에서 나는 어느 산언덕에 나 있는 좁은 구멍을 보았다. 바로 사본이 발견되었다는 동굴 입구였다. 사본은 정말 우연히 발견되었다. 1947년 베두인 출신의 한 목동이 어느 동굴에 돌을 던졌는데 동굴 안에서 뭔가 부서지는 소리가 들렸다. 무언가 있다고 생각한 소년은 동굴 안으로 들어갔고, 잠시 후 자신이 던진 돌이 그 속에 있던 단지를 깨뜨렸다는 것을 알게 되었다. 그런데 그 깨진 단지 안에 원고 뭉치가 있었던 것이다. 그 일이 바로 복음서의 내용을 의심케 하는 말 많은 사해사본 이야기의 출발이었다. 사실 아직도 논란은 계속되고 있다. 일부 언론인 가운데는 로마 가톨릭 교회가 자신들이 내세우는 예수의 삶과 그 시대의 이야기에 손상을 가하는 내용이 사해사본에 담겨 있어 그 사본을 공개하지 못하도록 압력을 가하고 있다고 주장하는 사람들도 있다. 어떻게 보면 사본을 둘러싼 여러 가지 의혹과 의심은 다분히 세속적인 이유 때문이다. 바로 학자들간의 치열한 경쟁이다. 그 사본의 발견이 굉장히 중요한 의미를 지니는 것이어서, 학자들은 서둘러 그 내용을 번역하는 일이나 원본을 다른 학자들과 공유하는 일은 전혀 생각지도 않고 오로지 사본을 독차지하려는 일에만 매달렸던 것이다. 따라서 그 내용의 공개 없이 학자들간의 물밑 경쟁만 있다보니 사본의 내용 가운데 대중들에게 공개되어서는 안 되는 어떤 비밀이 담겨 있는 것이 아닌가 하는 소문만 무성히 자랐던 것이다.

나는 쿰란에서 유대 역사학자인 즈비 베르블로프스키 교수를 만났다. 이른 아침이었음에도 날은 이미 짜증이 날 정도로 무더웠다. 나이가 지긋했던 그 사람은 제롬 신부처럼 쾌활한 성격이었다. 내가 그 사본의 내용 중 일부가 로마 가톨릭 교회의 예수를 인정하지 않고 있어 바티칸에서 공개하지 못하도록 하고 있다는 설이 있는데 어떻게 생각하느냐고 묻자, 그 사람은 재미있는 질문이라는 투로 흔쾌히 받아주었다. 그는 씩 웃으며 이렇게 대답했다.

"예, 그렇지요. 그런 얘기를 들으니까 재미있더군요. 미국인들이 하는 얘기지만, 음모론에 빠져 있는 어리석은 사람들을 보고 있자면 재미있지 않습니까? 뭔가 충격적일수록 헤드라인에 오를 가능성이 많으니까요. 사실 예수의 메시지와 그 임무를 더 잘 이해하기 위해선 사해사본에 기록된 부족의 이야기가 중요한데, 그 부족의 이야기와 예수의 이야기가 사뭇 다르기 때문입니다."

베르블로프스키 교수가 말하는 부족은 바로 에세네파였다. 그들의 의식과 삶의 규칙이 사해사본에 기록되어 있었던 것이다. 에세네파는 요세푸스가 언급한 유대인의 세 파 가운데 하나로, 다른 두 파 즉 바리새파와 사두개파와는 달리 복음서에는 전혀 언급되지 않은 파였다. 유대학자인 게자 베르메스는 모세 율법을 엄격히 준수하는 에세네파를 '광신적'인 사람들이라고 묘사하였다. 하지만 의문이 드는 것은, 예수가 율법보다는 사랑을 더 강조했다는 사실을 드러내는 것이 복음서 저자들의 주요 주제라면 왜 그 복음서 저자들이 서기관이나 바리새인들과의 갈등은 기록하면서 에세네인들과의 갈등은 기록하지 않았는가 하는 점이다. 베르블로프스키 교수는 이 대목과 관련해 아마 그것은 복음서가 기록될 당시에는 에세네인들이 존재하지 않아 뺀 것이 아닌가 하고 생각했다. 이 생각은 랍비인 데이비드 로젠의 생각, 즉 바리새인들에 관한 복음서의 이야기들이 실제로 예수 시대에 있었던 것이 아니라 바리새인과 초기 기독교인들 사이의 적대 관계 때문에 후대에 첨가된 것이라는 생각과 부합되는 부분이기도 하다. 만일 복음서 기록 당시 에세네인들이 존재하지 않았다면, 그들은 초기 기독교인들의 적대적인 사고의 관심사에서 벗어날 수 있었을 것이다.

사해사본은 에세네인들의 삶의 방식이 예수의 삶의 방식과는 크게 다르다고 기록하고 있다. 분명한 것은 에세네인들에게는 두 개의 서로 다른 규칙이 있었다는 사실이다. 공동체 규칙을 따르는 사람들은 엄격한 규율하에서 함께 살았다. 대부분의 학자들은 쿰란이 당시엔 일종의 수도원이었고, 그 속에 살던 사람들은 오랫동안 독신생활을 한 것으로 생각한다. '다마스크 규칙'이라고 알려진 삶의 규칙을 따랐던 사람들은 세상 속에서 살았지만 이웃인 유대인이나 이교도들과는 단절된 삶을 살았다. 그런데 예수는 수도원에 살지 않았으며, 오히려 어디를 가든 세상 사람들과 어울렸다. 예수는 '세리(稅吏)나 죄인들과 함께 먹고 마셨던' 것이다. 따라서 우리는 지극히 보수적인 에세네인들과 다분히 혁명적인 기독교인들 사이에 커다란 차이가 있음을 발견할 수 있다. 말하자면 자기네들만의 고유한 삶을 지키며 두 삶의 규칙을 내세웠던 에세네인과 따라오는 사람이면 누구와도 음식을 같이 먹었던 예수 사이의 대조 말이다. 에세네인들은 금욕주의자였지만 복음서에 따르면 예수는 결코 금욕주의자는 아니었다. 예수를 헐뜯는 사람들은 그를 탐욕스러운 자, 술 주정뱅이 등으로 비난했다고 알려져 있다. 만일 예수가 금욕주의를 설교하는 금욕주의자였다면 아마 그들은 또다른 구실을 내세워 예수를 비난하고 나섰을 것이다. 아무튼 바티칸으로서는 예수가 살았던 시대에 예수와 유력한 유대인 부족 사이에 큰 차이가 있었다는 증거를 굳이 감추려고 했을 것 같지는 않다. 어쩌면 그런 차이점이 예수가 '특별한 존재'임을 역으로 부각시키는 효과가 있지 않았겠는가. 그렇다면 가능성이 있는 것은, 기독교인들이 아직도 예수가 유대 성경의 예언을 실현한 존재임을 믿고는 있지만 사실 그들은 초대 교회 시대 이후 예수에게서 유대인의 배경을 분리하고자 원했다는 점이다. 이런 점에서 유대인 예수를 찾으려는 나의 탐구 노력에서 사해사본이 갖는 중요성은 그 사본이 한 가지 선택 가능성을 배제시켜주었다는 사실이다. 그것은 예수는 분명 에세네인이 아니었다는 사실이다.

그렇다면 우리가 사해사본에서 얻을 수 있는 것은 무엇인가? 내가 베르블로프스키 교수에게 물었을 때 그는 이렇게 대답했다.

"우리가 예수와 세례 요한을 에세네인과 대조해가며 본다면 그들을 더 잘 이해할 수 있을 겁니다. 그것은 우리가 16세기 가톨릭 배경과 대조해서 루터와 종교개혁을 이해하고자 할 때 더 잘 이해할 수 있는 것과 마찬가지지요."

따라서 우리가 1세기의 유대 사회를 배경으로 예수를 본다면 예수는 바리새인일 수도 있고, 기적을 행하는 신앙심 깊은 사람일 수도 있고, 하나님이 곧 인간사에 개입하게 되리라고 경고를 내리는 선지자일 수도 있다. 물론 이것이 나에게 가장 중요하게 다가온 질문, 즉 그렇다면 예수는 초대 교회의 예수, 기독교인 예수일 수도 있는가 하는 질문에 온전한 답을 준 것은 아니었다. 기독교인 예수라면 그것은 예수가 어떤 재능 있는 교사, 카리스마가 있었던 기적 수행자, 혹은 구약 선지자의 계보에 속하는 한 사람의 선지자가 아닌 그 이상의 존재라는 뜻이 아닌가. 이 질문에 대한 해답을 찾기 위해 나는 예수 생애의 마지막 드라마가 엮어진 현장으로 가야 했다. 그곳은 바로 성지 예루살렘이었다.

누가 예수를 죽였는가?

예루살렘으로 차를 몰고 가던 나는 구(舊)도시 동쪽에 영국의 어느 교구 교회의 것인 듯 보이는 탑을 보게 되었다. 그곳은 성 조지를 기리는 영국국교회의 대성당이었다. 나는 예루살렘에 도착한 그 주, 주일 여덟시에 그곳에서 열리는 성찬식 예배에 참석하였다. 설교는 예수 생의 마지막 며칠 동안 있었던 사건들─최후의 만찬, 예수의 십자가에 못박힘,

그리고 부활―을 토대로 이루어진 것이었다. 사실 역사적인 예수, 유대인 예수가 기독교 신앙의 성스러운 그리스도로 변모된 것은 예수 최후의 며칠 동안의 그 사건들을 기리고 기억하는 교회의 태도에서 비롯된 것이다.

이 모든 사건에서 핵심이 되는 것, 즉 기독교 신앙의 중심이 되는 것은 예수의 십자가에 못박힘이 아닌가 싶다. 그 사건은 내가 만난 어느 학자나 내가 읽은 어느 책에서도 의심하지 않는 틀림없는 역사적인 사건이다. 다만 회교도만이 그 사건에 의심을 품는 유일한 집단이다. 회교도들은 십자가에 못박혀 죽은 사람은 예수가 아니라 다른 사람이라고 믿고 있다. 아무튼 그 사건과 관련해서 나는 예수의 의도가 무엇이었는지, 그것에 관한 힌트만 조금 얻어도 도움이 될 것 같다는 생각을 문득 하게 되었다. 예수가 고의로 체포되어 잔혹한 죽임을 당한 것은 아닐까? 아니면 예수가 권력기관에 대항하는 것이 얼마나 위험한 행동인가를 알지 못했던 것은 아닐까? 아니면 그냥 우발적인 사건이었을까? 만일 예수가 죽임을 당하기로 의도했다면 어떤 목적에서 그랬을까? 십자가에 못박힐 때 예수는 자신을 어떤 존재라고 생각했을까?

나로서는 당시 예수의 의도가 무엇인지 알아내야 할 뿐만 아니라 예수의 죽음에 책임이 있는 사람이 누군지도 밝혀내야 했다. 이 두 문제가 실은 함께 해결되어야 할 문제였던 것이다. 그 동안 설교자들이 모든 유대 종교지도자들을 함께 싸잡아 예수의 적으로 간주해오는 바람에 기독교인들에게 적지 않은 혼란을 가져다준 것은 사실이다. 복음서 자체를 보더라도 예수의 적이 누군지 불분명하며, 일관성도 없다. 예를 들어 마가복음을 보면 예수가 안식일에 손이 쭈그러진 사람을 고쳐주었을 때 예수를 어떻게 처치할 것인가를 놓고 논의를 하던 적으로 바리새인과 헤롯의 부하들이 거론되고 있다. 그런데 마태복음에는 똑같은 사건에 관해 언급하면서 예수를 반대하고 나선 사람들로 오로지 바리새인들만을 거론하고 있을 뿐이다. 누가복음에서는 서기관들과 바리새인들이 예수를 쫓고 있는 적으로 등장한다. 그리고 마태복음의 또다른 부분에서는 사두개인들이 나타나 예수를 옭아매기 위해 애쓰는 것으로 그려지고 있다. 한편 누가복음에서는 예수에게 까다로운 질문을 던지는 재판관들이, 요한복음에서는 '유대인들'이 예수에 적대적인 사람들로 그려지고 있다. 데이비드 로젠은 예수가 바리새인이었을지 모르며, 바리새인에 대한 논쟁은 예수의 죽음 후에 예수의 이야기에 편입된 것이 아닌가 생각하고 있었다. 예수의 죽음 이후에 다른 부족들은 다 사라지고 오로지 바리새인들만이 남아 있었기 때문이다. 그렇다면 예수가 죽기를 원했던 사람들은 누구일까?

예수의 마지막 나날들

예수가 팔레스타인뿐만 아니라 소아시아, 북아프리카, 지중해 연안 도시 출신의 유대인들 수만 명을 이끌고 유월절을 기념하기 위하여 예루살렘으로 들어온 것이 바로 그의 운명의 마지막 여행길이었다. 4복음서 가운데 세 개의 복음서에는 예수가 제자들과 함께 유월절 음식을 먹을 방을 어떻게 준비했는지 설명되어 있다. 그 식사가 끝난 뒤 예수는 가장 친한 제자들을 이끌고 키드론 계곡에 있는 겟세마네 동산으로 갔으며, 그곳에서 체포되고 만다.

나는 우선 제롬 신부와 함께 키드론 계곡으로 향했다. 예수 시대에는 그 계곡이 도시 경계 밖이었지만 지금은 예루살렘 시의 일부가 되어 있었다. 우리는 겟세마네 동산과 올리브 산이 마주 보이는 계곡의 한쪽 기슭에 자리잡고 앉았다. 산허리를 둘로 갈라놓은 채 길게 이어진 도로가 눈에 띄었고, 그 도로 위로는 차들이 많이 지나다니고 있었다. 그때 나는 이런 생각이 들었다. '이 성스러운 곳에 차를 다니지 못하게 하면 안 될까? 어쨌든 저곳은 유대인들의 가장 성스러운 묘지가 아니던가. 바로 그들이 예수 고뇌의 현장이자 최후의 심판이 있을 곳으로 믿고 있는 곳이 아니던가?' 얼마 전에 그냥 산허리의 웅덩이로 보이던 곳이 아마 어느 누구의 묘지였는지 그 주변에 연미복과 챙 넓은 모자 등 전통적인 유대인 차림을 한 사람들이 빙 둘러서 있는 광경도 눈에 들어왔다.

그날은 도미니크 수도사들의 복장인 하얀 수도복을 입은 제롬 신부가 자신이 믿기에 예수 생의 마지막 밤에 일어난 일이라고 여겨지는 상황을 나에게 들려주었다. 그는 꼭대기 머리부분이 병 모양으로 생긴 묘석을 가리키며 이렇게 말했다.

"파라오의 머리덮개를 보셨지요? 예수 시대에 그런 무덤이 세 개 더 있었답니다. 그때가 보름이었고, 유월절이라는 사실을 기억하십시오. 그날 밤, 저곳은 분명 으스스한 곳이었을 겁니다."

나는 제롬 신부에게 왜 예수가 고난의 잔을 거두어달라고 기도했는지, 그 이유를 물어보았다. 그것은 곧 예수가 자신이 죽으리라는 사실을 알고 있었다는 의미가 아니냐는 물음이었다. 제롬 신부의 대답은 이랬다.

"예수가 불현듯 아마 그날 밤이 마지막 밤이라는 생각을 했을지도 모릅니다. 그렇다면 그 순간이 굉장히 두려운 순간이었겠지요. 사용된 언어도 강하게 느껴지고요. 두려움 속에서 육체도 무너지고, 정신도 약해졌을 겁니다. 그리고 그는 땅바닥에 쓰러지며 말했지요. '만일 할 만하시거든 이 잔을 내게서 지나가게 하옵소서.' 이 말은 제가 보기엔 기도라고 할 수 없을 것 같아요. '만일 할 만하시거든' — 이 말을 보면 예수가 하나님이 도와주시리라는 확신을 하지 못한 게 아니겠습니까?"

"그렇다면 바로 그 순간에 예수가 하나님을 잃었다는 뜻인가요?"

"그렇습니다. 예수의 그 말은 절망의 외침이지요. 정말 인간적인 감정의 토로라 할 수 있습니다. 물론 오래 지속되지는 않았지요. 곧 마음을 가다듬고 땅에서 일어난 예수는 제자들에게 말하지요. '가자.'"

"예수의 인간성에 너무 많은 믿음을 주신 것은 아닌가요? 그렇다면 예수의 그 말, '가자'는 그 말을 이렇게 봐도 될까요? '가자, 얼른 도망가자, 여길 어서 빠져나가자.' 이렇게 말입니다."

"예, 그럴 수도 있지요. 갈릴리에서도 여러 차례 그랬으니까요. 이 부분에서도 예수는 똑같은 선택의 기로에 놓여 있었다고 봐야지요. 우리가 기억해야 할 것은, 당시 예수의 뒤를 추적하던 사람들이 유대인이었고, 그들에게는 군대도 없었다는 사실입니다. 따라서 예수로서는 그냥 그들보다 앞서 나가면 되는 셈이었지요. 올리브 산 정상에서 15분, 베다니에서 20분, 그런 다음에 아무도 찾을 수 없는 광야로 나섰다면 아마 예수는 절대 붙잡히지 않고 안전했을 겁니다."

"그렇다면 신부님 말씀은 예수가 도망갈 생각을 했다는 건가요? 아니면 일부러 체포되길 기다렸다는 건가요?"

"제 생각엔 그 순간에 예수는 산으로 오르는 것이 적절치 못하다고 생각한 게 아닌가 싶습니다. 아마 이미 자신의 죽음이 자신이 해야 할 일, 자기 임무의 포기나 실패가 아니라 그 임무를 실현시킬 수 있는 수단이라고 생각한 것 같습니다. 구원의 사건이 되리라 믿었던 것은 아닌지 모르겠습니다."

제롬 신부는 그리스도 수난의 모든 이야기를 우리 앞에 펼쳐진 풍경에 맞추어 그려냈다. 그러나 나로서는 서로 다른 생각이나 이야기들을 다 고려해서 생각해봐야 했다. 예수

예수 시대에 예루살렘의 자랑이었던
헤롯 성전의 재건.
예루살렘에서 예수가 박해를
받았던 이유 중 하나는
그가 이 거대한 건축물이
파괴될 것이라고 예언했기 때문이다.

의 기도, 체포, 그리고 심판과 관련된 모든 이야기들은 결국 예수가 세상의 구원이라는 계획에 따라 곧 죽임을 당하게 되어 있는 하나님의 아들이라고 굳건히 믿는 기독교인들이 쓴 것이 아니겠는가? 예수 수난의 이야기 뒤에는 구약의 엄숙한 예언이 있다. 그렇다면 예수 죽음의 이야기는 예수가 구약의 예언을 실현한다는 사실을 보여주기 위해 기록된 것이 아닐까? 예를 들어 이사야서 53장에 나오는 다음의 대목을 살펴보자.

그는 멸시를 받아서 사람에게 싫어버린 바 되었으며 간고를 많이 겪었으며 질고를 아는 자라. 마치 사람들에게 얼굴을 가리우고 보지 않음을 받는 자 같아서 멸시를 당하였고 우리도 그를 귀히 여기지 아니하였도다.
그는 실로 우리의 질고를 지고 우리의 슬픔을 당하였거늘 우리는 생각하기를 그는 징벌을 받아서 하나님에게 맞으며 고난을 당한다 하였노라. 그가 찔림은 우리의 허물을 인함이요 그가 상함은 우리의 죄악을 인함이라. 그가 징계를 받음으로 우리가 평화를 누리고 그가 채찍에 맞음으로 우리가 나음을 입었도다.

이 글은 유대인들이 바빌론에서 유배 생활을 하던 예수 시대보다 5백 년 전에 기록된 것이다. 이 글을 쓴 선지자는 아마도 이스라엘 백성의 고통이 결코 헛된 것이 아님을 보여줌으로써 자기 백성을 위로하고 싶었는지도 모른다. 그러나 우리 입장에서 보면 이 글은 예수 고난의 이야기를 암시하고 있으며, 따라서 교회가 전통적으로 이 이야기를 예수의 십자가에 못박힘을 예언하는 것으로 해석하는 것도 그리 놀랄 일은 아니다. 예수 고난의 이야기를 마치 선지자 이사야의 예언을 실현하는 것으로 기록함으로써 복음서 저자들은 제1대 기독교인들에게 예수의 죽음이 신의 계획의 한 부분이라는 사실을 확신시켜주려 했던 것이다.

물론 제롬 신부의 생각과 다른 식의 주장을 펴는 학자들도 있다. 그들은 예수가 자신이 죽을 운명이라는 사실을 알면서도 유월절에 예루살렘으로 갔다는 사실을 믿지 않는다. 가령, 마커스 보그는 예수의 죽음이라는 결과가 예루살렘으로의 여행 목적은 아니었다고 생각한다. 보그는 예수는 되도록 많은 사람들에게 변화를 요구하기 위해 유대인들이 가장 많이 모이는 때를 골라 예루살렘에 간 것이라고 믿었다.

내가 에드 샌더스에게 과연 예수의 의도가 무엇이었느냐고 물었을 때 그는 평소처럼 조심스럽게 대답했다.

"굉장히 어려운 질문이군요. 과연 예수가 앞으로 자신이 취할 행동이나 말이 자신의 생명을 위험에 몰아넣으리라는 것을 사전에 알았을까요? 저는 확신하지 못합니다. 물론 그스스로 그때의 유월절을 자신이 가장 대담한 발언을 해야 하는 시기라고 미리 알고 있었을 수는 있습니다."

한편, 게자 베르메스는 예수의 죽음을 우연히 일어난 사고라고 생각한다. 베르메스는 예수를 시골에서 올라온 신앙심 깊은 사람이라고 보았으며, 따라서 사람이 많은 큰 도시에서는 예수가 별로 힘을 쓰지 못했을 것이라고 생각했다. 그러다 예수는 계산을 잘못하여 위험한 말과 행동을 하게 되었고, 그것이 그의 체포와 죽음의 빌미가 되었다는 것이다. 간단히 말해서 예수는 때와 장소를 잘못 선택했다는 것이 베르메스의 생각이었다.

그렇다면 예수의 말과 행동 가운데 어떤 것이 그를 죽음으로 이끌었을까? 대부분의 학자들은 성전에서의 사건이 예수가 십자가에 못박힌 원인이 되었을 거라고 주장한다. 따라서 어쩌면 예루살렘 성전에서의 예수의 행동과 그곳에서 그가 내뱉은 말에서 우리는 예수가 무엇을 의도했는지, 그 단서를 찾을 수 있을지도 모른다. 예수는 분명히 '매매하는 자들을 다 쫓아내게' 했던 행동이 지극히 도전적인 행동이고, 성전의 파괴를 예언한 말이 제사장들을 분노케 하리라는 사실을 알고 있었을 것이다. 예수는 정말 화가 난 것이었을까? 그의 말이 정말 상징적인 예언이었을까? 아니면 예수는 자신이 처형당하리란 사실을 알고 있으면서도 일부러 성전 권력자들에게 싸움을 건 것일까?

성전 : 유대 신앙의 중심

비록 유대인들이 헤롯의 성전을 대신할 또다른 성전을 건설하지는 않았지만 성전이라는 개념이 아직도 많은 유대인들에게는 깊은 의미를 지닌다. 지금 예루살렘 성전에서 남아 있는 것이라곤 산책 광장과 어느 출입문의 가로대를 지탱하고 있는 벽뿐이었다. 그 옛날의 성전 언덕엔 유대교의 신전이 아니라 7세기 말에 건설되어 현재의 예루살렘 풍경을 압도하고 있는 웅장한 황금 돔의 모스크가 세워져 있다. 그러나 내가 성전 언덕 아래 광장에 들어섰을 때 그곳엔 성인이 된 아들들을 축하하는 성인식을 하면서 박수도 치고 요들

송 같은 소리를 내는 즐거운 표정의 유대인 가족들이 가득했다. 그리고 검은 옷에 검은 모자를 쓰고 구레나룻을 길게 기른 전통적인 유대인 모습을 한 사람들이 사람들 무리 속을 돌아다니며 성인식 의식을 도와주거나 10명씩 무리를 짓게 하여 기도를 이끌기도 하였다. 물론 혼자 기도하는 사람들도 있었다. 그런 사람들은 통곡의 벽 앞에서 마치 무아지경에 빠져 있는 듯이 몸을 앞뒤로 흔들며 기도하고 있었다. 또 어떤 사람들은 경건한 손길로 벽을 만지고는 그 손에 키스를 하기도 했다. 그곳이 바로 유대인들에게는 가장 성스러운 기도의 장소였다. 그곳이 얼마나 성스러운 곳인지는, 예루살렘에 오지 못하는 유대인들이 그들의 기도문을 팩스로 자파 로드에 있는 우체국에 보내면 그곳에서 기도문을 정리하여 통곡의 벽의 육중한 돌 틈 사이에 끼워 넣는다는 사실에서도 잘 알 수 있다. 나를 안내하던 사람은 성전을 재건축하는 것이 이스라엘 회복을 바라는 유대인들의 한 희망이기도 하다고 일러주었다.

예수 시대에 성전은 유대 신앙의 중심이었다. 모든 유대인들은 1년에 세 번 그곳에서 하나님을 경배하는 일을 소중하게 여긴다. 그중 한 번이 바로 유월절 축제이다. 일반적으로 성전이나 신전은 고대 도시에서 흔하게 볼 수 있는 건축물이다. 모든 도시마다 숭배하는 신이 있었고, 따라서 신에게 제물을 바치고 신의 형상을 관리하는 제사장이나 사제들을 지원해준다. 그러나 유대인들에게는 하나의 하나님을 경배하는 하나의 성전만이 있을 뿐이다. 만일 예루살렘에 거주하지 않는 유대인이라면 예루살렘까지 가서 그 성전에서 경배를 올리거나 아니면 그 성스러운 일을 포기해야 하니 여간 안타까운 일이 아닐 것이다. 갈릴리에서 예루살렘까지도 상당히 먼 거리다. 그런데 예수가 그 길을 갔던 것이다. 대신 이집트나 시리아에 거주하고 있었던 유대인들은 자주 성전을 찾아갈 수 있었다. 아무튼 성전을 정기적으로 찾아가는 일이 어려운 유대인들이 다른 식으로 경배를 올리는 방법을 강구하고 있긴 하지만 아직까지도 예루살렘 성전은 유대인들에게 아주 중요한 상징으로 자리잡고 있다.

성전은 하나님이 그의 백성들과 함께 있는 하나밖에 없는 장소였다. 그 성전의 중심은 성스러운 곳 가운데서도 가장 성스러운 곳인 지성소(至聖所)로 두 개의 방으로 이루어진 곳이다. 첫째 방에는 제단과 진설병(陳設餠)이라 알려진 누룩을 넣지 않고 구운 빵을 올려놓는 탁자가 하나 있다. 진설병은 제사장들이 안식일마다 제단에 바치는 제물로 오직 그들만이 먹을 수 있는 빵이었다. 둘째 방은 텅 비어 있다. 그리고 그 방은 너무나 성스러운 곳이라 대제사장을 제외하곤 어느 누구도 출입할 수 없는 방이었다. 대제사장이라 하더라도 속죄의 날에 죄의 속죄로 피를 뿌리기 위해 들어갈 수 있을 뿐이다. 이교도의 신전에서는 바로 이 방과 같은 위치의 뒷방에 신의 형상을 모셔둔다. 그러나 유대교 하나님의 존재는 우상을 엄격히 금지한 율법에 따라 어떤 이미지나 형상으로 모셔둘 수 없다. 대신에 하나님의 존재는 텅 빈 공간으로 그 존재의 있음을 나타낸다. 유대인이 아닌 사람들은 이것을 이상하다고 여길지 모르겠다. 기원후 63년에 로마의 폼페이우스 장군이 지성소에 들어갔을 때 유대인들은 몹시 분개했다고 한다. 폼페이우스 장군은 그곳에 무엇이 있는지 무척 알고 싶었던 모양이다. 유대인들이 그 안에 어떤 무시무시한 형상, 아니면 음란한 형상을 모시고 있다는 소문이 있었으니 호기심이 발동하지 않았을 리 없었을 것이다. 더욱이 유대인들이 그 안에 돼지 한 마리를 모시고 예를 올린다고 생각하던 사람들도 있었으니 말이다. 하지만 지성소에 들어갔다 나온 폼페이우스 장군은 대단히 실망한 듯이 그 성소에 정말로 아무것도 없었다고 말한 것으로 전해진다.

동물들이 제물로 바쳐지는 곳은 바깥뜰이었다. 유월절에 제물로 바치기 위해 양을 죽이는 일은 정말 대단했다고 한다. 에드 샌더스는 추정하기를 유월절에 약 두세 시간도 안 되는 사이에 약 3천 마리의 양이 도살되었으며, 그 결과 "바깥뜰이 피로 홍건히 물들었을 것"이라고 하였다.

예수의 시대에 예루살렘 성전은 예배를 올리고 제물을 바치는 장소로만 여겨지지 않았다. 그곳은 또한 예루살렘을 통치하던 제사장들의 권력의 본산이었다. 그리고 제사장들을 지원하고 그들의 통치를 지탱케 한 것은 모든 유대인들이 바치던 일종의 세금, 즉 십일조였다. 성전은 중앙은행이자 법정의 기능도 수행하고 있었으며, 공회를 이끄는 대제사장이 그 운영을 맡고 있었다. 공회의 구성원들 대부분은 사두개파 사람들이었으며, 일부 바리새파 고위층 사람들이 참여하기도 했다. 복음서에 언급된 서기관들과 율법학자들이라는 사람들이 바로 공회를 구성하고 있던 사람들이었다. 그들은 율법, 의식, 전통, 경제 등 당시 사회의 주요 부분들에서 학식이 뛰어난 사람들이었다.

다른 많은 예배소와 마찬가지로 예루살렘 성전은 굉장히 부유했으며, 또한 그곳을 운영하고 관리하는 사람들을 먹여 살리기 위해 많은 돈을 끌어모아야 했다. 예루살렘에서 내가 만난 한 학자의 말에 따르면, 그렇기 때문에 성전 측에서 순례를 온 사람들에게 과도하다 싶을 정도의 엄청난 요구를 하기도 했다는 것이다. 그 학자는 이스라엘의 유명한 고고

로마에 있는 티투스 전승 아치에 그려진 조각은 로마가 기원후 70년 예루살렘 성전을 파괴함으로써
유대인에게 안겼던 굴욕을 묘사하고 있다. 7개로 갈라진 촛대와
진설병(陳設餅)을 올려놓는 탁자와 성전용 트럼펫이 노획물로 운반되고 있다.

학자 야곱 메쇼러 교수로, 나이가 많고 부드러운 목소리에 따뜻한 유머감각을 지닌 분이셨다. 그는 당시 예루살렘의 부유한 유대인들이 얼마나 재산이 많았는지 보여주겠다며 나를 키드론 계곡의 한 무덤으로 데려갔다. 그곳은 단단한 석회석을 파 뒤집어 고른 동굴이었다. 메쇼러 교수의 설명에 의하면, 부자 가운데서도 굉장히 부유한 가문만이 그런 땅을 구입하여 무덤을 파고 후손들까지 다 매장할 정도로 엄청나게 큰 무덤을 장식할 수 있는 경제적인 여유가 있었다. 그는 제사장의 가문인 하일 가에 관한 얘기를 들려주었다. 그들이 그렇게 부유해진 것은 성전에서 세금을 징수하고 선물도 받았으며, 그 밖의 다른 명목으로 돈을 긁어모았기 때문이었다. 한 가지 흥미로웠던 것은 그가 나에게 보여준 세겔이라 불리는 은화였다. 성전에서 성전세로 받았던 유일한 동전이었다.

그 동전이 혹시 예수가 성전에서 돈을 바꿔주는 자들의 탁자를 뒤집어엎었을 때 떨어진 동전일 수도 있겠다고 하자 그는 이렇게 대답했다.

"예, 그때 그 돈일 수도 있습니다. 지금 알려진 것으로 7천 개나 있긴 하지만 말이죠."

"그런데 왜 예수가 돈 바꿔주는 사람들의 탁자를 뒤집어엎었을까요?"

"제 생각엔 예수가 아마 화가 났던 것 같습니다. 성전 당국이 유대인들이 실제 지불할 수 있는 것 이상으로 과도하게 세금을 내도록 하는 법을 만들었기 때문이 아닌가 합니다. 돈 바꿔주는 사람들에게 이 세겔을 사서 세금으로 바치기 위해서는 100분의 8을 더 내야 했습니다. 단순히 돈을 바꾸는 것치고는 너무 심했던 것이지요."

메쇼러 교수는 또한 성전에 제물로 바치기 위해 유대인들이 돈을 주고 사야 했던 비둘기, 즉 제사장들이 길러 팔았던 성스러운 비둘기에 관해서도 언급했다. 그 비둘기를 사는 데도 유대인들은 규정 이상으로 더 많은 돈을 내야 했다는 것이다. 그렇기 때문에 예수가 성전에서 비둘기를 파는 사람들을 쫓아냈다는 것이었다. 우리가 알고 있기에는 에세네파 사람들 역시 성전에 대해 불만이 많았다. 그들은 예루살렘 성전을 타락과 부패의 장소로 생각했던 것이다.

따라서 예수가 성전의 부패상을 보고 화가 나서 이성을 잃었을 가능성이 충분히 있다. 그렇기에 성전 안에서 그런 소동을 벌인 것이다. 만일 우리가 예수가 바리새인이었다는 데이비드 로젠의 이론을 받아들인다면 성전에서의 예수의 행동은 바리새인과 성전 관리에 주도적인 역할을 했던 사두개인의 오랜 반목과 연관될 수 있다. 기원전 1세기에 예루살렘의 대제사장과 통치자들은 사두개인과 바리새인의 분쟁에서 사두개인 편을 들었고,

그 결과 8백여 명의 바리새인이 처형을 당했다. 따라서 예수가 바리새인이었다면 성전에서의 행동은 성전 운영에 대한 항의 표시였을 가능성이 높다. 기독교도인 우리는 우리가 배운 대로 거의 자동적으로 서기관과 바리새인이 예수의 적이라고 생각해왔다. 그러나 예루살렘에서의 마지막 한 주 동안 예수의 적은 대제사장과 그의 동료들이었다고 믿는 학자들이 많다.

복음서에 따르면, 예수는 성전의 부패에 대해 분노를 표시하는 항의 이상의 행동으로 성전이 파괴되리라고 예언을 한 것으로 나타난다. 에드 샌더스는 예수가 과연 성전을 강도들의 소굴로 만들었다고 성전 당국을 비난했는지 확신은 못 하겠다고 하면서도 예수가 성전을 위협한 것은 맞는 얘기 같다고 하였다. 에드 샌더스의 생각대로 만일 예수가 종말론 선지자라면 성전에서의 행동은 상징적인 의미가 있다고 할 수 있다. 즉 예수는 이 세상에 완전한 새로운 질서를 가져오기 위한 서곡으로 하나님이 성전을 파괴할 것이라는 의미를 내보인 것이다.

예수가 성전 파괴를 예언했다면 이것은 문자 그대로 실현된 예언으로 간주될 수 있다. 예수가 죽고 난 그 다음해에 로마의 통치에 대항하는 유대인들의 격렬한 봉기가 있었고, 그 봉기는 독립 쟁취를 위한 온 유대 민족의 최후의 처절한 투쟁으로 이어졌다. 그전에 로마는 유대인의 봉기에 비교적 인내심을 가지고 관대히 대해왔으나 이번에는 달랐다. 급기야 기원후 70년에 로마 군대가 예루살렘으로 진격하였고, 성전을 불태우고 말았다. 그리고 성전 안에 있던 금은보화와 청동 그릇들, 그리고 호화롭게 빛나던 샹들리에 등이 모두 전리품으로 로마로 실려 갔던 것이다. 그후, 성전은 다시 복원되지 않았다.

성전 언덕 아래 계단에 앉아 에드 샌더스는 예수의 예언을 다소 다르게 해석했다.

"그 일이 벌어진 것은 예수의 죽음 후 40여 년이 지난 뒤의 일입니다. 예수가 말했던 파괴는 새로운 시대를 가져오리라는 하나님 계획의 가장 중요한 부분을 차지하는 파괴입니다. 따라서 저는 로마 군대에 의한 유대의 점령이 예수가 살아 있었다면 분명 그의 눈에 새로운 왕국의 시작이라는 예언의 실현으로 비치지 않았을 거라고 생각합니다."

그의 말을 듣고 나는 이렇게 물었다.

"그렇다면 예수는 하나님의 개입이 어떠리라고 상상했을까요?"

"주기도문에 보면 예수는 하나님의 뜻이 하늘에서와 같이 땅에서도 이루어지는 때를 바라는 것으로 되어 있습니다. 예수에게나 그것을 바라는 유대인에게나 하나님의 왕국은 세상의 파괴를 의미하는 것은 아니었습니다. 그것은 새로운 질서의 회복이었지요. 하나님이 개입하셔서 직접 세상을 더 살기 좋은 곳으로 바꾸리라는 기대라 할 수 있습니다. 저는 예수가 구했던 것이 바로 이런 것이 아니었나 생각합니다."

"그렇다면 더 좋은 세상에서의 예수의 역할은 무엇이었을까요?"

"예수는 아마 그의 제자들이 이스라엘의 열두 부족을 통치하게 되리라고 생각했던 것이 아니었나 싶습니다. 성 마태는 이렇게 말했습니다. '인자가 자기 영광의 보좌에 앉을 때에 나를 좇는 너희도 열두 보좌에 앉아 이스라엘 열두 지파를 심판하리라.' 만일 예수의 열두 제자가 열두 부족을 통치하게 되어 있다면 예수는 분명 제자들보다는 더 위에 있게 되지 않았을까요? 제 생각엔 예수가 스스로 왕을 대신하여 통치하는 부왕(副王) 정도로 생각했을 것 같습니다. 이를테면 하나님이 왕이시고, 예수는 그 다음의 위치에서 새로운 세상을 통치하는 역할 말입니다."

현대의 일부 학자들이 새로운 왕국의 도래에 관한 예수의 말씀을 복음서 작가들이 나중에 끼워 넣은 것으로 간주하고 있긴 하지만 초대 교회가 예수가 다시 돌아오기를 기대했다는 사실을 부인하는 사람은 하나도 없다. 사도 바울은 예수가 부활하여 하나님 우편에 오르신 다음 후에 최후의 심판과 새로운 세계 질서를 가져오리라고 하였다. 교회에 보낸 초기의 편지에서 바울은 예수가 돌아오기 전에 왜 기독교인들이 죽어야 하는지를 제대로 설명하지 못했다. 그러다 그는 점차 예수의 돌아오심이 그가 기대하는 대로 빨리 이루어질 것 같지 않다는 사실을 깨달았다. 그후 누가복음이 기록될 때쯤 해서는 예수의 돌아오심이 아주 먼 미래의 일로 연기된 듯하다.

제2의 강림의 문제

솔직히 고백하면 나는 제2의 강림을 믿어야 하는 것인지, 많은 고민을 해왔다. 예수 자신이 그것을 믿었다면 분명히 그것은 그의 잘못이었다. 예수는 다시 돌아오지 않았다. 예전이나 지금이나 세상이 눈에 보이는 부분에서나 질적인 측면에서나 더 나은 세상으로 바뀐 것 같지도 않다. 나는 에드 샌더스에게 이 문제를 꺼냈다.

"초대 교회가 믿었듯이 예수를 하나님의 아들이라고 어떻게 사람들이 믿을 수 있는지 이해할 수가 없습니다. 그리고 예수가 그렇게 큰 실수를 범했다는 것, 즉 그의 예언이 실현되지 못한 것을 어떻게 받아들여야 할지도 모르겠습니다."

에드는 이렇게 대답했다.

"기독교인이 된 사람들은 예수가 죽은 자 가운데서 부활하셨다고 확신했으며, 예수의 부활은 그들의 영생에 대한 약속이라고 믿었습니다. 그들이 그리스도의 메시지를 듣고 그것을 믿었을 때 그들은 이 세상을 창조한 이스라엘의 왕에 모든 것을 맡긴 셈입니다. 또한 그들은 그 아들에게도 의지를 하게 된 것이죠. 그러면서 많은 사람들이 예수가 하나님의 현현을 중재하는 하나님의 아들이라고 믿게 되었지요. 그들은 사랑과 신뢰와 자비의 종교를 찾은 것이었고, 또 그 종교를 좋아하게 된 것입니다. 그러니 그냥 '끝이 곧 다가오니 모자를 꼭 잡거라'라고 얘기하는 것 이상의 의미가 담겨 있다고 봐야겠지요."

"그러나 예수가 하나님 왕국의 선지자였다고 말하는 당신과 같은 학자들은 아직도 모자를 꼭 잡고 왕국을 기다려라―이렇게 말하고 있는 것 같던데요."

에드는 내 말에 충격을 받은 듯 보였다.

"아닙니다. 절대 그렇지 않습니다."

그는 이렇게 대답하고는 진지하게 몸을 앞으로 기울였다.

"나는 그렇게 말하고 싶지 않습니다. 예수가 종말이 오기를 기대했다고는 생각합니다. 그러나 복음서에는 '원수를 사랑하라'와 같은 또다른 예수의 가르침도 기록되어 있습니다. 예수는 지극히 윤리적인 교사입니다. 그는 우리 존재의 여러 측면에서 핵심을 찌르는, 정말 의미 있는 놀라운 비유들을 말씀하였습니다. 나는 예수가 화살통에 하나의 화살만을 넣고 다녔다고는 생각지 않습니다. 하나님이 세상사에 개입하리라는 기대, 그 하나만을 유일한 수단으로 삼았던 것은 아니라는 말입니다. 그는 사람들이 어떻게 살아야 하고, 어떻게 행동해야 하는지에 관해 나름대로 여러 견해를 가지고 있었고, 또한 하나님과 어떻게 소통하고, 어떻게 하나님에 가까워질 수 있는지에 관해서도 여러 생각을 가지고 있던 것이죠."

그러나 초대 교회에 관한 에드의 생각이 아무리 옳다 해도 나에겐 아직 풀리지 않는 문제가 하나 있었다. 그것은 예수가 하나님의 아들인데 어째서 메시지를 잘못 전달할 수 있느냐는 것이었다. 이 문제는 지금으로부터 100년도 훨씬 지난 시절에 유명했던 한 기독교인, 바로 알베르트 슈바이처 박사가 직면했던 문제이기도 하다. 예수의 생애에 관한 모든 서적을 탐독하고 집중적으로 연구한 끝에 슈바이처 박사는 어떻게 보면 에드 샌더스가 내린 결론보다 더 뚜렷한 결론을 내리게 되었다. 슈바이처 박사의 결론은 예수가 하나님의 왕국이 곧, 그것도 바로 예수 자신이 살아 있는 동안 도래하리라고 생각했으며, 그때가 되면 자신이 메시아가 되리라고 믿었다는 것이다. 이런 결론에 비추어보면, 슈바이처 박사는 일부 신학자들이 그러는 것처럼 하나님의 왕국을 영원한 윤리적 가치라는 측면에서 재해석하지도 않았고, 메시아의 개념도 다른 식으로 부드럽게 완화시키지도 않았다. 이를테면 그는 그냥 예수의 메시지가 잘못됐다고 말한 셈이었다. 그러나 그 결론을 내리고 난 뒤 슈바이처 박사는 철학자, 신학자, 오르간 연주자로서 성공적인 삶, 행복한 삶을 다 버리고 아프리카의 프랑스 식민지로 선교임무를 수행하는 의사가 되어 떠났던 것이다.

그런 슈바이처 박사의 결심에 그를 잘 아는 많은 친구들이 뛰어난 재능을 그런 곳에서 썩히기 아깝다고 극구 말렸으며, 어떤 사람들은 심지어 그 동기가 의심스럽다고 말하기도 했다. 특히 일부에선 슈바이처가 영웅이 되고 싶어 그런다고, 자기가 이룬 업적을 세상이 제대로 인정해주지 않아 불만이 있어 그런다고, 더 나아가 불행으로 끝난 사랑 때문이라는 등 온갖 억측과 비난을 퍼붓기도 했다. 그러나 슈바이처 박사의 설명은 아주 솔직했고 간단했다. 그는 이렇게 말했다.

"예수의 사랑에 보답하려는 노력이 한 사람을 새로운 사랑의 길로 던져 넣을 수 있다."

내가 이 책을 쓰게 되었을 때 나는 슈바이처 박사의 발언의 모순, 즉 분명히 스스로 잘못 생각한 한 역사적 인물에 어떻게 그토록 깊은 사랑을 표할 수 있었는지, 그 모순을 어떻게 설명할 수 있을지 여러 책을 뒤지게 되었다. 그러다 나는 조지 시버가 슈바이처의 삶과 사상에 관해 쓴 한 책에서 그 해답을 찾을 수 있었다.

역사적인 예수, 그 존재의 인격을 부분적으로나마(아무리 역사적인 연구를 한다 해도 기껏해야 부분적인 면밖에 밝힐 수 없기 때문에) 이해하기 위해선 예수를 그 시대의 배경에 비추어 연구해야 할 필요가 있다. 이런 연구엔 그의 시대에 불가피할 수밖에 없었던 지식의 한계라는 상황에 예수도 예외가 아니라는 사실을 솔직히 인정해야 하는 태도가 있어야 한다. 예수가 살았던 시대는 세상이 변화하는 과정 속에 이제는 대재앙이 멀지 않았다는 생각이 지배적이었던 시대, 그런 세계관이 지배적인 시대였다. 따라서 그후의 역사는 예수가 초인간적인 위대함을 지녔다는 것에, 그의 생명의 힘이 늘 우리 곁에 있다는 것에, 그의 말씀이 영원한 가치를 지니고 있다는 것에 아무런 의심도 하지 않았던 것이다. 예수가 입고 있던 세속의 의상 속에 영원의 힘이 감춰져 있었지만, 이제는 그 영원과 덧없음을 구분할 필요가 있는 것이다.

따라서 예수는 그가 살았던 시대, 엄청난 대재앙이 곧 일어나리라는 기대를 누구나 마음속에 품고 다녔던 시절의 인물이다. 만일 예수가 다른 사람들처럼 그런 기대를 하지 않았다면 그는 인간 이하의 존재였을지도 모른다. 그러나 또 한 가지 잊지 말아야 할 것은 예수에게는 영원도 있었다는 사실이다.

슈바이처 박사는 예수의 예언과 기대가 그의 승리로 실현되지 못한 것에 관해 다음의 유명한 글에서 이렇게 설명하고 있다.

사방에 고요만 흐르고 있다. 세례 요한이 나타나 소리친다. '회개하라. 하나님의 왕국이 가까이 왔음이라.' 그리고 곧 예수가 나타난다. 세상에 나타날 인자(人子)인 그분은 모든 일상의 역사에 종지부를 찍기 위해 최후의 회전을 준비하도록 세상의 바퀴를 붙잡는다. 그러나 바퀴가 돌아가지 않자 그분은 자신의 몸을 던진다. 그러자 곧 바퀴가 돌기 시작하면서 그분을 깔아뭉갠다. 그분은 종말론의 조건들을 불러일으킨 것이 아니라 그것들을 파괴하신 것이었다. 바퀴는 계속 돌아간다. 그리고 측량할 길 없는 위대한 사람, 스스로를 인류의 정신적 지도자로 생각해도 될 만큼 강하시고 역사를 당신의 뜻대로 움직일 수 있을 만큼 큰 능력을 지니신 그 위대한 인물, 바로 그분의 짓이겨진 몸뚱어리가 아직도 그 바퀴에 매달려 있다. 이것이 바로 그분의 승리이며 그분의 능력이시다.

내가 이 말들을 제대로 이해했는지 모르겠지만 나는 그 속에서 한 가지 깊은 뜻을 찾아냈다. 그것은 역사적 예수, 인간 예수, 유대인 예수를 찾는 내 탐구의 여정에서 내가 결코 잊어서는 안 되는 것이었다. 바로 예수가 진정으로 인간이었다는 사실, 그리고 예수는 적어도 보통사람이 아니었다는 사실을 바로 역사가 보여주고 있다는 엄연한 진리였다. 만일 예수가 보통사람이었다면 교회도 존재하지 않았을 것이고, 2천 년의 기독교 역사도 존재하지 않았을 것이고, 온 생애를 예수에게 바치는 기독교인들도 존재하지 않았을 것이다.

슈바이처 박사의 삶은 바로 그 진리를 우리에게 다시금 상기시켜주는 위대한 삶이다. 오늘날 역사적 예수에 관한 그의 해석을 받아들이는 학자가 거의 없고, 또 그가 내세운 종말론도 이제는 별 의미가 없다. 하지만 그의 삶이 보여준 힘, 예수의 유일하심에 고취된 뜻있는 그의 삶은 아직까지 소멸되지 않고 살아 있다. 그의 삶을 예수 안에 있는 신성함에 의해 고귀한 숨결을 받은 귀중한 삶이었다고 말해도 크게 틀린 말은 아닐 것이다.

비아 돌로로사의 순례자들

아직까지 존재하는 예수의 힘을 느끼기 위해 나는 매주 금요일 예루살렘의 비아 돌로로사(예수가 십자가를 지고 골고다까지 걸어간 길 — 옮긴이)를 따라 순례자들을 이끄는 프란체스코 수사들과 동행하기로 했다. 이 순례의 길은 내가 늘 참여하고 싶었던 여정이었다. 예수의 십자가에 못박힘이 나에게는 예수가 가장 잔혹한 형태의 처형의 고통을 당하신 지극한 인간으로 와 닿았던 사건이기 때문이었다. 그 예수의 고통을 하나님이 어떤 식으로든 경감시켜주었다는 증거는 없다. 그로부터 2천 년이 지난 지금까지 수많은 기독교인들에게 예수가 그렇게 가까운 존재로 여겨지는 까닭은 바로 그 십자가의 희생 때문이었다. 십자가에 못박힘은 하나의 역사적인 사건이다. 그렇지만 그 사건은 또한 신비에 싸여 있는 사건이기도 하다. 아마 그 신비가 없다면 우리가 하나님을 전혀 인식하지 못했을지도 모른다.

순례 행렬은 여러 부류의 관광객들로 이루어져 있었다. 어떤 이들은 단순한 호기심 때문에 참여한 것 같아 보였다. 맨발에 짧은 치마를 입은 금발의 젊은 여자, 볼록 튀어나온 배 위로 풀어헤친 화려한 티셔츠를 입은 중년의 남자, 사진 찍기에 여념이 없는 일본인 부부. 또 어떤 이들은 정말 순례자들이었다. 앞에 빨간 십자가를 달고 엷은 노란색 모자를 쓴 할머니들, 그리고 흰 옷을 입은 수녀들. 프란체스코 수사들은 약 스무 명쯤 되었다. 그들은 갈색 수사복에 샌들을 신고 라틴어로 찬송을 부르며 우리를 구도시로 안내하였다. 갑자기 행렬이 멈추더니 필리핀 아니면 다른 동남아시아 국가 출신이 틀림없어 보이는 한 수사가 동료의 손에 쥐어진 확성기를 건네받아서는 엄숙한 목소리로 이렇게 말하는 것이었다.

"이곳이 바로 예수가 사형선고를 받은 첫째 장소입니다. 빌라도가 항의를 했지요. '그가 무슨 죄를 저질렀단 말이오?' 그런데 사람들은 더 큰 소리로 외쳤답니다. '저자를 십자가에 못박아라!' "

그런 다음 우리는 둘째 장소를 지나 셋째 장소로 계속 나아갔다. 셋째 장소에 다다르자 한 수사가 나에게 그곳이 예수가 처음으로 쓰러진 곳이라고 알려주었다. 곧이어 우리는 지붕이 달린 통로로 들어섰다. 길 양쪽으로는 상점들이 늘어서 있었다. 프란체스코 수사들은 긴장된 표정으로 서둘러 우리를 안내했다. 나는 그때 아마 회교도들이나 유대인들이 공개적으로 그렇게 기독교 의식을 치르는 데 방해를 하거나 공격을 할까봐 겁이 나서 그러는 게 아닌가 생각했다. 그러나 곧 나는 사람들이 그렇게 떼지어 다니면 상점 앞을 가로막아 장사하는 것을 방해할까봐 상인들이 별로 좋아하지 않는다는 사실을 알게 되었다. 그때 검은 술이 달린 붉은색 터키모를 쓴 한 아랍인이 나타났다. 행동으로 보아 그 사람은 수사와 상인들 사이의 중재 역할을 하는 사람 같아 보였다. 그러자 이번엔 하나님의 사도라기보다는 마피아 단원처럼 생긴, 짧은 검은 머리에 검은 안경을 쓴 덩치가 큰 한 젊은 프란체스코 수사가 앞으로 나서더니 관광객들을 한쪽으로 밀어붙여 우리가 지나갈 수 있도록 길을 터주었다.

어느 사내가 항의를 하고 나섰다.

"왜 미는 거요?"

"한 번 더 밀어볼까요?"

이 말과 함께 수사는 그 사내를 붙잡아 벽 쪽으로 더 밀쳐냈다.

상인들이 끼어들었다. 그들은 싸움이라도 벌어질까 걱정인 모양이었다.

아무튼 우리는 예수가 두번째로 쓰러진 곳이라는 일곱째 장소까지 계속 나아갔다. 예수가 집정관실이라 불리는 홀에서 골고다 불리는 장소까지 고난의 길을 걸었다는 그 길을 똑같이 따라가면서 나는 이렇게 생각했다. '이 길이 예수가 걸었던 길이든 아니든 그것은 중요하지 않다. 중요한 것은 우리보다 앞서 수세기 동안 이 길을 걸었던 그 순례자들의 신앙이다.'

우리는 성묘 교회로 들어가 가파르고 좁은 계단을 올라갔다. 예수가 십자가에 못박혀 죽임을 당한 장소라고 알려진 지점에 세워진 예배당으로 향하는 계단이었다. 여러 성상

(다음쪽) 슬픔의 도로인 비아 돌로로사를 따라 예루살렘에서 예수가
십자가를 지고 갔던 길을 따라가는 무수한 순례자들의 모습. 기도와 묵상을 하며
십자가의 길을 가는 헌신의 순례는 중세에 시작되었다.

(聖像)과 모자이크가 등잔불과 촛불을 받아 반짝이고 있었다. 그리스 정교 사제 한 사람이 서서 우리의 모습을 지켜보고 있었다. 우리 순례 행렬을 안내한 수사 한 사람이 나서서 이렇게 설명하였다.

"이곳이 열둘째 장소입니다. 이곳에서 예수님이 십자가에 못박혀 돌아가셨지요."

그런 다음 우리는 다시 계단을 내려와 교회로 들어갔다. 프란체스코 수사들이 이번엔 촛불을 들고 계속 라틴어로 찬송을 부르며 어두운 회랑을 향해 발걸음을 옮겼다. 마치 중세 어느 수도원에 온 듯한 느낌이었다. 전통적인 예배에서나 느낄 수 있었던 경외와 신비가 내 온몸을 휘감았다. 우리는 예수의 무덤 위에 세워진 기념비에 다가갔다. 제롬 신부는 자신이 쓴 안내책자에서 그곳을 누군가 '섬뜩한 기분이 드는 정자'라고 묘사했다고 인용했지만 사실 나는 그곳의 예술적인 가치에 대해서는 별 관심이 없었다. 아마도 그곳에 도착했을 때쯤 내 영적인 기분이 대단히 고조되어 있었던 것 같다. 수사의 설명이 또 들려왔다.

"열넷째 장소입니다. 이곳은 예수가 관 속에 눕혀진 곳입니다."

그러더니 그 수사는 이렇게 기도했다.

"오 예수님, 세상을 떠난 우리 형제들을 받아주시옵소서. 당신이 아버지 하나님과 성령과 함께 영원히 계시는 천국의 땅으로 형제들을 받아주시옵소서."

그 순간 나는 인간 예수는 완전히 잊은 채 하나님으로서의 예수만을 생각했다. 그런 생각으로 그곳에 서 있어야 할 것만 같았다. 인간 예수로 묻히시고, 우리 주 그리스도로 부활하신 그곳 앞에서 어찌 그런 생각이 들지 않겠는가. 그 앞에선 역사적 진실 따위는 아무 문제가 되지 않았다. 예수의 신화가 나로 하여금 하나님을 경험하게 하는 확신을 준 것이었다. 갈릴리의 여러 교회에서도 별 감동을 받지 못했던 내가, 광활한 시골 풍경 속에서 예수의 그 어떤 면만을 감지할 수 있었던 내가, 예루살렘의 구도시 중앙에 있는 바로 그 교회에서 성지로 향하는 내 순례의 경험 가운데 가장 심오한 느낌을 받았다는 사실 자체가 나로서는 이상할 따름이었다.

구도시의 그 복잡한 골목길을 통해 십자가의 길을 따라 걷던 나는 누가 예수를 죽였는가? 하는 물음을 더욱 여실히 느껴야 했다. 나는 예수를 죽인 사람이 유대인이라고 배웠다. 예수 생애의 마지막 24시간 동안 무슨 일이 일어났는지에 관해 복음서마다 조금씩 다르지만 한 가지 일치하는 것은 예수의 죽음엔 대체로 유대 권력기관이 책임이 있다는 사실이다. 4복음서 모두 성전 경찰이 예수의 체포에 관여한 것으로 기록하고 있다. 또한 예수가 대제사장인 가야바 앞에 끌려가 심문을 받은 것도 똑같이 기록되어 있다. 마태·마가·누가복음에는 예수가 매를 맞았다는 사실을 덧붙여 기록하고 있다. 또한 그 세 복음서 저자들은 유월절의 한 전통적인 관습으로 로마 총독이 인기 있는 죄수를 군중들에게 풀어주는 일이 있었다고 주장한다. 그에 따라 총독인 빌라도는 풀어줄 죄수로 예수와 바라바 가운데 한 사람을 선택하라고 제의했고, 제사장들은 군중을 설득하여 바라바를 선택하게 한다. 환호성을 지르는 군중의 뜨거운 열기를 보고 빌라도는 상징적인 제스처로 자신의 손을 씻고는 자기는 그 일에 관한 한 깨끗하다고 선언한다. 그리고 예수의 처형을 진행토록 한다. 빌라도의 그런 조치에 백성은 '그 피를 우리와 우리 자식들에게 돌릴지어다' 하고 외쳐댄다.

복음서에서 그리고 있는 상황은 예수를 없애고자 음모를 꾸미고 있는 시기심 많고 적개심에 불타는 유대 권력기관에 관한 것이다. 반면에 그 상황에 비교적 초연하고자 했던 로마 총독은 자신이 보기에도 부당한 죽음이었지만 공공의 질서를 위해 마지못해 유대인들의 결정에 동의하게 된다. 그러나 복음서에서 그리는 이 상황에 대해서도 논란이 있을 수 있다. 첫째로, 예수의 죄가 어떤 죄인지 분명치 않다. 가야바는 예수가 신성모독의 죄를 범했다고 생각했다. 그 죄는 큰 죄임에는 틀림없지만 유대교를 믿지 않는 로마 총독이 크게 우려할 만한 죄는 아니다. 그런데 재미있는 것은, 한 목격자가 나타나 예수가 성전에 대한 악의에 찬 예언을 했다고 증언했지만 마태복음에서는 그 목격자가 거짓 증언을 한 것으로 기록하고 있다는 점이다. 따라서 신성모독의 죄는 빌라도에게까지 고해지지 않는다. 대신 예수는 자신이 유대의 왕이라고 주장하고 다녔다는 죄목으로 기소된다. 달리 말하면 체제 전복을 꾀했다는 죄목이었다. 누가복음에서도 예수는 사람들을 선동하여 나쁜 길로 빠지게 하고 세금 제도를 비난했다는 죄목을 쓰게 되었다고 기록하고 있다. 둘째로, 예수의 처형과 관련된 법적 절차에도 문제가 있었다. 세 복음서에서는 예수의 죄와 관련하여 유대의 공회에서 회의가 있었다고 말한다. 마태복음에서는 그 공회에서 예수에게 사형선고를 내렸다고 말한다. 그러나 공회가 과연 사형선고를 내릴 권한을 지니고 있었는지에 관해서는 어디에도 증거가 없다. 공회에 그런 권한이 없다고 인정한 요한복음이 마태복음보다는 더 역사에 가깝다고 할 수 있다. 셋째로, 정말 유월절에 죄수를 하나 선택해서 석방하는 전통이 있었는가 하는 점이다. 자비를 베풀고 싶어하는 빌라도의 태도를 그린

성묘 교회에 있는 이 제단들은 예수가
십자가에 못박혀 죽은 장소인 갈보리 언덕 위에
세워진 것이라고 전해진다.
오른쪽에 있는 제단 아래,
유리틀 밑에 바위가 보인다.

복음서의 이야기가 사실인지는 바로 그 전통의 진위에 달려 있기 때문이다. 이런 점에서 보면 성경에 나오는 유명한 이야기 중 하나인 빌라도의 태도, 즉 자기 손을 씻으며 유대인 군중들에게 '이 사람의 피에 대하여 나는 무죄하니 너희가 당하라' 고 말했다는 것은 어쩌면 복음서 저자들이 로마인은 예수의 죽음과 관련이 없다는 사실을 내보이기 위해 집어넣은 부분일 수도 있다.

예수의 재판에 관한 복음서의 이야기를 액면 그대로 받아들이지 않는다면 과연 예수의 죽음에 유대인들은 어떤 혐의가 있을 수 있을까? 예수가 살았던 시기에 유대 민족은 통합 단결된 민족이 아니었다. 특히 사두개파는 유대인 가운데서도 가장 규모가 작은 파였으며, 대체로 일반민중들의 성향과도 상당히 거리가 먼 사람들이었다. 그들이 차지하고 있던 위치가 바리새파처럼 대중의 지지를 받은 위치는 아니었다. 만일 어느 바리새인의 가르침과 설교를 듣고도 그 아래에 제자가 모이지 않았다면 그 바리새인은 사실 아무 힘도 발휘하지 못했을 것이다. 사두개파들이 권력을 행사할 수 있었던 것은 그들이 성전의 운영을 장악했기 때문이며, 또한 많은 유대인들은 성전의 운영방식을 좋아하든 안 하든 그곳을 자기네 종교의 중심으로 생각했기 때문이다. 유대인들은 성전에서 이루어지는 많은 축제 행사에 반드시 참가해야 한다고 믿고 있었으며, 자기 민족의 정체성이 바로 성전의 고위 제사장들의 임무와 성전에서 행해지는 제사에 의해 보장된다고 생각했다. 그러므로 유대인들은 제사장들에게 경의를 표하는 것이 자신들의 당연한 의무라고 여겼던 것이다.

그러나 사두개파의 그 지위가 도전을 받지 않았던 것은 아니다. 권력을 쥔 사람들은 언제나 신경이 예민해질 수밖에 없으며, 그들도 예외는 아니었다. 사두개파는 에세네파 사람들이 성전에 대해 비판적인 시각을 지니고 있다는 사실과 많은 바리새파 사람들이 현실의 성전을 필요로 하지 않는 좀더 개인적이고 영적인 종교에 관심이 많다는 사실을 분명 알고 있었던 듯하다. 이런 사실들이 경계의 대상인 것만은 틀림없었다. 하지만 실제로 성전을 비난하고 나섰던 사람은 오직 예수뿐이었다. 예수는 하나님이 그들의 성전을 쓸어버리고 새로운 성전을 세우리라 주장했던 것이다. 그리고 고위 제사장들에게는 예수의 그런 예언이 신성모독에 가까운 발언으로 들렸을지도 모른다.

그러나 예수의 예언이 단순히 성전에 도전하는 발언이었기 때문에 위험했던 것은 아니었다. 보다 중요한 문제는 그 예수의 예언이 예루살렘 시에 사람들이 터져나갈 듯 밀려들고 민족적인 정서가 극에 달할 때인 유월절에 이루어졌다는 데 있었다. 통상적으로 로마의 총독인 본디오 빌라도는 유대인을 자극하지 않기 위하여 일부러 예루살렘 밖의 가이사랴 빌립보에서 살았다. 그는 절대 필요한 경우를 제외하곤 예루살렘 시 행정에 관여하지 않았다. 각 지역의 종교를 존중한다는 로마의 정책을 충실히 따르기 위함이었다. 공식적으로 로마는 유대인의 신앙과 관습을 인정해주었으며, 굳이 바꾸려고 하지도 않았다. 로마인들이 유대인들의 성전과 예루살렘 시를 제사장들이 알아서 자체 경비를 두어 지키도록 한 것도 바로 그런 이유에서였다. 빌라도가 예루살렘에 나타난 때는 유월절뿐이었다. 그때가 되면 빌라도는 로마제국 병사들을 이끌고 예루살렘으로 갔던 것이다. 병사들을 이끌고 간 것은 혹시 축제 기간 로마에 반대하는 봉기나 시위가 있을까 두려웠기 때문이었다. 빌라도가 유월절에 특히 신경을 썼던 이유에 대해 에드 샌더스는 이렇게 설명해주었다.

"우선 첫째로 사람들이 엄청나게 많았다는 겁니다. 보통때에는 예루살렘의 인구가 2만 5천에서 3만 명 정도였는데 유월절이 되면 사람들이 약 30만에서 50만이 되니 정말 발 디딜 틈이 없었던 것이죠. 또 유월절이라는 게 이스라엘이 이집트의 압제에서 해방된 것을 축하하는 축제가 아닙니까. 그러니 자연스럽게 유대인들이 외세의 억압 문제를 떠올릴 테고, 그러다보면 로마에 대해 분노의 감정을 표출할 수도 있는 것이죠. 그렇게 유월절은 자연스럽게 독립에 대한 생각을 촉발시킬 수 있었던 기간입니다."

데이비드 로젠은 나에게 유월절을 "로마의 입장에서 보면 체제전복의 의도가 숨어 있는 축제"라고 설명해주기도 했다.

예수가 성전의 파괴를 예언했을 때 대제사장인 가야바와 공회를 이끌고 있던 사두개파와 바리새파의 제사장들은 두려운 딜레마에 봉착하게 되었다. 예수의 발언이 그들의 지위와 특권에 대한 의도된 공격이라는 사실은 차치하고라도 기원전 4년의 유월절에 대학살이 있었다는 사실을 기억하지 않을 수 없었기 때문이다. 만일 예수의 예언에 따라 소요가 일어나고 그 소요를 통제하지 못한다면 겁먹은 로마인들이 시리아에 있는 병력을 파견해달라고 요청할 것이 틀림없었다. 어쩌면 수많은 유대인이 살해당할지도 모를 일이다. 사태가 그 지경까지 되면 법과 질서를 대제사장에게 믿고 맡긴 로마인들이 가야바를 그 자리에서 끌어내릴 것이 확실했다. 분명한 것은 대제사장이나 다른 제사장들이 빌라도가 어떤 소동이나 소요든 민감하게 처리하는 것을 원하지 않고 있다는 사실을 잘 알고 있었다는 것이다. 또다른 자료를 통해 우리가 알 수 있는 사실은 가야바가 실은 악명이 높은 사람이었다는 것이다. 그는 공포를 불러일으키려는 방법으로 대량 학살도 서슴지 않을 사람이었다. 물론 궁극에 가서는 자신이 취한 과도한 조치 때문에 자리에서 물러나야 했다. 빌라도는 복음서들이 그리고 있는 것처럼 온화하고 초연한 인물이 아니었다. 복음서 가운데 오로지 요한복음만이 가야바가 한 다음과 같은 말을 기록한 것으로 보아 가야바의 문제를 제대로 짚어낸 듯하다. "한 사람이 백성을 위하여 죽는 것이 유익하다."

따라서 이런 모든 정황으로 보아, 복음서에서 말하고 있듯이, 제사장들이 예수를 문제의 인물로 낙인찍으려는 모든 조치를 취하였고, 빌라도는 대제사장이 반란을 일으킬 소지가 충분한 사람이라고 지목한 인물에 대해 주저 없이 단호한 조치를 취한 것이 아닌가 하는 것이다.

속죄양

그렇다면 빌라도가 예수에게 관대함을 베풀려고 했었다는 이야기들은 어디에서 비롯된 것일까? 대부분의 학자들은 그런 이야기들이 나중에 복음서에 들어간 것으로 믿는다. 이유는 복음서 저자들이 예수가 십자가에 못박힌 데 대한 비난을 당신의 유대 권력자들에게 돌리고 싶어했기 때문이다. 초기의 기독교인들은 자신들이 혁명가로 인식되지 않기를 몹시 원했었다. 그들은 자신들이 로마제국에 대항하는 반란의 무리로 언급되는 것을 원하지 않았다. 모든 복음서 저자들은 로마인들을 비교적 호의를 가지고 묘사했다. 예를 들어 예수가 십자가에 못박혀 죽고 난 뒤 '이는 진실로 하나님의 아들이었도다'고 말한 사람이 있었는데 그가 바로 로마군의 어느 대장이었던 것으로 나타나 있는 것이다.

기독교와 유대교가 서로 갈라지게 된 이유 가운데 하나는 이방인들을 받아들인 교회의 결정이었다. 이방인들을 대상으로 설교했던 사도 바울은 이방인들을 받아들여야 한다고 촉구했지만 많은 유대 기독교인들은 이방인들이 먼저 유대교로 개종하지 않으면 받아들일 수 없다고 생각했던 것이다. 사도행전에서는 기원후 49년경에 있었던 예루살렘 공회의 운명적인 결정, 즉 이방인들을 받아들이기로 한 결정을 기록하고 있다. 물론 유대인들의 의심이 이유가 없었던 것은 아니었다.

로마제국 시대에 유대인들은 영향력도 있고 수도 많았지만 기독교인들은 수도 적고 언제라도 해체될 위험에 놓인 작은 집단에 불과했다. 따라서 기독교인들은 자신들이 로마에 대항하는 위협적인 존재들이 아니라는 사실을 입증해야 했다. 빌라도가 자신의 손을 씻은 그 유명한 사건도 실상 로마인은 예수의 죽음에 죄가 없다는 사실을 증명하기 위해 기록된 것이다. 기독교인들이 로마인보다는 유대인을 비난하고 나선 것이 그들의 입장에서 보면 이해할 만한 것이고 또 그들의 책략이었는지도 모른다. 가야바가 예수의 죽음을 통해 시민들의 폭동을 방지하려 했던 것과 마찬가지인 것이다.

동시에 유대인과 기독교인 사이에 있었던 불화가 복음서 저자들의 태도에도 영향을 미쳤을 듯하다. 요한복음에서 다루고 있는 주제 중 하나는 처음부터 유대인들이 예수를 거부하고 예수를 십자가에 못박히게 한 사람들로 비난받아 마땅하다는 주장이다. 요한은 이 사실을 강조하기 위해 성전에서의 사건을 예수의 본격적인 활동의 출발로 삼았던 것이다. 사실 두 신앙 사이의 갈등은 유대교 내의 가족간의 분쟁으로 시작되어 거의 2세기가 지난 후 기독교가 그 뿌리로부터 분리되어 나온 것이다. 초기의 기독교인들은 모두 유대인들이었다. 그들은 유대 예배당에서, 그리고 유대 성전이 파괴되기 전까지 그 성전에서 예배를 올렸었다. 사도 야고보가 이끌었던 예루살렘의 초기 기독교 공동체는 새로운 종교라기보다는 유대교 내에서 메시아를 믿는 한 분파로 인식되었던 것이다. 그러나 점점 더 많은 이방인들이 기독교라는 새로운 종교로 몰려들고, 특히 사도 바울의 가르침에 의해 많은 이방인들이 새 신앙을 찾아 나서자 기독교인들과 다른 유대인들 사이에 긴장이 고조되기 시작했다. 결국에는 몇몇 유대인 공동체에서 기독교인들을 유대 예배당에 출입하지 못하도록 하는 조치를 취했으며, 이러한 조치가 두 집단 사이의 관계를 더욱 악화시켰다. 이런 상황은 복음서에도 그대로 기록되어 있다. 요한복음에는 예수에 대한 제자들의 배반이 있기 전날 밤 예수가 유대교와 기독교의 분열을 예언하고 있는 것으로 그려지고 있다. "사람들이 너희를 출회할 뿐 아니라 때가 이르면 무릇 너희를 죽이는 자가 생각하기를 이것이 하나님을 섬기는 예라 하리라."

복음서 저자들이 오늘날 우리가 흔히 말하는 반유대적 성향을 지닌 사람들이라고 믿는 학자들은 거의 없다. 에드 샌더스는 이렇게 말한다.

"마태복음에서의 외침, 즉 '그 피를 우리와 우리 자손에게 돌릴지어다'라는 외침이 유대인 학살을 증명하기 위한 발언으로 자주 언급되고 사용되었지만 내가 확신컨대 만일 마태가 그 결과를 알았더라면 그런 표현들을 쓰지 않았을 거라는 겁니다."

그러나 2세기 초엽부터 기독교 신학자들은 유대인에 반대하는 글들을 쓰기 시작했다.

주교이자 기도문 작성자인 사르디스의 멜리토는 유대인들은 하나님을 살해한 자들이라고 비난하였다. 4세기경에는 동방교회의 창시자 가운데 한 사람이자 기독교적 사랑으로 유명한 성 요한 크리소스톰이 유대인을 '그리스도의 살해자들'이라고 불렀다. 한편 성경을 라틴어로 최초로 번역한 사람으로 기독교인들의 존경을 받는 성 히에로니무스는 예루살렘의 유대인 순례자들을 '하나님의 분노를 자아낼 외모와 옷차림을 한……동정의 가치도 없는 고약한 무리들'이라고 묘사하였다. 그리고 거의 8백여 년 동안 서구 기독교 신학에 지대한 영향을 미쳤던 성 아우구스티누스는 유대인이 하나님을 살해했다는 주장을 거듭 확인하면서 그들은 그 죗값을 계속해서 치르게 되리라는 견해를 피력하기도 했다. 그후로도 중세 교황정치의 창시자로 알려진 그레고리우스 교황이나 종교개혁자인 마르틴 루터 등 많은 기독교 학자들이 같은 견해를 내보였다. 유대인들이 세계 전역에 흩어지게 된 것이 바로 하나님의 아들을 죽인 유대인들에게 하나님이 내린 벌이라는 생각이 기독교의 정통 교의가 되어 오늘날까지 계속 이어져 내려오게 된 것이다. 시오니즘 운동의 창시자인 테오도어 헤르츨은 유대인에 대한 박해를 피할 수 있는 유일한 대안은 유대 국가를 건설하는 것이라고 주장하였다. 그래서 1897년에 최초의 세계 시오니스트 회의가 바젤에서 열렸다. 시오니스트들은 서서히 많은 동조자를 확보하기 시작했으며, 그 가운데는 영국의 외무장관인 밸포어 경도 포함되어 있었다. 특히 밸포어 경은 영국 정부를 설득하여 유대인들에게 팔레스타인에 국가를 건설할 수 있도록 한 사람이었다. 하지만 예수회 신문인 『카톨리카 문명』은 그러한 조치가 유대인에 대한 신의 저주에 위배된다는 이유로 받아들여서는 안 된다고 주장하였다. 유대인은 영원히 떠돌아다녀야 하는 저주받은 운명이라는 것이다.

교회의 종교회의와 공회는 유대인에 대한 비기독교적 행위로 보일 수 있는 조치를 법률화시켰다. 기원후 306년, 엘비라 종교회의는 기독교도와 유대인 사이의 어떤 결혼이나 성교도 금지시켰다. 그후로 이루어진 여러 금지사항들 가운데는 유대인의 공직 진출의 금지와 유대인들이 기독교인을 하인으로 두거나 기독교인에게 불리한 증언을 할 목격자로 법정에 출두하는 것을 금지하는 조치들이 있었다. 1078년의 제네바 종교회의는 교회를 위해 세금을 바치도록 유대인에게 명령하기도 했다. 그로부터 약 150년 후에 있었던 옥스퍼드 회의에서는 새로 유대 예배당을 건축하지 못하도록 하는 조치가 있었다. 그리고 1267년 브레슬라우 종교회의에서는 유대인들은 유대인 강제 거주지역인 게토에서만 살아야 한다는 의무를 부과하기도 했다. 그러다 1965년 제2차 바티칸 종교회의에서 현재 생존해 있는 유대인들에게는 예수 살해의 죄를 면한다는 공식적인 발표가 있었다. 그 회의에서는 예수가 십자가에 못박힌 것을 그 당시의 유대인들 전부에게 아무런 구분 없이 다 뒤집어씌울 수 없으며, 또한 오늘날 살아 있는 유대인들에 대해서도 그 죄를 물을 수 없다는 사실을 천명한 것이다. 이러한 조치가 현대에 들어 가능했던 것은 바로 나치의 유대인 대학살(홀로코스트)이 있었기 때문이다.

무서운 유산

예루살렘에서 나는 야드 바솀을 방문하였다. 야드 바솀은 어느 공원에 마련된, 대학살 때 목숨을 잃은 수백만의 유대인들을 기리는 영원의 불길이 타오르고 있는 곳이다. 그 홀의 바닥에는 잔혹한 행위가 벌어졌던 베르겐벨젠, 부헨발트, 다카우, 라벤스브뤼크 등 각 수용소의 이름이 새겨져 있다. 아우슈비츠 수용소에서는 매일 2만여 명의 유대인 어린아이들과 노인들이 가스실에서 죽어갔으며, 수많은 사람들이 도살장의 동물처럼 죽음으로 내몰렸다. 1941년과 1944년 사이에 아우슈비츠에서만 2백만 명 이상의 유대인들이 학살당했다. 신체가 건장한 남자들은 강제 노동 수용소로 이송되었지만 그곳에서도 많은 사람들이 죽어나갔다. 이 대학살이 히틀러식 '유대인 문제의 최종해결책'이었다. 히틀러의 의도는 모든 유대인을 강제수용소에 가두는 것이었다. 적응하지 못하는 자는 목숨을 잃어야 했으며, 건강한 자는 그곳에서 죽도록 일을 했던 것이다. 냉혹한 계획과 치밀한 실행과정 속에 이루어진 이 인종학살 계획은 거의 성공 직전까지 갔었다. 전쟁 기간에 유대인의 수가 거의 6백만 명 — 유럽에 거주하던 유대인 총 인구수의 3분의 2 정도 — 가량 감소한 것으로 보아 대충 짐작은 하지만 아직까지 정확히 얼마나 많은 유대인이 학살되었는지는 밝혀지지 않고 있다.

바닥에 새겨진 수용소의 이름을 바라보면서 나는 수용소에 진입했던 연합군이 작성했다는 끔찍한 보고서의 내용을 떠올리지 않을 수 없었다. 수용소에서 연합군이 목격한 것은 굶주린 생존자들, 무수히 쌓인 시체 더미, 불에 타 재로 변한 수많은 시신들, 신발과 안경 등 개인 소지품들이 가득한 창고, 생체 실험을 행한 수많은 도구들이었다. 나는 이렇게 생각했다. '만일 기독교도들이 유대인이 예수를 죽였으니 그들을 증오해야 한다고 배우지 않았더라면 과연 이런 일이 일어날 수 있었을까?'

물론 역사상의 사건을 그런 식으로 단순화시켜 설명할 수는 없을 것이다. 여러 가지 경제적인 상황 때문에 유대인은 희생양이 되었으며, 히틀러는 독일인의 분노를 이끌어내고, 파시즘을 확산시킬 광적인 욕구 때문에 그 희생양을 필요로 했다. 경제적 붕괴에 직면한 독일인들의 분노와 절망이 히틀러를 능수능란한 웅변가로 만들었으며, 그 결과가 바로 대학살이었던 것이다. 군중집회에서의 히틀러의 선동적인 웅변이 어떤 것이었는가는 한 독일인 목격자의 진술에서 분명히 드러난다.

나는 청중들을 둘러보았다. 불과 한 시간 전만 해도 보이지 않던 이 많은 사람들이 대체 어디서 모여든 것일까? 속절없이 떨어지는 마르크화의 가치로 인해 겨우 체면이나 유지하면서 하루하루를 힘겹게 살아가는 이들을 무엇이 이렇게 사로잡았단 말인가? 왁자지껄 소란스럽던 분위기가 일순 조용해지더니 사람들이 한 마디 한 마디를 놓치지 않으려고 한다. 얼마 떨어져 있지 않은 곳의 한 여자는 연설자에게 시선을 고정시키고 있다. 마치 어떤 황홀경에 사로잡힌 듯한 표정. 그녀는 더이상 그녀 자신이 아니었다. 주문(呪文)에 걸린 듯, 독일의 위대한 미래에 대한 히틀러의 폭군적 신앙에 그녀는 온 정신을 빼앗기고 있었다.

민족주의는 증오를 먹고 산다. 유대인들은 히틀러가 선택한 분명한 표적이었다. 히틀러 자신이 유대인을 증오했다. 또한 그는 동료 독일인들이 유대인을 싫어한다는 사실을 잘 알고 있었다. 유대인들이 그들의 집단 거주지인 게토에서 벗어날 수 있었던 것은 불과 50여 년 전의 일이었다. 하지만 그들은 그 짧은 기간에 대단한 번영을 이루었다. 특히 유대인들은 상업과 산업에서 탁월한 능력을 발휘하여 백화점을 열기도 하고 혁명적인 기술을 이용한 새로운 산업에 진출하기도 하였다. 따라서 히틀러로서는 수세기에 걸친 증오의 짐을 자신이 짊어진 듯 마르크화 붕괴의 책임을 부유한 유대인들에게 돌리고, 제1차 세계대전 때 유대인들의 암시장 거래에 대해서뿐 아니라 유대인들이 독일 국민의 불행을 이용해 돈을 벌었다고 온갖 비난을 퍼부었던 것이다. 또한 히틀러는 유대인들이 공산주의자들과 동맹을 맺어 독일 민족주의를 위협하고 있다고 공격하기도 했다. 카를 마르크스가 유대인이었으니 그런 공격이 가능했던 것이다.

그러나 대학살을 더욱 끔찍한 것으로 만든 또다른 요인이 있다. 그것은 현대 세계가 죽음의 수용소에서 익명의 기계적인 방법으로 한 민족을 말살시킬 만큼 정교한 기술을 보유할 수 있게 되었다는 사실이었다. 아우슈비츠와 다카우의 많은 독일인들, 보통 독일인들이 그저 자신들은 자신들이 맡은 일을 하고 있다고 믿었던 것이다. 공장 노동자처럼 그들은 감독관이 시키는 대로, 개인적으로 그 일에 깊이 관여한다는 생각 없이, 아무런 도덕적 감각 없이, 그저 기계처럼 일을 했던 것이다. 대학살은 우리 인간의 기본적인 인간성에 대해 의문을 제기하는 계기가 되었다. 그 사건은 '하이테크'가 지니고 있는 정신적인 위험이 어떤 것인지를 우리에게 보여주었으며, 정교하고 깨끗하고 효율적인 무기라며 정치인들이 최신 무기에 관해 언급하는 말 속에 어떤 거짓말이 담겨 있는지를 우리에게 그대로 드러내 보여주었다. 적어도 현대 이전에는 적 하나를 죽이려고 해도 그 적의 얼굴을 바라보아야 했다. 유대 작가들과 사상가들이 대학살의 그 끔찍함뿐만 아니라 그 학살에 책임이 있는 역사 자체도 잊지 말아야 한다고 단호히 주장하는 것은 바로 대학살이 우리 모두의 인간성에 위협이 되기 때문이었다. 그리고 야드 바셈은 그 역사적 사건을 잊지 말아야겠다는 우리 노력의 하나이다.

야드 바셈에서 나는 조애너 라이암이라는 이름의 영국여자를 만났다. 그녀는 기독교 가정에서 태어나 교육을 받았지만 지금은 유대교인으로 이스라엘에서 살고 있는 여자였다. 그녀는 나에게 이런 말을 들려주었다.

"제가 유대교인이 되어야겠다고 결심을 한 순간이 있었어요. 이곳에서 약 8년 가까이 살고 난 후였죠. 대학살이 무엇인지 알게 되고 그 의미를 이해하게 되면서 더이상 기독교인으로 지낼 수가 없었어요."

나는 그녀에게 물었다.

"그럼 당신은 유대인이 예수를 죽인 종족이라는 잘못된 역사인식이 반유대주의에 어느 정도 책임이 있다고 생각하십니까?"

그녀는 잠시 생각을 하더니 이렇게 대답했다.

"그게 바로 제가 자라면서 배운 것이지요. 저는 가톨릭 수녀원에서 교육받았거든요."

"그들이 유대인이 예수의 적이라고 분명히 말하던가요?"

(다음쪽) 야드 바셈에 있는 어린아이 추모비는 홀로코스트 동안에 학살된 수많은 유대 어린아이들의 죽음을 기억하기 위해 세워졌다.

"네. 그들이 예수의 죽음에 책임이 있다고 했어요. 분명한 것은 제가 이곳에 온 이후로 많은 글을 읽고 또 자세히 읽고 살펴본 바로는 바로 그런 기독교의 생각이 반유대주의의 근원인 것 같았어요."

조애너 라이암은 또다른 대학살 기념물로 가보자고 제안하였다. 바로 '공동체의 계곡'이라는 곳이었다. 붉은 바위 사이로 나 있는 길을 걸으며 우리는 대학살에서 고통을 당한 공동체의 이름을 확인할 수 있었다. 그런데 그 이름들을 살피던 나는 깜짝 놀랐다. 유대인들이 살해당한 곳이 북부로는 노르웨이와 핀란드, 서부로는 프랑스, 동부로는 흑해 연안, 그리고 남부로는 리비아에 이르기까지 유럽 전역에 퍼져 있다는 사실이었다. 대학살이 그렇게 광범위한 지역에서 자행된 사실을 나는 미처 모르고 있었던 것이다. 조애너가 나에게 상기시킨 사실 하나는 독일군이 소련을 공격한 기간에 약 1백만의 유대인이 살해당했다는 놀라운 사실이었다. 대학살이라는 불행한 역사는, 적어도 부분적으로는, 역사적으로 불가능한 예수의 죽음에 관한 어떤 한 이야기를 널리 전파시킨 기독교에도 그 책임이 있음이 틀림없는 것 같다.

3

제국의 반항자 예수

팔레스타인에서

팔레스타인은 성지일 뿐만 아니라 아시아와 아프리카의 가교 역할을 하는 지역이다. 수 세기에 걸쳐 수많은 여행객들이 그 지역을 지나갔으며, 또한 그 지리적인 환경 탓에 분쟁 도 그치질 않았다. 이런 역사적 사실이 그 지역을 고고학자들의 천국으로 만들었다. 자신 이 쓴 안내책자 서문에서 제롬 신부는 팔레스타인에서 발견된 유골의 조각이 60만 년 전 의 것으로 추정된다고 언급하기도 했다.

팔레스타인에 있는 수많은 고대 유적지 가운데 가장 장엄한 곳이 벧스안('휴식의 집'이 란 뜻으로 벳산과 동일한 지역을 말하며, 오늘날의 배산이다 ─옮긴이)이다. 고고학자들은 그 곳에 18개 이상의 도시가 건설된 것으로 확인한 바 있다. 전략적으로는 중요하지만 건조 하고 메마른 황무지와 같은 주변 지역에서 그곳에 그나마 용수가 풍부했기 때문이었다. 벳산은, 구약성경의 사무엘상에 의하면, 블레셋 사람들이 길보아 산에서 이스라엘의 제1 대 왕인 사울의 군대를 패퇴시킨 뒤 그의 시신을 성벽에 묶어둔 곳이었다. 사울의 뒤를 이 어 이스라엘의 왕이 될 다윗은 사울의 아들이자 자신의 절친한 친구였던 요나단 역시 전 투중에 사망했다는 소식을 듣고는 다음과 같은 노래로 자신의 슬픔을 토해냈다. '내 형 요 나단이여, 내가 그대를 애통함은 그대는 내게 심히 아름다움이라. 그대가 나를 사랑함이 기이하여 여인의 사랑보다 승하였도다. 오호라 두 용사가 엎드러졌으며 싸우는 병기가 망

(다음쪽) 벳산에 있는 로마인 거주지 폐허. 이 도시는 예수 시대 이후에 건설된 도시이지만 갈릴리 지역에 대한 로마의 문화적 지배를 잘 보여준다. 예수는 로마인의 도시인 세포리스 근처 나사렛에서 성장했다.

하였도다!'(사무엘하 1장 26~7)

벤스안은 지금 로마인들이 건설한 도시들의 잔해와 그 뒤를 이은 비잔틴 시가 차지하고 있다. 그 광활한 지역 곳곳에 폐허가 된 유적들이 흩어져 있어 옛 도시들의 자취를 복원하려는 작업들이 광범위하게 진행되고 있기도 하다. 나는 바로 그 벤스안에서 예수를 반항자로 규정한 신약학자를 만났다. 더부룩한 백발에 키는 작았지만 그래도 얼굴에는 아직 젊음의 기운이 서려 있는 그는 매사추세츠 대학교 종교학 교수인 리처드 호슬리였다. 성지를 처음 방문했다는 그는 유적 발굴을 위해 파놓은 커다란 웅덩이 주위를 어린아이처럼 뛰어다녔다. 그는 로마인들이 세운 도시의 웅장함과 장엄함의 증거를 자기 눈으로 직접 보게 되었다는 사실에 잔뜩 흥분되어 있었다. 그 도시들이 예수 시대 유대인의 삶에 많은 영향을 미쳤다고 믿고 있었던 그로서는 당연한 것이었는지도 모른다. 땅바닥에 그냥 쓰러진 채 방치된 거대한 돌기둥들. 어떤 것들은 크레인에 의해 다시 똑바로 세워지고 있었다. 그 돌기둥들을 가리키며 그는 이렇게 말했다.

"로마인들이 이곳에 오면서 가져온 것이 군사적 제국주의만은 아니었습니다. 문화적 제국주의도 있었지요. 이 엄청난 돌기둥들이 사실은 건축의 웅장함을 통해 피지배 주민들의 기를 꺾으려는 의도를 숨긴 선전술의 한 형태입니다. 건축물의 크기로 사람들을 압도하려는 목적이었지요."

물론 이 말이 로마의 군사적인 목적을 부인하는 것은 아니다. 리처드 호슬리가 나에게 언급했듯이, 벤스안은 로마가 기원후 66년에 로마에 대항하여 일어났던 유대 전쟁 때 농민의 저항을 제압하기 위해 군대를 갈릴리 동쪽으로 파견시켰던 기지이기도 했다.

우리는 원형극장으로 향했다. 옛날 한때는 5천 명의 청중을 수용했던 대규모 극장으로 가파른 계단식 좌석의 상층부가 상실된 것을 제외하곤 대체로 온전히 보존되어 있었다. 나는 리처드 호슬리에게 그 원형극장에서 행해진 온갖 오락 행위에 대해 유대인들이 어떤 반응을 보였을지 물어보았다. 호슬리는 이렇게 말했다.

"이곳 원형극장에서 사람들이 나체로 운동을 했을 겁니다. 짐승들과 게임도 하고…… 이런 것들이 유대의 문화적 전통에서 보면 정말 괘씸한 짓거리들이었겠지요. 그런데 우리가 또하나 기억해야 할 것은 그런 오락과 유흥에 들어갈 비용을 위해 분명 경제적 착취가 자행되었을 것이라는 점이죠. 도시를 유지하기 위해 토착민들을 경제적으로 착취하고 이곳에 주둔한 로마 군대를 위해 온갖 종류의 세금이 부과되었을 것입니다."

로마인들이 팔레스타인에 진입했을 때 이미 유대 문화는 많은 문화적 공격을 견뎌온 터였다. 로마인들은 많은 정복자들 가운데 최후의 정복자였다. 그전, 이미 8백 년 전에 먼저 아시리아인들이 팔레스타인을 정복했고, 다음엔 바빌로니아인들이 예루살렘을 유린하였고, 다음엔 페르시아인, 그리고 그 다음엔 알렉산드로스 대왕의 침공이 있었다. 알렉산드로스 대왕 지배하에서 유대인들은 처음으로 그리스 문화를 접하게 되었고, 나중에 로마인들이 즐기는 오락과 유흥에 대해 그랬던 것처럼 그리스의 연극과 스포츠에 대해서도 불쾌감을 감추지 않았던 것이다. 한때 잠시나마 팔레스타인은 이집트의 속국에 지나지 않았다. 그러다 알렉산드로스 대왕에 뒤이어 권력을 잡아 북부 시리아와 페르시아를 지배하였

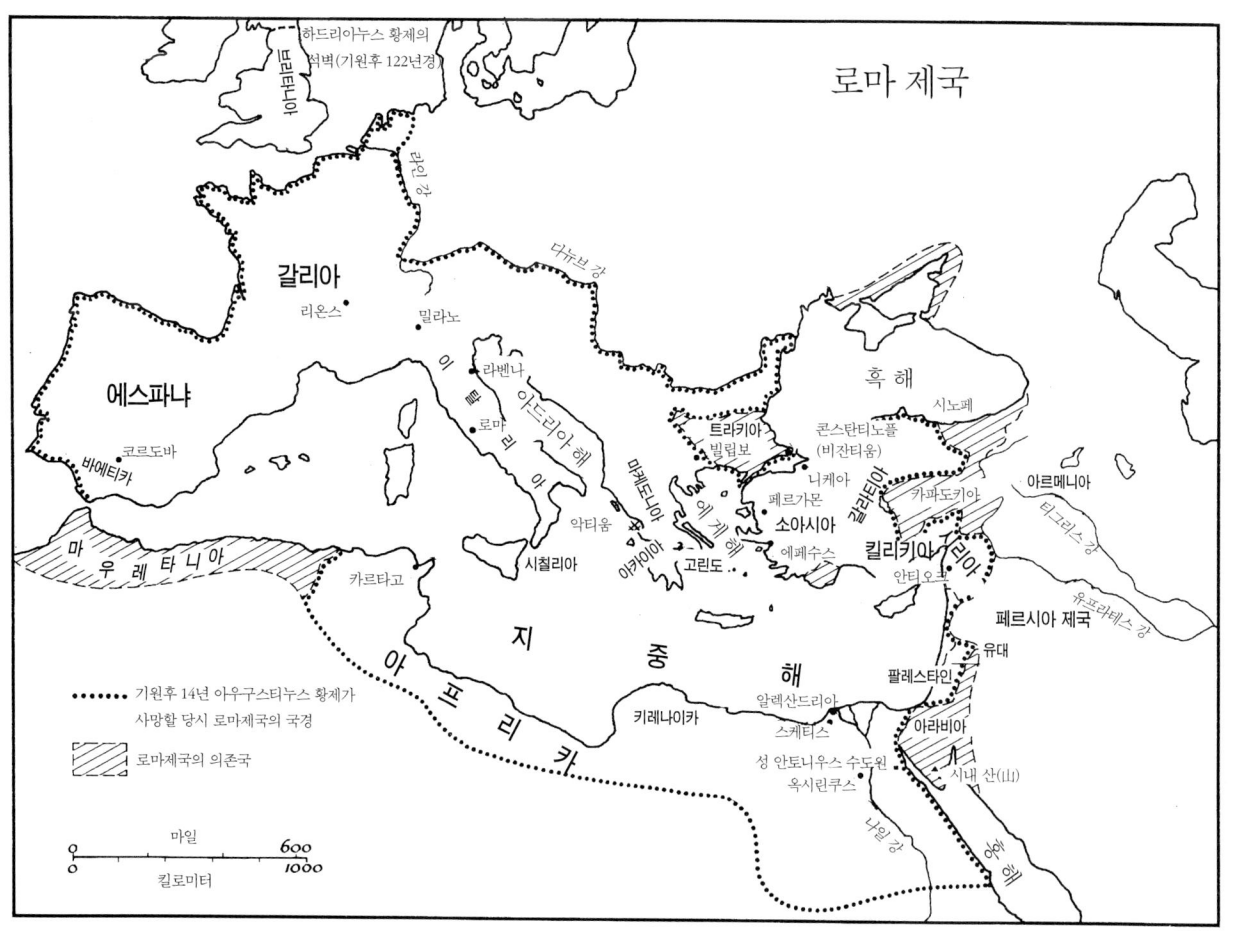

던 셀레우코스 왕조의 지배를 받게 되었다. 처음에 유대인들은 이 새로운 대군주인 셀레우코스 왕들에게 대접을 잘 받는 듯했으나, 점차 이방인의 관습과 관례를 수용하라는 압박을 받기 시작했다. 그에 따라 일부 대제사장들의 경우 음식과 관련된 법을 완화하기도 하고 우상숭배를 용인하기도 했다. 특히 셀레우코스 왕조의 왕 가운데 문화적 전통에 대해 둔감한 왕이라 할 수 있는 안티오코스 에피파네스 왕은 유대인들에게 유대 전통을 완전히 포기하라고 강요하였다. 하지만 이런 강압조치가 반란을 촉발시켰고, 그것에 대해 에피파네스 왕은 예루살렘에 있는 성전을 더럽히는 것으로 대응했다. 기원전 168년, 아니면 167년—어느 해인지는 확실치 않다—인가 그해 12월 25일에 예루살렘 성전에서 그리스 신인 제우스를 기리는 제사가 열리면서 돼지가 제물로 바쳐졌다. 이 사실에 분노한 유대인들이 반란을 일으켜 셀레우코스 군대를 패퇴시키고 성전을 다시 정화하였다. 이 사건 뒤로 마카베족 제사장들이 지배하는 시기가 이어졌고, 유대인들로서는 약 1백 년 동안 자유를 누릴 수 있었다. 그런데 그 자유가 기원전 63년 로마의 장군 폼페이우스에 의해 다시 끝나버리고 말았던 것이다.

예수가 태어나기 전에 로마 세계는 내란으로 분열되어 있었다. 로마의 가장 위대한 군사지도자였던 율리우스 카이사르가 최고의 권력을 잡으려고 노력했지만 폼페이우스 장군이 반발하고 나섰던 것이다. 그리고 그 사이에서 이집트의 여왕 클레오파트라는 열심히 줄다리기를 하였다. 결국엔 카이사르가 루비콘 강을 건너 이탈리아로 진격하여 암살당하기 전까지 로마를 지배하였다. 로마의 내란이 종식된 것은 기원전 30년에 아우구스투스가 황제가 되고 난 다음이었다. 아우구스투스 대제는 제국을 건설하면서 로마제국에 평화를 가져왔으며, 제국의 도시 건설과 도로망, 그리고 정교한 통신수단 등이 기독교의 전파에 중요한 역할을 한 셈이 되었다.

과중한 세금, 황폐한 삶

요셉이 나사렛에 간 것은 세포리스 재건 사업에서 일자리를 찾기 위해서라는 제롬 신부의 설명을 기억하고 있는 나는 호슬리에게 로마의 도시건설이나 그 유지가 유대인들 모두에게 부담이 된 것만은 아니지 않느냐고 물어보았다. 어떻게 보면 일자리 제공이라는 측면에서 지역 주민의 삶에 기여한 바가 있지 않겠느냐는 것이 내 질문이었다. 가령, 인도에서는 타지마할을 포함한 대규모 기념물 축조가 기근 동안에 사람들에게 일자리를 마련해주기 위해 실시된 경우가 많았던 것이다. 하지만 호슬리는 내 견해에 전혀 동의하지 않았다.

"문제는 소모나 유출이 도시에 물을 공급하는 수로처럼 일방적이라는 겁니다. 체제가 어떤 식이었느냐 하면 시골에서 생산한 농산물을 도시의 곡물 창고로 다 실어다 나른 겁니다. 왕을 지지하는 사람들 ― 왕의 화려한 장식물을 만드는 기술자, 왕이 바라는 화려한 건물을 세우는 건축가, 왕의 보좌를 든든히 지켜주는 군대 등 ― 을 먹여 살리기 위해서 말입니다."

예수 시대의 경제사를 연구한 리처드 호슬리는 복음서를 갈릴리에 거주하는 사람들에게 함께 힘을 합해 일어서서 로마 정부 및 그에 추종하는 왕에게 대항하라고 말하는 어느 반항자의 이야기로 해석하였다.

호슬리 교수 연구의 바탕이 된 것은 유대 역사가 요세푸스의 저술이었다. 팔레스타인에서 태어나 그곳에서 자란 요세푸스는 예수가 죽은 뒤 40년이 지나 발생한 로마에 대한 유대인의 마지막 봉기에서 주도적인 역할을 행한 사람이었다. 기원후 70년에 발생한 그 봉기는 결국 성전의 파괴와 함께 끝나고 말았으며, 로마군에 체포된 요세푸스는 로마로 압송되었다. 하지만 요세푸스의 인품에 감동한 로마인들이 그에게 황제가 하사하는 장려금을 받도록 배려하였고, 덕택에 그는 유대 전쟁에 관한 역사서를 기술할 수 있었던 것이다. 물론 그는 로마인들의 심기에 거슬릴 수 있는 사항들은 조심스럽게 표현한다거나 제외하는 식으로 역사서 편찬 작업을 무사히 마쳤으리라 판단된다. 이런 이유로 현대의 역사가들은 요세푸스 역사서의 유대인 삶의 묘사를 신뢰하지 않는 편이었다. 하지만 호슬리는 요세푸스가 비록 로마의 독자들을 위해 역사서를 쓴 것이긴 하지만 유대인의 삶을 비교적 정확히 기술한 것으로 믿었다. 요세푸스가 기술한 내용을 보면 예수 시대 ― 유대 전쟁 전의 시기 ― 의 팔레스타인은 결코 평화로운 지역이 아니었다. 억압과 폭력이 난무하고 도적들이 들끓던 시기였다. 호슬리는 그 이유를 바로 경제에서 찾았던 것이다.

호슬리 교수가 요세푸스의 저술에만 의존하여 자신의 생각을 펼친 것은 아니었다. 그는 우리가 예수 시대의 사회사를 자세히 살펴보기만 해도 진정한 예수의 모습을 얻을 수 있다고 믿었다. 특히 그는 다른 지역의 농경사회가 막강한 권력에 예속될 때 어떤 일이 벌어지는지를 살펴봄으로써 예수의 시대를 이해하려고 노력하였다. 가장 큰 문제는 아마 큰 권력에 예속된 원주민들의 경우 그들을 지배하는 대군주의 경제적 이익에 부응하여 살아갈 수밖에 없다는 사실일 것이다. 예수 시대 당시 로마의 가장 큰 경제적 관심사는 제국 주민들을 먹여 살리는 일이었다. 그들에게는 식량이 필요했고, 그 식량을 속국에서 구했던 것이다. 식량조달에 관한 한 대규모 농장이 조그만 농가보다 더 쓸모가 있었고, 따라서 소규모 경작지에 의존하는 농부들에게는 점점 더 심한 경제적 압박이 가해졌으리라 충분히 짐작할 수 있다. 아무튼 로마의 식량징발은 유대인으로서는 수긍하기 어려운 일이었다. 토지는 하나님의 소유이고, 만인의 이익을 위해 사용되어야 한다는 것이 유대의 전통적인 사고방식이었기 때문이다.

갈릴리 사람들은 세 종류의 세금부담을 져야 했다. 로마가 부과하는 세금, 그들의 왕이 부과하는 세금, 성전을 관리하는 제사장들이 부과하는 세금이 그것이었다. 호슬리는 이런 과중한 세금부담이 소작농들에게 부채를 안겨주었으며, 결국 소작농들이 얼마 안 되는 농지를 처분할 수밖에 없는 상황을 초래했다고 믿었다. 그것은 단순히 생계수단을 상실한 것 이상의 의미를 지니고 있었다. 왜냐하면 토지를 잃어 구걸을 하거나 그날그날 일자리를 찾아 먹고 살아야 했던 유대인들이 부랑자와 같은 취급을 받았기 때문이었다. 정통 유대교에서는 살인자, 도둑, 사기꾼, 매춘부, 도박에 관여하는 자, 세금 징수권을 매매하는 자, 돈을 대부하고 이자를 받는 자 등을 모두 공식적으로 부랑자로 분류했다. 마커스 보그에 따르면, 부랑자란 '실질적인 최하층 천민으로 비록 유대교에서는 그 지위가 대물림되는 것은 아니지만 힌두 계급제도의 최하층 계급과 다를 바가 없는 사람들'이다.

이런 의미에서 보면 과중한 세금과 그에 따른 부채가 소작농들에게 경제적 파멸의 위협뿐 아니라 사회에서의 추방 위협까지 가한 것으로 나타난다. 비교적 유동성이 많은 산업 사회에 사는 사람들로서는 폐쇄적이고 구조화된 농경 사회에서의 지위 상실이 어떤 의미를 지니는지 이해하기가 어렵다. 호슬리는 만일 요셉이 흔히 말하듯 정말 목수였다면 예수는 '떠돌아다니는 하층 농민' 가족에서 태어난 것이 분명하다고 생각했다. 그가 바라보는 시각에서 목수는 부채 때문에 토지를 잃은 사람으로 다른 기술을 배워 생계를 유지할 수 있었던 사람인 것이다. 만일 예수의 가족이 그런 경우라면 예수는 분명 부채와 토지 상실의 문제에 굉장히 민감했을 가능성도 있다. 호슬리는 그 당시에 가장 심각하고 널리 퍼져 있던 문제가 바로 그런 부채와 토지 상실의 문제이기 때문에 그럴 가능성이 높다고 보았던 것이다.

정치 · 사회 개혁가

이러한 호슬리의 해석은 예수가 비록 가난하지만 비교적 안정적인 가정에서 자라나 세계적인 배경에서 성장했다는 제롬 신부의 해석과는 분명 다르다. 어느 해석이 사실에 가까운지는 요셉이 숙련된 목수였는지, 아니면 건설 현장에서 일하던 일반 노동자였는지에 따라 달라진다. 전통적인 사회에서 숙련된 목수라 하면 결코 사회의 하층민 계급에 속하는 사람이 아니며 나름대로는 자기 기술에 자부심을 갖고 있는 사람이었다. 그런 사람들은 보통 자신의 기술을 아들들에게 전수하며, 따라서 목수의 기술을 요하는 수요가 있는 한 그 가족은 안정적인 수입을 얻을 수 있다. 그 당시 갈릴리에서 이루어졌던 건축 활동에 비추어보면 아마 그런 목수 기술에 대한 수요가 있었으리라고 누구든 충분히 예측할 수 있는 것이다. 따라서 예수를 '떠돌아다니던 하층 농민' 가족 출신이라고 보는 시각에 대한 반대가 있을 수 있다.

예수의 가족이 어느 정도의 품위를 지키는 신분과 부랑민의 신분 사이, 그 어디쯤에 속하든지 간에 그 당시 경제적인 상황이 굉장히 어렵고, 부채가 중요한 사회적인 문제였다는 사실에는 의심의 여지가 없는 듯하다. 그 동안의 전통적인 연구에서는 갈릴리의 경제적인 상황을 고려하지 않고 복음서의 내용을 서로 비교하거나 관련된 다른 문헌들―구약, 기원후 70년의 성전 파괴 이후 랍비들의 저술, 그리고 사해사본 등―과 대조하고 비교하는 데에만 초점을 맞춰온 경향이 있었다. 이러한 텍스트 위주의 연구가 예수는 순전히 종교적인 메시지만 설파하였으며, 회개와 하나님에 대한 새로운 인식만을 호소한 것이 아니냐는 인상을 심어주었던 것이다. 반면에 호슬리는 예수의 설교에는 사회적인 메시지가 담겨 있다고 믿는 학자였다.

갈릴리에서 기독교 순례자들이 가장 많이 방문하는 곳이 '여덟 가지 행복' 교회이다. 그곳에서 순례자들이 듣는 말은 예수의 그 유명한 산상수훈(山上垂訓)에 관한 이야기다. 1938년에 세워진 그 교회는 고전적인 스타일에 돔을 받치는 8각형 구조물의 형태를 띠고 있다. 그 8개의 면이 바로 산상수훈의 여덟 가지 행복을 상징한다. 특별히 아름답다는 인상은 주지 못하지만 그 주변 풍광만큼은 대단하다. 햇빛을 받아 눈부시게 반짝이는 갈릴리의 푸른 바닷물을 바라보고 있던 나는 예수가 설교하고 제자들을 가르치던 그 모든 장소를 한꺼번에 다 보는 듯한 환상에 빠졌다. 기독교인들은 산상수훈을 예수의 가르침 가운데 가장 뛰어난 정신적 가르침으로 간주해왔다. 그리고 마하트마 간디를 포함한 많은 비기독교인들도 그 메시지에 대해 찬사를 아끼지 않았다. 산상수훈의 여덟 가지 행복에 관한 가르침은 기독교인들에게 겸손하고 자비롭고 관대하며 늘 선함을 추구하라고 독려하는, 즉 선하게 그리고 하나님을 경외하며 그 가르침대로 살라고 독려하는 수많은 설교의 주제가 되었다. 이를테면 그러한 기독교의 설교들은 여덟 가지 행복을 정신적인 가르침으로 해석해온 것이다.

그런데 호슬리는 여덟 가지 행복에 관한 그러한 해석들이 너무 좁은 시각에서 비롯된 것이라고 생각했다. 그는 어떤 글에서 여덟 가지 행복 설교에는 정치적인 메시지가 담겨 있다고 주장하면서 이렇게 쓴 적이 있다. "우리는 예수의 가르침의 어떤 구절이 오로지 '정신적' 이고 '종교적' 인 차원의 것을 담고 있다는 분명한 사실이 드러나지 않는 한 예수의 가르침과 실천이 서로 분리될 수 없는 삶의 여러 차원을 다 언급하는 것으로 생각해야 한다. 이러한 원칙을 재확인하는 것은 복음서에서 이미 정신적인 메시지로 간주되고 있는 여덟 가지 행복에 관한 가르침과 같은 말씀을 해석할 때 특히 중요하다." 달리 말하면, 복음서 저자들은 여덟 가지 행복에 관한 말씀에 종교적인 시각을 더 많이 부여하였으며, 그것이 그 말씀이 담고 있는 정치적인 의미를 희석시켰다는 것이다. 예를 들어 호슬리는 다음과 같은 점을 지적하였다. 성 마태는 예수가 '심령이 가난한 자는 복이 있나니' 라고 말한 것으로 인용하였지만 성 누가는 '가난한 자는 복이 있나니' 라고 말한 것으로 인용하였다. 그리고 성 누가는 오직 '주린 자는 복이 있나니' 라고 인용하지만 성 마태는 '의에 주리고 목마른 자는 복이 있나니' 라고 전한다. 호슬리는 만일 우리가 특히 마태가 그 여덟 가지 행복 설교에 부여한 정신적인 차원의 속뜻을 꿰뚫어볼 수 있다면 예수가 경제적으로 가난한 사람들에 관해 이야기한 것이지 이미 의롭고 겸손한 사람들에게 한 말은 아니라는 생각에 이르게 될 것이라고 믿었다. 예수가 하나님의 왕국에서 복을 받을 것이라고 약속했던 사람들은 바로 부채의 늪에서 헤어나지 못한 사람들, 하루 한 끼도 실속 있게 제대로 먹을 수 없는 사람들이었다. 호슬리에 의하면, 하나님의 왕국은 사회적·경제적 해방의 영토, 즉 가난과 억압과 사회적 불명예로부터 벗어남을 의미하는 것이다.

여덟 가지 행복에 관한 설교보다 더 잘 알려진 것은 물론 주기도문이다. 주기도문은 일찍부터 기독교 예배의 한 부분이 되어왔다. 로마 가톨릭에서는 미사를 올릴 때, 수사나 수녀들이 의식을 치를 때, 반드시 주기도문을 외운다. 또한 영국국교회에서는 주요 의식 —

성체 배령 의식, 아침 기도, 저녁 기도—의 기도문 속에 주기도문을 꼭 포함시키고 있다. 주기도문은 가톨릭, 개신교 및 정교회 등 기독교 전반 어디에서나 사용되는 개인 기도문이다. 나 역시 주기도문을 두 가지 기본 주제가 담긴 지극히 개인적인 기도문이라고 배워왔다. 하나는 다음과 같이 하나님의 지고하심을 인정하는 것이다. '하늘에 계신 우리 아버지여, 이름이 거룩히 여김을 받으시오며……나라와 권세와 영광이 아버지께 영원히 있사옵나이다.' 다른 하나는 우리가 이 세상을 살고, 특히 선한 삶을 살기 위해서는 하나님의 도움이 필요하다는 것이다. '오늘날 우리에게 일용할 양식을 주옵시고, 우리가 우리에게 죄 지은 자를 사하여 준 것같이 우리 죄를 사하여 주옵시고, 우리를 시험에 들게 하지 마옵시고, 다만 악에서 구하옵소서.'

리처드 호슬리는 주기도문을 예수의 정치적 메시지의 한 부분이라고 해석한다. 여기서도 또다시 호슬리는 복음서 저자들이 정신적인 차원을 가미해본 것이 아닌가 생각했다. 그가 보기에 주기도문은 다분히 부채의 결과로 가난의 구렁텅이로 떨어지려는 사람들을 구원해야 한다는 솔직한 호소라는 것이다. 그러면서 그는 마태복음에서는 실제로 '우리에게 죄 지은 자를 사하여 준 것같이 우리 죄를 사하여 주옵시고' (영어 성경의 원문은 '우리에게 빚이 있는 자를 사하여 준 것같이 우리의 빚을 용서하옵시고 And forgive our debts as we forgive our debtors'라고 되어 있다)라고 표현되었음을 지적하였다. 따라서 예수는 갈릴리 사람들에게 자기에게 빚 있는 사람에게 그 빚을 갚으라고 강요하여 서로 파산으로 몰고 가지 말라고 주문하고 있다는 것이다. 성 마태는 또한 예수가 이렇게 말한 것으로 인용하고 있다. '너희가 사람의 과실을 용서하면 너희 천부께서도 너희 과실을 용서하시려니와.' 하지만 호슬리는 복음서에서 '과실'이란 단어가 쓰인 다른 곳의 표현은 후대에 첨가된 것으로 학자들이 동의하듯, 그것이 진정한 예수의 말은 아닐 것이라고 주장한다. 바꾸어 말하면 그 표현이 예수의 솔직한 말씀에 마태가 정신적인 색채를 가미하여 기록했다는 사실을 보여주는 또다른 예라는 것이다.

그는 또한 예수가 원수를 사랑하라고 한 것도 다분히 실제적인 의미에서 바라봐야 한다고 말한다. 원수를 사랑하라는 예수의 말은 사람들로 하여금 다른 이들에게 원한을 품지 말 것이며, 서로간에 증오가 퍼지지 않도록 하라는 강권의 의미가 있다는 것이다. 호슬리는 탄압과 억압 속에 살아가는 여러 민족에 관한 사회학적 연구를 통해 이 가르침이 얼마나 중요한 것인가를 보여주기도 했다. 사람들은 자신들의 좌절과 분노를 배출하거나 발산

할 통로를 전혀 허락하지 않는 무자비한 지배 권력에 예속될 때 스스로 분열되면서 통치 권력의 하수인에 의혹의 눈초리를 보내듯 자기들끼리도 의심과 불신의 감정을 감추지 않는다. 따라서 예수 시대 당시 갈릴리 마을 사람들 사이에서도 갈등이 그치질 않았고, 그것이 뿌리 깊은 반목으로 이어지면서 심각한 사회 문제로 대두되었을 수 있다. 이렇게 보면 갈릴리를 억압 권력에 대항하는 든든한 발판으로 삼으려고 했던 예수로서는 자연히 갈릴리 사회의 안정과 조화를 원했을 터이고, 그것을 뒤흔드는 반목과 불신을 종식시키려고 노력했으리라. 이것이 바로 호슬리의 생각이었다.

가족관계에 관한 새로운 시각

호슬리의 생각은 여기서 그치지 않는다. 그는 예수가 더 나아가 갈릴리 사람들이 서로에 대한 태도에도 변화를 가져오기를 원했으리라 생각했다. 명백한 것은 예수가 당시의 가부장적 사회를 변화시키고자 했다는 것이다. 사람들의 삶이 족장이나 마을의 원로들에 의해 지배될 것이 아니라 보다 평등한 관계에서 자유로운 분위기 속에서 영위되어야 한다는 것이 예수의 생각이었다고 호슬리는 믿었다. 가족관계에 관한 예수의 태도는 이런 식으로밖에는 해석될 수 없다는 것이 그의 주장이었다.

예수는 자신의 한결같은 주장과 메시지가 가족관계에 변화를 가져다줄 수 있다고 생각했던 듯하다. 호슬리는 예수의 다음 말을 예로 들었다. '내가 온 것은 사람이 그 아비와, 딸이 어미와, 며느리가 시어미와 불화하게 하려 함이니.' 여러 세기 동안 대부분의 기독교인들은 독신의 삶이 결혼생활보다 더 나은 삶이라고 믿었다. 하지만 오늘날은 교회에서 예수가 평화와 조화가 깃든 가족의 가치를 대변하고 있다고 가르친다. 이런 점에서 예수의 말이 혹 가족의 분열에 대한 언급이 아닌가 하는 의심이 있을 수도 있다. 하지만 호슬리는 예수가 세대와 세대가 서로 대립하도록 한 것은 족장적 위계질서를 무너뜨리고 가부장에 의한 지배를 종식시키기 위해 일부러 그렇게 했다고 믿고 있다. 예수가 아들을 아버지에 대항하도록 한 것이 가족관계를 파괴하려고 한 것이 아니라는 것이다.

예수가 가부장적 가족관계에 대해 비판적이었다는 사실에 비추어보면 그가 이혼에 대해서 단호한 입장을 취한 것이 이상해 보일 수도 있다. 예수 시대의 유대인들 사이에는 이혼이 쉽게 이루어질 수 있어야 한다고 가르치는 랍비도 있었고, 이혼을 어떻게 해서든지 막아야 한다고 주장하던 랍비들도 있었다. 예수는 이혼을 금해야 한다고 생각했다. 누가복음에 의하면 예수는 이렇게 말한 것으로 전해진다. '무릇 그 아내를 버리고 다른 데 장가드는 자도 간음함이요, 무릇 버리운 이에게 장가드는 자도 간음함이니라.' 호슬리는 이혼에 대한 예수의 반대를 단순히 가족의 가치를 옹호하고 방어하고자 하는 의미로 해석하지는 않았다. 그는 예수가 이혼에 대해 반대했다는 사실을 오히려 가부장제 사회를 예수가 반대했다고 보는 자신의 이론을 뒷받침해주는 증거로 삼았다. 이를테면 이런 뜻이다. 전통적으로 남자가 아내에게서 상스러움을 발견하면 언제든지 이혼할 수 있었다. 그냥 이혼하겠다는 서류를 꾸며 아내에게 주면 아내는 그 집에서 쫓겨나는 것이 일반적이었다. 호슬리의 주장에 따르면 이혼을 엄하게 금했던 예수의 입장은 바로 남자의 자의적인 이혼으로부터, 그리고 그 뒤에 이어지는 여성의 비참한 삶으로부터 여성을 보호하고자 했던 생각에서 비롯된 것이다.

예수가 결혼을 했는지에 관해서는 아무런 증거가 없다. 유대인들이 가족, 특히 자식을 얼마나 중요하게 여겼는지를 생각하면 이상한 일이 아닐 수 없다. 하지만 주목할 것은 쿰란과 같은 사해 지역에 평생 독신으로 살거나 적어도 인생의 일정 기간은 독신으로 지냈던 또다른 유대인들이 있었다는 사실이다. 아무튼 예수가 결혼을 안 한 이유가 무엇이든 간에 예수의 메시지에 관한 호슬리식 정치적 해석에 동조하지 않는 많은 학자들도 여성에 대한 예수의 태도가 그의 시대에 비추어보면 상당히 깨어 있었던 태도였음은 부인하지 않는다.

전통적인 유대교에서 여성들은 아무런 중요한 역할도 하지 못한다. 심지어 오늘날 정통 유대인 남자라면 아침 기도를 하면서 이런 말을 덧붙일지도 모른다. '저를 여자로 만들지 않으신 하나님, 축복받으시옵소서.' 예수 시대에 여성들은 분명히 남성들보다 불리한 위치에 있었고, 그들을 사회로부터 배제시키는 엄격한 순결 법칙에 따라야 했다. 그리고 오랫동안 유대교의 많은 글에서는 여성들을 위험한 유혹자로 묘사하곤 했다. 행실이 나쁜 여자나 가수, 연예인 등을 조심하라는 속담도 있었다. 여자와 함께 술을 마시거나 미모에 눈이 멀면 큰 실수를 저지르게 된다는 것이 보통의 인식이었다. 여성들에 대한 편집광적인 태도, 이것은 성적 순결을 강조하는 남성 중심의 종교에서 공통적으로 나타나는 특징이다. 이런 점에서 사해사본에 매춘부에 대한 경고를 담은, 머리털이 곤추 설 만큼 섬뜩한 시가 수록된 것이 그리 놀랄 일은 아니다.

유혹의 덫처럼 들어올려진 가슴,

들새 사냥꾼의 그물처럼 매달린 두 콩팥,

죄악으로 더럽혀진 두 눈.

그녀의 손은 이미 지옥의 웅덩이를 붙잡고 있으니.

아래로 내려진 두 다리는 사악한 짓거리를 행하고……

치맛자락 속에는 무수한 죄악이 꿈틀거린다.

그녀는 음탕하게 눈을 들어올린다

선한 사람을 보면 슬며시 다가가고,

지체 높은 사람을 보면 발을 걸어 넘어뜨리고,

꼿꼿한 사람을 보면 길을 잘못 들어서게 하고,

선택된 선한 사람을 보면 계명에서 멀어지게 하고,

든든히 기반을 잡은 사람을 보면 희롱하여 무너뜨리고,

바른 자세로 걷는 사람을 보면 자세를 흩뜨리고,

순박한 사람들을 신에 대항하게 부추기고,

그들의 발걸음을 정의의 길에서 멀어지게 하고,

그들의 가슴에 오만함을 심어주고,

그래서 그들이 더이상 똑바른 길로 행진하지 못하게 하여

지옥의 길로 들어서게 하며,

모든 인간의 아들들을 치렛말로 유혹하기 위해.

이 시에 나타난 요부로서의 여성에 대한 두려움을 예수의 여성을 바라보는 태도와 비교해보자.

예수는 계속되는 출혈로 인해 깨끗하지 못한 사람으로 취급받던 한 여인을 치료했으며, 야곱의 우물로 물을 길러 온 여인과도 자유롭게 대화를 나누었다. 그는 어느 유대교 예배당의 지도자 딸을 치료해주기도 했으며, 나인 성(城)이란 곳에서는 한 과부—여성들이 독립적인 생활을 영위할 능력이 거의 주어지지 않는 사회에서는 노후에 돌봐줄 자식이 없는 과부들의 경우 특히 열악한 환경 속에 놓일 수 있었다—의 죽은 아들을 다시 살리기도 하였다. 또한 예수는 간음의 죄를 범했다고 사람들에게 돌팔매질을 당하던 한 여인을 용

서해주기도 했다.

예수가 전도 여행을 하는 동안 그의 곁에는 늘 여인들이 있었다. 마태복음을 보면 갈릴리에서 예루살렘으로 가는 예수의 마지막 전도길에 많은 여인들이 뒤따랐던 것을 알 수 있다. 누가복음에 보면 예수가 마르다와 마리아의 집에 들렀을 때의 장면이 나온다. 마르다가 집에서 전통적으로 여성들이 하는 역할, 즉 손님 접대 준비를 하느라 바쁜데 동생인 마리아가 아무 일도 안 하고 예수의 말에만 귀 기울이고 있자 예수에게 도움을 청한다. 같이 거들게 말 좀 해달라는 것이었다. 하지만 예수는 집안일은 하지 않고 남자와 자유롭게 이야기하는 마리아의 편을 들어준다. 마가복음에서는 한 여인이 값비싼 향유를 예수의 머리에 부었을 때 예수가 이렇게 말한 것으로 기록되어 있다. '내가 진실로 너희에게 이르노니 온 천하에 어디서든지 복음이 전파되는 곳에는 이 여자의 행한 일도 말하여 저를 기념하리라.' 이 말은 아마 복음서에서 예수가 어느 누구에게 내린 찬사 가운데서도 가장 큰 찬사일 것이다.

예수는 또한 부활을 처음 목격한 사람 가운데 한 사람인 막달라 마리아와도 각별한 사이였던 것으로 보인다. 초대 교회의 교부들은 막달라 마리아를 '사도 중의 사도'라고 선언했으며, 아울러 예수의 예를 따라 보통의 유대 사회에서 여성들이 누리던 지위보다 훨씬 더 높은 지위를 여성들에게 인정해주었다. 하지만 곧 남성 중심의 위계질서가 출현하였으며, 그로부터 거의 2천 년이라는 세월이 지난 오늘날에 이르러서야 비로소 기독교인들이 그 남성 중심의 위계질서에 효과적으로 맞설 수 있게 되었다. 물론 아직 그 도전이 끝난 것은 아니다.

정치는 하나님에게

예루살렘으로 돌아온 나는 구시가지의 옛 로마인이 건설한 도로인 카르도에서 다시 리처드 호슬리를 만났다. 나는 반항자 예수가 대체 어떤 혁명을 기도했었는지, 그것을 더 분명히 정리할 필요가 있다고 느꼈다. 로마와 로마의 하수인인 유대 왕들에 대한 끓어오르는 분노가 자연히 소규모 저항세력을 규합하게 했다. 오늘날로 치면 테러리스트라 불릴 수 있는 집단이었다. 나는 먼저 호슬리에게 예수가 과연 테러리즘을 지지했는지 물어보았다. 놀랍게도 그는 이렇게 대답했다.

"흥미로운 것은 거꾸로 예수가 테러리즘에 반대했다는 사실을 보여줄 만한 자료나 증거가 아무것도 없다는 사실입니다. 저처럼 평화주의자이면서 그 평화주의의 바탕을 원수를 사랑하라는 예수의 가르침에 두고 있는 사람들을 포함해서 우리가 지닌 전통이 그런 겁니다. 하지만 그런 가르침의 바탕이 된 원래 상황을 살펴보면 우리는 예수의 말씀이 실은 당시 지역의 사회경제적 관계에서 비롯된 것이라는 것을 알 수 있습니다. 원수를 사랑하라. 선한 일을 하고 남을 도와주라. 한쪽 뺨을 맞으면 다른쪽도 내밀어라. 예수는 부채관계로 사람들 사이에서 일어나는 다툼과 언쟁을 언급하고 있는 것입니다. 예수의 그런 말은 분명 로마인에 대항하여 일어서라는 말은 아니지요. 그렇다고 헤롯 안티파스에 대항하지 말라는 말도 아닙니다. 예수가 폭력에 반대했다는 증거도 없는 것이지요."

누가복음에서 예수는 이렇게 말한다. "너희 원수를 사랑하며, 너희를 미워하는 자를 선대하며, 너희를 저주하는 자를 위하여 축복하며 너희를 모욕하는 자를 위하여 기도하라." 이 말은 종종 마하트마 간디의 비폭력 저항운동의 기초가 되었던 말로 해석되곤 했다. 그리고 실제로 마하트마 간디 자신이 복음서에서 자신의 이상을 찾았노라고 인정하기도 했다. 그러나 호슬리는 예수의 이 말에서 원수라는 대상이 동료 주민을 부당하게 억압하는 사람이든 아니면 외부의 침략자든 간에 정치적인 의미에서의 원수를 의미하는 것은 아니라고 지적한다. 오히려 그것은 사적인 관계를 언급한 것으로 폭력이 쟁점은 아니라는 것이다. 호슬리는 "예수의 말씀이 비폭력을 주제로 한 것도 아니고 비폭력을 전파하려는 것도 아니다"고 말했다.

그러나 로마시대에 팔레스타인 지역은 특히 분쟁이 많았던 지역이었다. 요세푸스는 유대 광야 지역에 살면서 로마인들이나 지역 주민들의 삶을 괴롭혔던 폭력 집단에 관한 이야기를 들려준 바 있다. 헤롯 왕이 죽고 난 뒤 반란이 있었다. 예수가 살았던 시기인 1세기에 무법자 집단의 두목으로 이름을 떨치던 에즈키아스라는 사람이 있었다. 그는 아들과 손자를 데리고 로마에 대항하는 저항운동을 일으킨 것으로 알려지고 있다. 그때 손자 가운데 둘은 십자가에 못박혀 죽었으며, 셋째 손자가 왕으로 변장하여 성전에 들어가 기원후 66년의 그 유명한 봉기를 촉발했다고 한다. 에즈키아스의 조카 또한 예루살렘이 함락된 뒤에 로마에 대항하여 저항운동을 주도했다. 어느 학자는 로마인들을 괴롭혔던 혁명적인 운동들 모두 갈릴리에서 시작된 사실에 유의해야 한다고 주장하기도 했다. 나는 호슬리에게 예수가 그런 혁명적인 운동에 대해 어떤 식으로 반응을 보였을지 물어보았다.

"예수나 그 밖의 다른 사람들 모두가 아마 알고 있었을 겁니다. 대규모 봉기가 자살 행위라는 것을 말입니다. 유대인들은 기원후 4년에 헤롯 왕이 죽고 나서 혁명군들이 왕의 친위대를 공격했을 때 로마의 보복이 어떤 것인지를 겪었으니까요. 농경 사회 연구를 통해 우리는 또한 무기를 드는 일 말고도 다른 저항 수단이 있다는 것을 알게 되었습니다. 물자에 관해서 거짓말을 하고, 세리들이 오기 전에 식량을 숨기는 등 자신들의 힘을 키우기 위해 농부들이 할 수 있는 갖가지 소극적인 저항 수단이 없는 게 아니니까요. 사실 지배자들은 자기네들이 원하는 것을 못 얻으면 아무 일도 할 수가 없어요."

실제로 여전히 우리가 그 해답을 찾지 못한 질문, 즉 할 수만 있다면 언제 무기를 드는 것이 좋은가 하는 문제에 대해 호슬리가 말하는 반항자 예수는 아무 말도 하지 않았다. 예수는 유대인 박해자들을 전복시키는 문제는 하나님에게 맡긴 것이 분명하다. 나는 도대체 예수가 혁명가라면 어떤 부류의 혁명가라고 생각하는지 호슬리에게 물었다. 그는 이렇게 대답했다.

"예, 나는 예수를 혁명가라고 생각합니다. 하지만 조금은 다른 각도에서 그 점을 생각해야 합니다. 당시의 다른 유대인들과 마찬가지로 예수는 정치적인 혁명은 하나님 소관이라고 생각했습니다. 그들은 하나님이 행동을 취해 로마인들을 팔레스타인에서 몰아내리라 믿고 있었던 겁니다. 제가 예수를 혁명가라고 한 것은 그가 적극적으로 추구했던 것이 사회 혁명이라는 의미에서지요. 예수는 사람들을 격려하고 그들에게 용기를 주어 그들 지역에서 단합된 행동을 할 수 있게 하고, 독립적으로 지역 사회를 영위할 수 있도록 스스로 힘을 키우도록 했던 겁니다. 그렇게 해서 힘이 생기고 나면 외국의 지배에 대항해서 보다 효과적으로 저항할 수 있는 겁니다."

"그렇다면 결국 하나님이 정치적인 혁명을 가져오지 않았으니 예수가 잘못 판단한 것인가요? 실제로 유대인들이 그로부터 약 30년 후에 로마인들에게 완전히 박살나지 않았습니까?"

"좁은 의미에서 본다면 예수가 잘못 생각했다고 할 수도 있습니다. 그러나 결국 따지고 보면 그 혁명 운동이 계속되었고, 예수가 시작한 그 운동에 자극을 받은 건전한 운동이 갈릴리 지역의 마을을 넘어, 팔레스타인 너머로 확산되지 않았습니까."

나는 반항자 예수를 논하면서 종말론의 예언자로서의 예수를 대했을 때 느꼈던 문제와 똑같은 문제에 직면한 듯한 느낌이 들었다. 예수가 일으킨 운동이 과연 어떻게 지속되었는가? 예수가 분명 잘못 판단했는데도 교회가 어떻게 생겨날 수 있었단 말인가?

부활의 중요성

위의 물음에 한 가지 분명한 대답이 있다. 예수가 십자가에 못박힌 이후에 예수의 추종자들로 하여금 그들 지도자에 대한 믿음을 다시 살아나게 한 일이 일어났다. 예수의 제자들이 예수의 운동에 가담한 후 그 운동의 끝에 가서 분명히 목격한 것이 바로 십자가에 못박힘이다. 운동의 완전한 실패를 뜻하는 사건이었다. 자신들의 목숨마저 위태롭다는 사실을 깨달은 그들은 아마 다시 살던 마을로 돌아가 예전의 삶을 다시 살았으면 하는 희망 속에 몸을 숨겼을 것이다. 복음서도 그 실패를 굳이 감추지 않고 있다. 베드로의 부인과 십자가에 못박힌 예수를 저버리는 사도들의 행태가 복음서에 그대로 기록되어 있지 않은가.

그런데 그 다음에 부활이 찾아왔다. 십자가에 못박힌 이후 예수가 다시 그의 제자들에게 나타났고, 죽었던 사기가 다시 살아났다. 물론 사람들이 부활한 예수를 금방 알아보지는 못했다. 요한복음에 보면 막달라 마리아는 처음에 부활한 예수를 동산지기로 잘못 알았다고 나온다. 또한 누가복음에는 엠마오로 가는 도상에 사도들이 예수와 여러 시간을 얘기했지만 그가 부활한 예수라는 사실을 모르고 있다가 예수가 떡을 주고 나서야 눈이 밝아져 그가 누구인지 알아보았다고 기록되어 있다. 부활한 예수의 모습이 비록 장소에 따라, 그리고 만나는 사람에 따라 다르게 비치지만 그래도 어느 경우든 예수의 십자가에 못박힘에서 부활에 이르기까지 사도들이 보인 반응은 똑같은 양상으로 나타난다. 두려움과 슬픔에서 당혹, 그리고 부활한 예수를 알아보는 일에서 기쁨으로 이어지는 반응의 변화가 그것이다. 부활을 도저히 있을 수 없는 일이라며 부인하는 사람들은 무엇보다 먼저 그럼 왜 사도들이 부활이 있었다고 주장하는지를 설명해야 한다. 스스로 메시아로 자처하다 처형당한 사람들이 있었다. 하지만 메시아로 자처하는 사람들을 추종하던 사람들 가운데 자신들이 떠받들던 메시아가 죽음에서 다시 살아나왔다고 주장했다는 기록은 전혀 없다. 사실 많은 유대인들이 육신의 부활을 믿고 있다. 물론 사람이 죽자마자, 혹은 이따금 부활한다고는 생각하지 않는다. 그리고 유대인들은 하나님이 세상을 심판하는 그 위대한 날에 집단 부활이 있을 거라는 생각도 갖고 있다. 따라서 유대인이었던 예수의 추종자들이 미래의 언젠가 부활이 있을 거라고 기대했을 수도 있다. 그러나 예수가 십자가에 못박혔을 때 그들은 그가 다시 살아나리라 기대하지는 않았던 듯하다.

만일 예수의 추종자들이 예수가 다시 나타났다는 사실을 믿지 않았다면 무슨 이유로 예수의 부활을 설파하기 시작했을까? 이 범상치 않은 예수의 부활에 대한 믿음이 기독교 교회의 초기 시대부터 비롯된 것이라는 데에는 의심의 여지가 없다. 예수가 사망하고 몇 년이 지나지 않아 사도 바울은 예수의 부활을 확정된 사실로 설교하기 시작했다. 그는 예수가 죽고 난 뒤 한번은 약 5백 명의 '형제'들에게 일시에 예수가 보였다고 확신했다. 그 '형제'들 대부분이 그가 고린도 교회에 보내는 글을 쓸 때 아직 살아 있었다는 것이다.

가장 유명한 전도자인 사도 바울은 거짓말에 목숨을 거는 사람이 아니다. 혹 바울에게 부활에 관한 이야기를 들려준 사람들이 거짓말쟁이라 해도 우리는 그 거짓말쟁이들이 어떤 움직임을 관찰하고 찾아냈으리라고 믿지 않을 수 없다. 오늘날까지 지속되면서 현재의 우리 삶에 지대한 영향을 미치고 있는 어떤 움직임을 당시에 그들이 발견한 것이 아니겠는가. 한때 옥스퍼드 대학에서 가르쳤고 지금은 리치필드의 학장으로 있는 신약학자 톰 라이트는, 비록 현대인의 정신에서 보면 예수의 부활이 문제가 많은 사건으로 여겨지겠지만 부활의 관점에서 보면 회의론 자체를 의심해야 한다고 주장한다.

나는 이 문제를 에드 샌더스와 논의하면서 그에게 초대 교회에 부활이 어느 정도로 중요한 사건이었는지를 물었다. 그는 이렇게 대답했다.

"기독교에서는 부활이 절대 필요했지요. 기독교 신앙을 생겨나게 한 것이 바로 예수의 부활입니다. 이를테면 기독교 신앙의 동력이었고, 없어서는 안 될 사건이었지요."

"그렇다면 대체 어떤 일이 일어난 겁니까?"

"저도 모릅니다. 부활이 있었는지 아니면 없었는지, 이 문제와 관련해서 저는 우리가 할 수 있는 말은 이것뿐이라고 생각합니다. 사도들이, 그들이 말하는 부활을 경험했는데 그것이 어떤 의미인지 아직 정의내리지 못하고 있거나 아니면 그들 모두가 사기꾼이라는 것, 이 둘 중 하나가 아닌가 싶습니다. 그런데 사도들 가운데 일부는 그 부활에 대한 믿음으로 목숨을 버릴 각오를 한 것입니다. 그리고 제 생각엔 그건 사기다, 혹세무민이라고 주장하는 이론은 설득력이 없는 것 같습니다. 이런 점에서 저는 이렇게 말씀드리고 싶군요. 부활의 경험은 분명히 있었다고 말입니다."

하지만 나는 이 대답에 만족할 수 없었다. 에드 자신은 그때 무슨 일이 일어났다고 생각하는지, 사도들이 실제 경험한 것은 무엇인지, 나는 이것이 알고 싶었다. 그래서 나는 에드에게 이렇게 재촉했다.

"부활에 관한 정의는 왜 내리지 않는 겁니까?"

그는 대답했다.

"이 대목에서 우리는 아주 난감한 문제에 빠지곤 하지요. 증거로 드러나는 문제입니다. 마태복음, 누가복음, 요한복음의 끝부분, 그리고 고린도전서 15장을 펼치고 예수가 누구에게 나타났는지, 어디에서 나타났는지 그 목록을 한번 작성해보십시오. 우리는 그 이야기에 모순이 있다는 사실을 발견할 수 있습니다. 그러니 서로 모순되는 이야기를 놓고 '나는 무슨 일이 있었는지 확실하게 알았다'고 말할 수는 없지요. 그런데 분명한 것은 그 이야기들이 부활을 믿는 기독교인들이 확실히 해두고 싶은 사항들은 제외시켰다는 겁니다. 제외된 것 가운데 하나가 아마 이런 것일 겁니다. 부활한 구주는 중상을 입은 사람 혹은 죽은 시체인데 잠시 새 삶을 부여받아 다시 자리에서 일어날 수 있었고, 그래서 짧은 기간 주위를 비틀거리며 돌아다녔던 사람이다. 그가 바로 십자가에 못박혀 죽은 사람과 동일 인물이었다, 뭐 이런 식일 겁니다. 그런데 누가복음에 따르면 예수가 두 사도와 얘기를 했지만 그들은 예수를 알아보지 못했습니다. 바울은 부활한 육신은 살과 피가 아니라고 했습니다. 육신은 육신이되 살과 피가 아니라는 겁니다. 그렇다면 바울이 믿는 자의 몸은 변형된다고 생각한 것처럼 그 몸이 변형된 것이지요. 따라서 신약 자체는 걸어 다니는 시체라는 생각이나 사람들이 죽었다고 생각했지만 실은 중상을 입은 것이었다는 식의 생각과는 다른 시각으로 부활을 보고 있는 것입니다."

"신약의 이야기가 거부하는 또다른 설명이 있습니까?"

"하나 있습니다. 부활한 예수가 유령일 것이라는 설명이죠. 유령이라는 개념은 고대에는 널리 퍼져 있던 생각입니다. 그러나 기독교인들은 부활한 예수가 유령이라는 생각엔 절대 반대지요. 따라서 유령이라는 개념도 제외하고 나면 이제 남은 것은 바로 사도 바울이 직접 보았다며 표현한 말, 즉 '영혼의 육신'일 겁니다. 이것이 바로 그들이 경험한 것일 겁니다. 선생이 저에게 말한 것도 바로 이것이구요."

영국의 낭만주의 시인 윌리엄 블레이크가 그린 부활의 천사. 부활의 천사가 무덤 입구의 돌을 굴려 치우는 동안 다른 천사들은 놀란 표정을 짓고 있는 예수의 몸에서 수의(壽衣)를 벗기고 있다.

"에드, 제가 할 수 있는 말은 전 한 번도 영혼의 육신을 보지 못했다는 겁니다."

우리 두 사람은 웃었고, 에드가 이렇게 덧붙였다.

"선생뿐만 아니라 저도 보지 못했습니다. 바로 그겁니다. 그들에게는 그 영혼의 육신을 표현할 수단이 없었어요. 그들에게 일어난 일을 표현할 어휘도 없었고, 그 개념조차 없었던 것이죠."

"그럼 부활이 일어나지 않았다면 교회가 없었을까요?"

"저는 교회가 생겨나지 않았으리라 생각합니다. 한동안 유대교 내에서 어떤 집단을 구성할 수는 있었겠지만, 부활이 없었다면 기독교가 유대교와 분리되어 오늘날과 같은 세계 종교가 될 수는 없었을 겁니다."

솔직히 말하면 나는 에드 샌더스의 설명에 어느 정도 확신을 갖게 되었다. 기독교에서 가장 확실한 기적, 내가 부인할 수 없는 가장 분명한 기적은 교회의 출현이 아닌가 하고 나는 늘 생각해왔다. 예수가 십자가에 못박혔을 때 온 세상이 다 무너져내리는 듯한 절망감에 빠졌을 사람들, 예수가 살아 있었을 때는 아무런 용기도 내보이지 못하고 지도력도 발휘하지 못했던 사람들. 그들이 어떻게 세를 결집하여 운동을 일으키고, 그 운동을 그렇게 급속도로 확산시킬 수 있었단 말인가? 그 시대에는 예수의 메시지를 전파할 매체가 있었던 것도 아니지 않는가. 메시지를 전달하기 위해서는 힘든 발걸음을 내디디며 사방을 돌아다녀야 하지 않았겠는가. 그런데도 그 메시지는 기독교 제1세대 사이로 널리 확산되었으니……

기독교가 제국의 수도인 로마에서도 신속히 자리를 잡아가는 바람에 로마의 지도자들이 교회의 제1세대 지도자 가운데 가장 유명했던 베드로와 바울을 처형해야 한다는 생각을 했다 한다. 기원후 50년쯤, 그러니까 예수가 죽고 난 뒤 20년이 채 지나지 않은 시기에 로마에서 유대인과 기독교인들 사이에 분쟁이 있었다는 증거가 있다. 그리고 14년 후 기독교 사회가 로마에서 눈에 띌 정도로 확산되고 부각되기 시작하자 황제인 네로는 기원후 64년에 대화재가 발생하자 기독교인들을 희생양으로 이용하기도 했다. 예수 사망 후 70년이 지나 1세기가 끝날 때쯤 되어서는 교회가 지중해의 아프리카 연안에 있는 키레나이카에서 지중해 동쪽 연안을 지나 지금의 터키와 그리스를 거쳐 이탈리아 서부의 로마까지 그 세를 펼치기 시작했다.

종교적 인물로의 변모

솔직히 말하면 나는 에드 샌더스와 같은 유명한 학자가 부활의 중요성에 대한 내 생각과 같은 생각을 하고 있다는 사실에 기분이 대단히 고무되어 있었다. 하지만 짚고 넘어가야 할 문제는 에드 샌더스의 그런 설명이 실은 사회 혁명가로서의 예수를 언급한 리처드 호슬리의 설명과는 어울리지 않는다는 사실이다. 바로 그런 점이 호슬리 이론의 약점이 아닌가 생각되었다. 하지만 언론인으로서 나는 서로 모순되는 이야기라도 모든 이야기에 귀를 기울여야 했다. 따라서 에드와 마찬가지로 학자로서 명성이 높았던 호슬리에게 그의 생각이 어떤지 물어보지 않을 수 없었다.

"선생은 팔레스타인 저 외진 곳의 사회 혁명가였던 예수가 어떻게 그렇게 순식간에 종교적인 인물로 변할 수 있었는지 설명해주실 수 있습니까?"

호슬리의 대답은 이랬다.

"그것이 사도행전에 그려진 것처럼 그렇게 간단하지는 않았을 겁니다. 사도행전 자체가 2, 3세대 뒤에 기록된 것이니까요. 초기의 기록들을 보면 예수의 가르침에 따라 실제 몇몇 공동체가 출현했음을 알 수 있습니다. 물론 그 공동체 모두가 부활을 강조하지는 않았지요. 사실은 그들 모두 예수가 십자가에 못박힌 사건을 분명하게 강조하지도 않았거든요. 그런 유파들이 남긴 기록을 보면 그들은 이스라엘의 예언자 전통에 속하는 사람들이라는 인상을 받게 됩니다. 물론 예수는 그 예언자 전통의 마지막이자 가장 위대한 인물로 간주되고요. 예수는 자신의 대의명분을 지키기 위해 순교한 것이고, 그들은 거듭난 이스라엘 공동체라는 예수의 대의를 지키면서 예언자 전통을 계속 이어나가는 집단이 된 것입니다."

그의 말을 들으면서 나는 예수의 형제인 야고보가 이끌었던 예루살렘의 교회를 생각했다. 야고보의 가르침이 들어 있는 야고보서가 호슬리의 설명에 딱 맞아떨어지는 것 같았다. 분명히 야고보의 가르침은 유대 전통에 속하는 것이었다. 부활에 관한 언급이 전혀 없으며, 독자들에게 오로지 기도와 신앙과 선행을 촉구하는 글이었다. 다른 한편으로 우리는 이렇게 생각할 수도 있었다. 야고보가 예수의 뜻을 올바르게 이해한 것이라면 뭔가 더 중대한 사건이 일어났다고 믿은 바울이 예수의 뜻을 잘못 이해한 것이란 말인가?

나는 호슬리에게 말했다.

"사도행전을 보면 예수의 메시지를 전파한 사람들 가운데 부활을 강조하고 예수가 십자가에 못박힌 것에 관해 분명한 태도를 취한 사람들이 있더군요."

"물론 그렇습니다. 부활을 강조한 사람들이 있지요. 다만 여기서 제가 말씀드리고 싶은 것은 예수가 정신적 혹은 종교적 인물로 부각된 것이 몇십 년이 아니라 몇 세기에 걸쳐 이루어진 일이라는 겁니다. 원래 여러 개별적인 운동들이 존재했었는데 그것이 한데 합쳐지면서 하나의 큰 그림이 그려진 것이라 할 수 있지요."

나는 여전히 확신이 서지 않았다. 호슬리식 역사 해석에 대해 내가 가지고 있는 근본적인 의심은, 예수가 세상에서 가장 유명한 정신적 지도자가 되었는데 그가 바라보는 예수는 종교 운동이 아니라 정치적 운동을 이끈 사람으로 그려지고 있다는 데 있었다. 나는 또다시 물었다.

"제가 보기에 선생은 예수에게서 정신적인 측면을 배제하고 있는 것 같은데, 그게 그렇게 중요하다고 생각하십니까?"

호슬리는 다소 조심스럽게 대답했다.

"어쩌면 제 뜻을 전하려다 보니 한쪽을 너무 강조한 것인지도 모르겠군요. 사실은 그 두 방향을 따로 떼어 생각할 수 없다는 게 제 취지였습니다. 우리는 종교적 차원과 정치적 차원을 따로 분리할 수 없을 뿐 아니라 정신적 차원과 경제적 차원도 분리해서 생각할 수 없습니다. 이것이 바로 히브리 성경인 구약의 방향이지요. 하나님이 진정으로 관심을 두었던 문제가 바로 백성들을 굶주리지 않게 하는 것이었으니까요."

반항자, 로마로 들어서다

예수는 팔레스타인에서 태어나 그곳에서 설교하고 그곳에서 죽었다. 그러나 예루살렘의 교회는 팔레스타인 밖의 기독교 사회에 의해 곧 그 빛이 가려지고 말았다. 일이 그렇게 된 데에는 많은 이유가 있었다. 첫째 이유는 박해였다. 예루살렘 교회의 지도자인 야고보는 참수형에 처해졌고, 그 밖의 많은 유대인 기독교인들이 박해를 받았다. 사도행전에도 예루살렘 교회 신도들이 뿔뿔이 흩어졌다는 사실이 기록되어 있다. 어떤 이들은 키프로스와 시리아에서 생을 마감하기도 했다. 이방인들 사이에서 확산된 바울의 기독교는 유대인과 이방인 기독교인들 사이의 갈등을 촉발했다. 그러나 유대인 기독교에 더 결정적인 타격을 가한 것은 바로 기원후 66년에 시작되어 성전 파괴로 절정에 달했던 유대 전쟁이었다. 유대인들은 그 전쟁으로 인한 피해와 절망감을 그들 나름의 치유과정을 통해 극복하기 시작했다. 한동안 계속된 그들의 치유과정이란 희생이라는 개념을 정신적으로 승화시키는 것이었고, 그들의 신앙을 가정과 유대교 예배당에 중점을 두어 지속시키는 것이었다. 하지만 메시아가 왔다고 굳게 믿고 있었던 유대인 기독교인들은 그 새로운 종류의 유대교에 편입될 수 없었다. 사두개파와 쿰란 공동체 역시 기원후 70년 이후 역사에서 사라지고 말았다. 반면에 팔레스타인 밖에서는 기독교가 아시아와 이집트로, 그리고 결국에는 로마까지 확산되었다.

제국의 수도에 자리잡고 있었던 로마 교회는 특히 중요한 위치에 있었다. 초기의 선교 활동을 위한 항해에 도로와 뱃길을 내준 것이 바로 로마제국이었으며, 팍스 로마나 즉 '로마의 평화'가 그 선교 여행길을 안전하게 보장해준 셈이 되었다. 초기 기독교인들은 서신을 통해 서로 연락을 주고받았다. 로마제국의 무역 루트를 통해 기독교의 교리, 사상, 주장, 찬송가 등이 사람에게서 사람에게로, 교회에서 또다른 교회로 전파되었다. 2세기 무렵 기독교인들은 아우구스티누스 황제가 예수가 태어난 바로 그 시점에 팍스 로마나를 확립했다는 사실에서 하나님의 능력의 증거를 보았다. 그들은 예수의 메시지 전파를 위한 준비가 그것이 필요할 때 이루어졌다는 사실이 우연의 일치는 아니라고 생각했던 것이다. 물론 그렇다고 해서 전도자나 선교사들의 삶이 순탄했던 것은 아니다. 바울의 경우는 복음을 전파하는 과정에서 폭력과 반란과 조난 사고 등 많은 고통을 겪어야 했다.

로마제국은 마침내 기독교를 공식 종교로 채택하였다. 이 역사적인 사건은 유럽뿐 아니라 전 세계의 역사에 지대한 영향을 미치게 된다. 따라서 나는 로마로 가서 내가 아직도 기적이라고 믿고 있는 것, 즉 예수가 십자가에 못박힌 이후 어떻게 기독교가 그렇게 급속도로 전파되었는가 하는 문제의 실마리를 더 찾아내는 것이 옳지 않나 생각했다.

로마의 성 베드로 바실리카 대성당 입구 밖에 서서 나는 세계 방방곡곡에서 몰려와 계단을 오르는 방문객들의 모습을 지켜보았다. 한국 아니면 일본에서 온 것이 분명한 수녀들, 교구 신도들인 듯 보이는 사람들을 이끌고 온 짙은 갈색의 프란체스코 수도복 차림의

(다음쪽) 로마에 있는 성 베드로 성당의 돔. 돔 안쪽 내부에는 "너는 베드로라. 내가 이 반석 위에 내 교회를 세우리니"라는 그리스도의 말씀이 적혀 있다. 그리고 그 아래에 베드로의 무덤이 있다. 교황의 권위는 이 수임 명령에 따라 교황이 베드로의 후계자라는 주장에 근거한 것이다.

수염을 기른 미국인 신부, 반바지를 입었다는 이유로 직원들에 의해 입장을 제지당한 젊은 부부들, 그리고 화려한 실크 사리를 두른 여자를 포함한 어느 인도인 가족. 나에게 교황이 거처하는 이 대성당이 어떤 의미를 지니는지 알려준 것은 연한 갈색의 대성당의 웅장함이 아니라 바로 그곳을 찾아온 방문객들이나 순례자들이었다.

오늘날과 같은 세속의 시대에도 로마는 여전히 위대한 종교 제국의 수도였다. 어떤 이들에게는 종교적인 신앙심을 불러일으키고, 나와 같은 사람에게는 경외감을 불러일으키고, 그러나 또 어떤 이들에게는 단순히 호기심만을 자아내게 하는 곳이 바로 로마였다. 교황은 이제 바티칸이라는 작은 국가를 제외하곤 어느 영토도 지배하고 있지 않다. 하지만 그의 영혼의 제국은 세계 전역에 제국의 국민을 두고 있다. 현대를 살면서 나는 대영제국이 사라지는 것을 보았고, 소비에트 제국이 붕괴되는 것을 목격했으며, 페르시아 제국의 후예라고 자처하던 이란 왕조가 소멸되는 것을 지켜보았다. 그러나 교황에게는 아직도 수백만의 충성스런 기독교 추종자들이 있으며, 그들은 아직도 신앙과 교리 문제에서만큼은 교황의 말을 최종결정권을 지닌 권위의 말로 받아들이고 있다. 하지만 교황의 제국은 승리가 아닌 패배에 토대를 둔 제국이다. 예수의 십자가에 못박힘이라는 패배, 로마 최초의 주교이자 최초의 교황이 된 성 베드로의 순교라는 패배 위에 세워진 것이 교황의 제국이다. 내가 궁금한 것은 과연 초기의 기독교인들이 오늘날과 같은 상황을 상상이나 했겠는가 하는 점이다. 이를테면 당시 그들에게 혹독한 패배를 안겼던 로마제국의 기념비들 — 광장, 콜로세움, 트라야누스의 시장 등 — 이 그들이 살던 시대로부터 2천 년이 지난 지금 그저 관광 명소로 바뀌고 말았으며, 반면에 성 베드로의 후계자는 바티칸이 수세기에 걸쳐 수집한 진기한 보물들에 둘러싸여 영광과 광휘 속에 영혼의 제국을 여전히 지배하고 있다는 사실 말이다.

어느 유명한 저녁 송가의 마지막 부분에 다음과 같은 대목이 나온다.

그러니 주님이시여, 주님의 옥좌가 지상의 거만한 제국처럼
사라지지 않고 영원토록 하옵시고,
주님의 왕국이 영원토록 굳건히 뻗어나가
세상만물이 모두 주님의 손 안에 있게 하옵소서.

물론 과장된 표현일지 모르겠다. 교회의 왕국이 위 노래에 나오는 것처럼 그렇게 확대되지도 않을 것이다. 아니, 오늘날의 상황을 보면 오히려 줄어드는 것인지도 모른다. 그러나 한 가지 분명한 사실이 있다. 지상의 세속적인 황제와 제국은 모두 사라지고 없지만 위대한 종교의 창시자들 — 모하메드, 부처, 모세, 예수 — 은 아직도 그 권세를 누리고 있다는 사실이 바로 그것이다. 종교는 세속의 권력을 업고 강력해진 그 어느 제국보다 더 막강한, 흔들리지 않는 권력을 행사하고 있는 것이다.

초기의 개종자들

자 그럼, 만일 예수를 유대의 교사, 종말론의 예언자, 제국의 반항자라 한다면 그가 다른 랍비나 예언자, 혹은 다른 반항자와 어떤 점에서 차이가 나는 것일까? 왜 오직 그의 삶과 가르침만이 세상의 다른 위대한 종교와 더불어 그 힘을 계속 유지하고 있는 새로운 종교의 창시로 이어질 수 있었단 말인가?

먼저 우리는 기독교로 개종한 사람들이 누구였는지부터 살펴보아야 한다. 초기의 유대인 기독교인들 대부분이 율법과 선지자들의 연계가 그들 신앙의 근본이라고 생각한 데에는 의심의 여지가 없다. 그러나 그들 가운데 히브리어 성경을 읽을 수 있었던 사람은 거의 없었다. 대신 그들은 로마제국의 여러 도시에 흩어져 살고 있으면서 그리스어를 아는 많은 유대인들을 위해 번역된 그리스어 성경은 읽었다. 유대 출신의 기독교인들이 스스로 유대교가 아닌 다른 종교에 속하는 사람이라고 생각하기까지는 거의 2세기라는 시간이 필요했다. 그러니 초기 유대인 기독교인들은 엄밀한 의미에서 아직 유대교인들이었다. 복음서 저자들이 하나님이 이스라엘 자손들에게 한 약속이라고 믿고 있던 그 약속의 실현이 바로 예수라는 사실을 어떻게 해서든지 밝혀보려 했던 것도 바로 그런 이유에서이다. 마태복음 1장에서 예수의 선조들을 길게 열거한 것이 좋은 예가 된다. 마태복음은 이렇게 시작한다. '아브라함과 다윗의 자손 예수 그리스도의 세계(世系)라.' 그러나 교회의 가장 큰 성공은 유대인들 사이에서 이루어진 것이 아니었다. 바로 이교도들과 비유대인들 사이에서 교회의 위대한 성공이 있었던 것이다.

사도 바울이 아시아에서 선교 여행을 시작했을 때 그가 전도의 목표로 삼은 대상은 유대교에 관심을 가지고 있던 수많은 이방인들이었다. 사도행전에 '하나님을 두려워하는 자들'이라고 묘사된 그 이방인들은 로마제국의 여러 곳에서 번성하고 있던 유대인 사회에 지대한 관심을 보인 사람들이었다. 제국의 수도인 로마에만 11곳의 유대교 예배당이 있었다. 유대교에 마음이 끌렸던 이방인들은 사실 그들의 신앙이 도덕적으로나 정신적으로 만족스러운 것이 아니라는 생각을 하고 있었다. 로마의 신들이 현상을 유지하는 데 도움을 주는 일종의 공적 종교였지만 실제로는 사람들의 영혼과 대화를 하는 신은 아니었던 것이다. 또한 많은 사람들은 성애와 환상이 뒤섞인 로마 신화나 로마 신들의 전설에 흥미를 잃고 있던 터였다. 생각이 깊은 사람들은 철학으로 돌아섰고, 학파도 많이 생겨났다. 그러던 차에 그들은 유대교에서 일신론, 즉 하나의 하나님에 대한 믿음을 발견하였고, 자연히 유대교를 훨씬 더 발전된 형태의 종교, 보다 더 일관성이 있고 더 합리적인 종교라고 생각했던 것이다. 더군다나 유대교에는 도덕률이라는 것이 있었다.

그런데 왜 그 이방인들이 곧바로 유대교를 자신들의 종교로 채택하지 않았을까? 에드 샌더스는 만일 '하나님을 두려워하던' 그 이방인들이 유대교인들이 되었다면 기독교보다는 유대교가 다신 숭배의 이교를 대신할 일신론의 종교가 되었을지 모른다고 하였다. 그러나 그런 일은 일어나지 않았다. 그 이유에 대해 한 가지 분명하게 설명할 수 있는 것은 유대교에 관심을 가진 이방인들 가운데 남성들이 할례를 원치 않았다는 사실이다. 할례는 성인들에게는 분명 고통스럽고 위험천만한 의식이었다. 그런데 기독교인이 되면 그런 시련을 겪지 않아도 되었다. 결국엔 사도 바울이 승리를 거둔 것이다. 이방인들이 유대교도가 되었다면 그들은 또한 유대교의 음식에 관한 엄격한 법규를 지켜야 했을 테고, 그런 일이 문화적 배경이 다른 이방인 가정에서는 쉽지 않은 일이었을 것이다. 에드 샌더스는 자신이 생각하기에는 유대교가 민족적이고 인종적인 종교의 틀에서 하나도 바뀐 게 없는 것 같다고 하였다. 물론 몇몇 이방인들이 유대교로 개종하긴 했지만 본디 유대인으로 태어나지 않은 이들에게는 그 종교가 그렇게 매력적인 건 아니었던 것이다.

기독교인이 됨으로써 이방인들은 좀더 포괄적인 의미에서의 유대교의 일신론과 도덕률을 받아들인 셈이 되었다. 그리고 그들은 유대교에서는 발견하지 못한 것을 기독교라는 새 종교에서 찾아낼 수 있었다. 그것이 바로 예수의 이야기였다. 사도 바울은 예수라는 존재를 굉장히 많이 강조하였다. 사도 바울의 선교활동에 관해 쓴 책에서 에드 샌더스는 이렇게 전하고 있다. '그[바울]는 예수의 죽음과 부활과 구주되심을 가르쳤다. 그리고 그는 예수에 대한 믿음이 그의 생에 동참하는 것을 보장한다고 주장하였다.' 모든 종교의 역사에서 나타나듯이 어느 종교든 그 안에는 신성한 존재와 개인적인 관계를 맺고자 원하는 사람들이 있게 마련이다. 자신의 기도에 귀 기울여주고, 자신이 원하는 것 혹은 두려워하는 것이 무엇인지 이해해줄 수 있는 누군가를 필요로 하는 사람들이 늘 있어왔던 것이다. 이런 점에서 예수를 자기네와 똑같이 한 인간으로서 살았던 친구로, 그리고 이제는 천국의 보좌에서 자신들을 돌봐줄 존재로 여기기 시작했던 이방인들이 틀림없이 있었을 것이다. 본래 신앙심이 없는 사람들에게는 이것이 이상하고 믿을 수 없는 일로 보일지도 모른다. 어떻게 같이 말할 수도 없고, 눈에 보이지도 않고, 존재하는지조차 확실히 알 수 없는 그런 하늘의 존재를 친구로 둘 수 있단 말인가? 그러나 그것은 가능한 일이다. 적어도 신앙심을 지닌 사람들은 가능하다고 생각한다. 많은 찬송가의 첫 구절만 봐도 그 사실을 알 수 있다. 다음의 찬송가도 마찬가지다.

예수님이시여, 이 눈으로는 한 번도
그대의 빛나는 형상을 보지 못했습니다.
감각의 장막이 어둡게 드리웠기 때문입니다
그대의 축복된 얼굴과 내 얼굴 사이에.

나 그대를 보지 못하고, 그대의 목소리 들을 수 없어도
그대는 늘 나와 함께 있으니
내가 그대를 만나는 곳보다 더 아름다운 곳
이 세상 어디에도 없으리.

내 아직 보지 못하고, 오로지 믿음 속에
있어야 하지만, 사랑하는 주님이시여,
나 당신을 사랑하며 영원토록 사랑합니다.
보이지는 않지만 알고 있기에.

이방인들은 또한 기독교가 실제적인 보살핌을 강조한다는 사실에 이끌렸을 수도 있다.

초기 기독교 공동체는 이상하게도 부랑자나 과부들을 돌봐주었다. 또한 병든 자를 치료해주고 악령추방의 의식도 행했다. 예를 들어보자. 고대 세계에서 가장 큰 문제 중 하나는 사람들이 예법에 맞는 적절한 장례식을 치르도록 보장해주는 것이었다. 그래서 서로 공동으로 장례 기금을 모으고 각자의 마지막 의식 때 무리지어 나타나 애도하자는 약속을 하고 그렇게 실천했던 모임들이 있었다. 이방인들에게는 초기 기독교 공동체가 바로 그런 모임과 유사해 보였던 것이다. 다만 차이가 있다면 기독교는 사회의 모든 계급에 문호를 활짝 열어놓았다는 사실이었다.

　너무나 유명한 고린도전서 13장에서 사도 바울은 이렇게 쓰고 있다. '내가 예언하는 능이 있어 모든 비밀과 모든 지식을 알고……믿음이 있을지라도……내게 있는 모든 것으로 구제하고 또 내 몸을 불사르게 내어줄지라도 사랑이 없으면 내게 아무 유익이 없느니라.' 달리 말하면 이 말은, 아무리 학식이 뛰어나더라도, 아무리 재능이 출중하더라도, 아무리 법규를 잘 준수한다 하더라도, 그리고 오늘날 우리가 사용하는 의미 그대로 아무리 많이 자비를 베푼다 하더라도 사랑이 없으면 아무 성과도 거두지 못하리라는 뜻이다. '사랑은 오래 참고 사랑은 온유하며 투기하는 자가 되지 아니하며 사랑은 자랑하지 아니하며 교만하지 아니하며 무례히 행치 아니하며 자기의 유익을 구치 아니하며 성내지 아니하며 악한 것을 생각지 아니하며 불의를 기뻐하지 아니하며 진리와 함께 기뻐하고 모든 것을 참으며 모든 것을 믿으며 모든 것을 바라며 모든 것을 견디느니라.'

　초기 기독교인들은 개인적인 관계에서 이방인들이 깊은 인상을 받을 만한 본보기를 보여주었다. 물론 우리가 사도 바울의 말에서 알 수 있듯이 기독교인들이 항상 그들의 이상에 따라 살았던 것은 아니다. 가령 바울은 고린도에 있는 기독교인들에게 이렇게 말한다. '너희 중에 심지어 음행이 있다 함을 들으니.' 사도 바울은 또한 교회 내에서의 보기 흉한 다툼에 대해서도 질책했다. 그러나 놀라운 용기를 보여주었던 기독교인들이 있었다. 기독교 최초의 순교자인 스데반과 그 이후의 많은 순교자들의 예에서 알 수 있듯이 물러서지 않고 죽음에 맞섰던 사람들이 있었다. 그래서 테르툴리아누스가 '순교자의 피가 교회의 씨앗이다' 라는 유명한 말을 남긴 것으로 전해진다. 실제로 그는 '너희가 우리를 베어내면 낼수록 우리는 더욱더 무성히 자라리라. 그 씨앗은 기독교인들의 피라' 라고 말했다. 하지만 밑바닥에 깔린 생각은 같다. 이 유명한 말을 누가 지워버리길 원하는가? 아무도 없을 것이다. 2세기 중반에서 3세기에 걸쳐 생존했던 테르툴리아누스는 이방인으로 기독교로 개종하여 교회의 신앙을 지킨 지식인이었다.

부활 이후

순례자들이 모여 교황의 설교를 듣고 교황의 축복을 받는 성 베드로 성당 밖의 광장에는 높은 오벨리스크(방첨탑方尖塔)가 하나 서 있다. 내가 들은 바에 의하면 원래 그 오벨리스크는 노천 대경기장에서 베드로가 성난 군중들 앞에서 거꾸로 십자가에 못박힌 바로 그 지점에 세워진 것이었다고 한다. 그 오벨리스크를 보고 나는 다시 한번 생각했다. 부활 이후 예수의 제자들에게는 무슨 일이 있었는가? 예수가 가야바 집 마당에서 심문을 당할 때 예수를 부인하였던 베드로가 어떻게 카리스마를 지닌 지도자로 최초의 교황이 될 수 있었을까? 어떻게 그가 믿음을 위해 목숨마저 버릴 정도로 담대해질 수 있었을까?

로마에서 나는 또다른 미국 학자 도미니크 크로산을 만났다. 이 문제에 관한 한 그는 에드 샌더스나 리처드 호슬리와는 다른 견해를 지니고 있었다. 키도 작고 몸도 호리호리했지만 백발에 예리한 인상을 주는 얼굴이었다. 그는 자신이 아일랜드 출신 은행사업가의 아들로 로마 가톨릭 세르비테 회에 가담하여 수사 수련차 미국에 파견되었다고 소개하였다. 그러다 그는 현재 제롬 신부가 가르치고 있는 예루살렘의 프렌치 성경학교에서 2년간 공부한 뒤 성경학자가 되었다고 했다. 하지만 세르비테 회에 가담한 지 18년이 지나고 나서 그는 두 가지 이유에서 그곳을 떠났다고 하였다. 하나는 결혼이었고, 다른 하나는 그의 말을 빌려 표현하면 '비판적 사고력을 키우도록 훈련을 받았지만 그렇게 행하기 위해서는 끊임없이 고뇌해야 하는 괴로움'에서 벗어나고 싶었기 때문이었다. 그렇게 세르비테 회와 결별한 이후 그는 시카고에 있는 드 폴 대학교에서 신학을 가르치고 있는 중이었다. 그 대학은 로마 가톨릭 재단의 학교로 예전엔 사제였지만 지금은 사제가 아닌 그를 신학과 교수로 과감히 받아들였던 것이다. 그는 '혁명적 전기'라는 부제가 붙은 예수에 관한 책을 한 권 써냈으며, 지금은 사도행전의 내용을 분석하여 초대 교회의 역사를 밝히려는 연구서를 집필중이다. 그렇다면 예수의 추종자들을 교회로 이끈 문제에 관해 나의 궁금증을 풀어줄 사람으로 누가 더 적합한가?

도미니크 크로산은 다방면의 학문 분야에 정통한 사람으로 자신이 각 분야에서 배운 것을 예수의 생애 연구에 적용하는 학자였다. 리처드 호슬리와 마찬가지로 그는 고고학적 검증이나 성서 텍스트 연구 못지않게 사회과학적인 측면에서 농경 사회를 연구하는 것도 중요하다고 생각했다. 따라서 그가 예수의 생애와 교회의 탄생에 관한 자신의 견해를 입증하기 위해서는 초기 기독교인들의 예술을 활용해야 한다고 했을 때 그리 놀라지 않았다. 우리는 로마에서 가장 큰 지하 납골당 위에 세워진 SS 네레오 에드 아킬레오 교회로 향했다. 납골당 문이 열리기를 기다리면서 우리는 나이든 수녀 두 분이 우리가 앉을 뜰의 오솔길을 비로 쓸고 있는 모습을 지켜보았다. 그때 나는 이런 생각을 했다. '저분들은 부활에 대해 아무런 의심도 하지 않는 소박한 신앙을 지닌 분들이다. 교회가 어떻게 탄생되고 어떻게 성장했는지에 대해서도 아무런 의심이 없을 테지. 예수를 하나님으로, 그리고

복음서의 떡과 물고기를 먹는 식사는 기독교 성찬식의 배경이 된다. 로마의 프리실라 지하 납골당에 그려진 이 그림은 죽은 자가 산 자와 함께 성찬을 즐기는 모습을 그려 산 자와 죽은 자의 영적 교섭이 단절되지 않고 있음을 보여주는 데 그 의미가 있다. 그림에서 오른쪽에서 세번째에 베일을 쓴 인물이 죽은 자이며, 그의 왼쪽에 있는 사람이 주교인 듯 보인다.

프리실라 지하 납골당의 작은 예배당 천장에 그려진 선한 목자의 모습으로 예수의 모습을 그리려는 초기의 표현 방식이었다. 예수를 선한 목자로 그리는 이 모티프는 목자가 자주 등장하는 고대 신화를 잘 알고 있는 로마 기독교인들에게 인기가 있었던 것이다.

교회를 하나님이 직접 만드신 터로 그냥 받아들이고 있겠지. 그런데 도미니크 크로산 같은 기독교 역사학자들이 그 신앙을 훼손하고 있는 듯이 보이니 참 묘한 일이야……'

마침내 문이 열리고, 우리는 지하 납골당으로 알려진 지하 통로를 따라 아래로 내려갔다. 고대 로마에는 이와 같은 지하 통로가 수백 킬로미터에 걸쳐 뻗어 있었다. 로마시대에는 도시 성곽 내에 매장을 금했기 때문에 많은 지하 통로들이 도시 외곽으로 뻗은 주요 도로들 밑에 설치되어 있었다. 시신이 오염을 유발할 수 있다는 이유 때문이기도 했다. 지하 통로를 따라 걷는 동안 도미니크 크로산이 지하 납골당엔 보통의 로마 시민들이 묻혔다고 알려주었다. 엘리트 계급은 그들의 시신을 지표면의 능(陵)에 묻었다는 것이다. 때로는 지하 통로가 다른 통로 아래에 설치되기도 하여 4층 깊이까지 파내려간 것도 있다고 하였다. 우리가 지나가는 통로 벽면 곳곳을 파내어 벽감을 만들고 그곳에 시신을 두었다는 것이 도미니크의 설명이었다. 그는 폭이 아주 좁은 벽감 몇 군데를 가리키며 그곳은 어린아이들의 시신이 놓인 곳이라 하였다.

"다른 것들도 그렇게 커보이지는 않군요."

"소수이긴 하지만 정말 큰 사람도 있지요. 당신이 본 것은 키가 약 1미터 60도 되지 않은 사람들의 것입니다."

"어릴 때 많이 죽은 건가요?"

"제 생각엔 인구의 3분의 1이 여섯 살도 채 넘기지 못한 것 같고, 또 3분의 1은 열여섯을 넘기지 못한 것 같습니다. 기대 수명이 남자의 경우 스물여덟이었고, 여자는 스물예닐곱 정도였으니까요."

나는 어렸을 때 기독교인들이 박해를 피해 이 어두운 지하 통로에 숨었다는 얘기를 들은 적이 있었다. 그러나 도미니크 크로산은 그런 얘기는 터무니없는 것이라고 일축하면서 로마의 위정자들이 지하 납골당이 어디에 있는지, 그 위치를 너무도 잘 알고 있었다는 사실을 들려주었다.

우리는 벽과 천장에 그림이 그려져 있는 작은 방으로 들어섰다. 그 방에 그려져 있는 그림은 치장 벽토 그림으로 가장 초기의 기독교 예술로 알려져 있다. 하지만 나는 그곳에서 교회에서 흔히 볼 수 있는 그림, 혹은 사도 바울의 고린도서를 읽은 사람들이 기대할 수 있는 그런 그림은 볼 수 없었다. 말하자면 예수의 십자가에 못박힘이나 부활, 혹은 승리의 예수 등을 묘사하는 그림이 전혀 없었던 것이다. 그저 숫양 한 마리를 몰고 가는 목자로서의 예수를 그린 그림 하나, 예수가 병든 자를 고치는 치료의 기적을 행하는 그림 하나, 그리고 어머니 품에 안긴 아기 예수 그림 하나였다. 십자가에 못박힘이나 부활의 그림이 없다는 것은 부활에 대한 도미니크 크로산의 회의적인 생각에 힘을 더해주는 것 같았다. 도미니크는 교회가 출현하면서 그것을 뒷받침해줄 기적의 부활을 필요로 했다는 사실에 무게를 두지 않았다. 자신의 책에서 그는 이렇게 주장한 바 있다. "예수의 제자들이 부활절 전의 금요일인 수난일에 그들의 믿음을 잃었다가 부활절 주일에 출현한 환영을 보고 믿음을 회복했다고 상상하는 것은 너무도 평범한 주장이다. 마찬가지로 예수의 죽음에 낙담을 하고 도망가 숨어 믿음을 상실한 사람들이 희망과 사랑을 되찾았다는 것 역시 말도 안 되는 소리다." 그러면서 도미니크 크로산은 이렇게 주장했다. "부활절은 새로운 신앙의 출발과 관련이 있는 것이 아니라 옛 신앙의 지속과 관련이 있다."

계속된 병자 치료의 전도

예수의 부활에 대한 제자들의 믿음이 교회의 탄생을 가장 잘 설명하고 있다고 생각한 나는 도미니크는 과연 어떤 또다른 설명을 내놓을지 궁금했다. 그래서 나는 그에게 이렇게 물었다.

"예수가 십자가에 못박히고 난 뒤에도 예수 운동이 계속되었다는 사실을 어떻게 생각하십니까?"

그는 아주 단순하면서도 설득력 있는 대답을 내놓았다.

"예수를 따르는 사람들이 병든 자들을 계속 치료했기 때문입니다. 예수가 죽었다는 사실을 알기 약 한 달 전부터 갈릴리에서 치료를 계속했던 사람들이 있습니다. 하나님의 왕국이 그 금요일 오후 세시에 끝난 것이 아니었죠. 계속되었던 겁니다. 그들은 예수를 통해서 하나님의 힘을 계속 경험하고 있었던 겁니다. 예수가 하나님이었던 거죠. 그러니 그들이 예수가 계속 존재한다고 생각했던 것이 어쩌면 당연한 일 아니겠습니까?"

"그렇다면 제자들이 그들의 믿음을 잃었다가 나중에 부활이라 부르는 놀라운 일이 벌어지고 난 뒤에 다시 믿음을 회복했다고 말하는 사람들에 대해서는 어떻게 생각하십니까?"

"그게 흔히 복음서 마지막 부분에서 언급되는 이야기죠. 이를테면 공식적인 표현이라고 할까요. 하지만 그것이 반드시 맞는 얘기라고는 할 수 없어요. 예수의 제자들이 용기를 잃고 낙담은 했어도 그들의 믿음은 잃지 않았다는 게 제 생각입니다. 도망은 갔지요. 하지만 그때는 그것이 잘한 행동일 수도 있습니다. 그렇지만 용기를 잃는 것과 믿음을 잃는 것은 분명 큰 차이가 있습니다. 그들은 그들의 믿음을 잃지 않았어요. 그들이 믿음을 잃었다고 말한다면 그건 초기 기독교인들의 명예를 훼손시키는 언사입니다."

"그렇다면 부활 같은 사건이 일어나지 않았다는 말씀인가요?"

"뭐랄까, 물론 환상 같은 것은 있었겠지요. 우리가 알고 있듯이 바울도 환상을 보았습니다. 모든 종교적 운동의 시초에 늘 환상이 나타나게 마련입니다. 그래서 나는 환상을 당연히 여길 수 있다고 봅니다. 하지만 환상이란 늘 우리가 절실히 바라는 것 혹은 몹시 두려워하는 것이 나타나는 겁니다. 그렇다고 환상이 우리가 왜 그것을 원하고 사랑하고 두려워하는지를 설명해주는 것은 아닙니다. 예수 이전부터 존재하고 있었던 운동에서 비롯된 것입니다. 따라서 내 생각에 부활이란 그 운동의 지속을 의미하는 게 아닌가 싶습니다. 바울의 말을 경청하던 사람 가운데 누군가 예수를 통해 하나님의 권능을 경험했을 겁니다. 그렇다고 그 사람이 '나는 당신의 말을 믿습니다, 바울' 이렇게 말하지는 않을 겁니다. 대신 이렇게 말하겠지요. '나는 하나님을 믿습니다. 그의 능력을 느낄 수가 있어요.'"

도미니크 크로산은 예수가 그를 따르는 사람들에게 어떤 힘을 부여했다는 사실을 힘주어 강조했다. 그가 주장하는 것은 예수가 치료의 능력을 혼자 독점하지 않았다는 사실이었다. 오히려 예수가 제자들을 보내 병든 자를 치료하라고 했다는 것이다.

사도행전을 보면 치유의 기적은 초대 교회에서도 계속된 것으로 나타난다. 베드로와 요한은 성전 밖에서 구걸하던 앉은뱅이를 고쳐주었다. 또한 베드로는 다비다라는 이름의 여인을 다시 살려낸 것으로 전해진다. 사도행전에서 내가 특히 좋아하는 이야기는 점치는 귀신이 들려 점으로 주인을 크게 돈 벌게 했다는 여종에 관한 이야기다. 그녀는 바울과 그의 동료들이 가는 곳마다 쫓아다니며 성가시게 굴었다. 마침내 바울이 그녀 안에 있는 귀신에게 이른다. '예수 그리스도의 이름으로 내가 네게 명하노니 그에게서 나오라.' 그러자 귀신이 그녀에게서 나왔고, 그녀의 주인들은 자신들이 이익을 볼 기회가 사라진 것에 대단히 화가 나 바울과 그의 동료 실라를 잡아 그들 상관에게 끌고 가 결국 매를 때린 뒤 옥에 가둔다.

사도 바울은 자신이 능력을 받았고, 또 그 능력을 다른 이들에게도 나누어 줄 수 있다고 분명히 믿었다. 예를 들어 고린도에서 그는 새로 개종한 자들에게 세례를 주며 성령이 그들에게 나타나 지혜의 말씀과 예언의 능력을 준다고 하였다. 바울은 또한 환상의 힘을 믿었다. 그가 바로 환상을 보고 개종하지 않았던가. 사도행전에 의하면 베드로로 하여금 이방인에 대한 편견을 씻어내고 그 이방인들을 '속되거나 깨끗하지 못한' 사람이라 부르지 않게 한 것도 환상이었다. 또한 성령의 축복이 고넬료라는 로마군의 백부장과 그의 집에 쏟아부어졌을 때 베드로는 놀라지 않을 수 없었다. 베드로가 본 이 환상은 교회의 미래와 관련해서 아주 중요한 의미를 지닌다. 왜냐하면 만일 베드로가 이방인들을 받아들이지 않았다면 유대인 기독교인과 이방인 개종자들 사이의 분열이 더욱 심각한 문제로 발전했을지도 모르기 때문이다. 초대 교회 시대에 환상이 중요한 의미를 지녔다는 사실에 비추어 나는 부활에 대한 믿음을 이끌어낸 예수의 보이심 역시 환상이었을 가능성이 있다고 생각하게 되었다.

하지만 나는 지하 납골당 벽에 그려진 그림 때문에 여전히 혼란스러웠다. 사도 바울은 예수의 능력이 계속 살아 있는 것은 예수가 자신의 이름으로 행할 수 있는 기적 때문이라고 확신했던 것 같고, 또한 예수의 십자가에 못박힘과 부활의 중요성을 잘 알고 있었던 듯싶다. 죽음을 딛고 일어선 예수의 승리가 바울의 가르침의 핵심 부분이었고, 또한 고린도 교회에 보낸 그의 서신의 바탕이었다. 그렇다면 왜 초기의 기독교인들이 그 중요한 사건을 주제로 그림을 그리지 않았단 말인가? 최후의 심판을 그린 그림 또한 그곳에 있어야 하는 게 아닌가? 죽음, 부활의 희망, 그리고 심판에 대한 불안―이런 것들이 분명 기독교인들이 죽은 자를 매장할 때 그들 정신을 사로잡은 주제가 되어야 하지 않는가? 나는 도미니크 크로산에게 또 물었다.

"여기에 예수의 십자가에 못박힘이나 부활에 관한 그림이 없는 것으로 보아 초기 기독교인들에게는 그 사건들이 그리 중요하지 않았던 것으로 생각하고 계신 것은 아닙니까?"

"절대 그렇지 않습니다."

그는 단호하게 대답했다.

"그렇게는 말하고 싶지 않습니다. 대중의 신앙과 우리가 복음서에서 읽은 것과 같은 공적인, 필사(筆寫)의 신앙이 완전히 구분된다고 보고 싶지도 않습니다. 다만 당신이 '그림 사람들의 마음속에 무엇이 있었단 말입니까?' 하고 묻는다면 그들은 예수를 삶의 고뇌와 고통으로부터 자신들을 구원해줄 구원자로 보았다고 대답할 수밖에 없습니다. 그들을 감동시켰던 것은 죽음에서 다시 일어선 사건이 아니라 오히려 치료의 이야기입니다."

도미니크 크로산은 병든 자를 치료하는 예수의 모습과 식사를 하는 예수의 모습에 대한 초기 예술가들의 관심이 바로 예수가 수행한 인생의 업적을 정확히 재현한 것이라고 믿고 있었다. 그가 쓴 책을 읽고 내가 알게 된 것은 리처드 호슬리처럼 그 또한 예수를 반항자로 보고 있다는 사실이었다. 말하자면 도미니크 역시 당시 갈릴리의 경제적 상황, 즉 로마제국의 도시들을 위해 자원을 수탈당하고 농민들은 농지를 잃고 부채에 허덕이는 당시의 처참한 경제적 상황에 초점을 맞추고 있었다.

내가 우리가 들어서 있는 지하 통로의 벽과 천장에 그려진 그림에서 반항자 예수의 삶을 어떻게 찾아낼 수 있느냐고 묻자 그는 이렇게 대답했다.

"저에게 가장 중요한 것이 두 가지 있습니다. 식사와 치료, 바로 이것이죠. 예수 시대의 경우도 마찬가지라고 봅니다. 이 두 가지가 여기 그림에 잘 나타나 있어요."

그는 다시 살아난 나사로를 그린 그림을 가리키며 말을 이었다.

"저것이 바로 콘스탄티누스 황제가 기독교를 공식 종교로 채택하기 이전의 기독교 미술에서 가장 많이 다룬, 예수의 치료 능력을 보여주는 그림입니다."

그런 다음 다른쪽을 가리키며 이렇게 말했다.

"저기 침대를 지고 가는 사람의 하체가 보이죠? 신체가 마비된 사람이었는데 치료를 받은 겁니다. 콘스탄티누스 이전의 기독교 미술에서 나사로 다음으로 많이 그려지는 모습이죠."

그림 속의 그 남자가 끌고 가는 무거운 침대를 보고 나는 이렇게 말했다.

"저렇게 무거운 것을 지고 가다간 저 불쌍한 사람, 다시 병들겠는데요."

도미니크 크로산이 웃으면서 말했다.

"실제로 저런 침대를 지고 갔다면 병원에 입원해야 했을 겁니다. 그런데 저 침대가 바로 그의 몸을 마비시킨 것이라는 겁니다. 사실 저런 사람에게는 둘둘 말아 들고 다니는 돗자리가 편하지 않겠어요? 그걸 둘러메고 다니면 발걸음도 한결 가벼울 테고요. 그런데 로마인의 침대로 생각하세요. 저 무거운 철 침대 때문에 결국 죽고 말 겁니다. 여기 좀 보세요."

도미니크는 계속 말을 이었다.

"여기 식사하는 장면이 있군요. 사람들이 식탁에 둥글게 앉아 있지요. 이젠 천장을 한번

예수를 농부로 그린 이 그림은 라틴아메리카의 가난한 민중들 사이에 해방신학이 어느 정도로 인기가
있었는지를 잘 보여준다. 1960년대 이후로 하나님이 가난한 사람들을 선택했고,
의지로 사회 정의를 실현시키고자 했다는 것이 사회를 향한 교회의 가르침의 주요 교리가 되었다.
이런 해방신학의 주장은 예수의 가르침에 담긴 정치적 의미를 새롭게 강조한 것이기도 하다.
페르난도 보테로의 1964년 작 「그리스도의 얼굴」.

보세요. 목자가 보일 겁니다. 수염도 없는 젊은 하나님이죠. 병든 자를 치료하는 하나님 말입니다. 수염을 기른 늙은 하나님이 아니랍니다. 저것이 바로 초기 기독교인들이 생각한 예수의 모습입니다."

"왜 병을 치료하는 것과 먹는 것이 그렇게 중요하죠? 어떻게 그 둘이 관련되죠?"

"그러니까, 예수에 관한 가장 초기의 자료에 보면, 가령 마가복음에 보면, 예수가 제자들을 내보냅니다. 가서 병든 자들을 고치고 그들을 먹이라고 한 것이죠. 예수 선교의 대상은 바로 농민들이었습니다. 자기 땅에서 쫓겨난 농민들, 가난보다 더한 궁핍함으로 내몰린 농민들이 그 대상이었습니다. 그런 농민들에게는 병의 치료와 먹을 것이 가장 중요한 문제였던 겁니다."

"먹을 것이 충분치 못했기 때문인가요?"

"우선은 먹을 것이 충분치 못해서입니다. 가장 기본적인 문제죠. 그래서 예수도 하늘에 계신 우리 아버지의 이름으로 제일 먼저 오늘의 일용할 양식을 언급한 것입니다. 궁핍한 농민들에게 절실했던 것이 바로 먹을 것이었죠."

"치료행위는요?"

"예수는 각 가정의 가장에게 치료사를 보냈습니다. 그럼 가장들은 왜 치료를 받아야 했을까요? 그들이 두려움에 떨고 있었기 때문입니다. 그들은 자기 땅에서 쫓겨나는 것이 두려웠고, 곤궁한 삶에 빠져들까 땅을 잃을까 두려웠던 겁니다. 그렇게 보면 예수는 가난한 사람들과 아주 곤궁한 사람 사이의 상호관계를 형성했다고 할 수 있지요. 가난과 절대 빈곤, 그 사이에 있는 사람들과 예수는 함께 일했던 것입니다."

도미니크 크로산은 리처드 호슬리와 마찬가지로 예수가 갈릴리 농경사회를 재건하여 농민들이 서로 협력하고 굳게 단결하도록 하기 위해 많은 노력을 했다고 믿고 있었다. 그는 또한 호슬리와 마찬가지로 예수 자신이 바로 단순한 가난함에서 더 곤궁한 삶으로 추락한 사람이라고 생각했다.

하지만 나는 그렇게 생각하지 않았다. 빈곤에 빠진 사람들이 그들의 위대한 지도자를 내버렸다는 기록이 많지 않기 때문이다. 이 점엔 도미니크도 동의했다. 그러나 그는 또 이렇게 말했다.

"예수가 거지의 왕국을 창건한 것은 아니죠. 예수가 일으켰던 것은 운동입니다. 빈곤에 빠진 사람들과 곧 빈곤에 빠지지 않을까 두려워하던 사람들이 함께 단결하도록 하는 운동을 일으켰던 것입니다."

　예수가 사회에서 버림받은 부랑인들을 치료하고 그들과 함께 식사를 했다는 이야기의 핵심은 유대 율법이 부과하는 엄격한 정결의 법칙을 예수가 반대했다는 사실을 입증하기 위함이라고 주장하는 학자들도 있다. 하지만 도미니크는 그런 주장에 동조하지 않았다.

　"나는 그렇게 주장하는 학자들처럼 그 점을 크게 강조하고 싶지 않습니다. 예수는 농민이었습니다. 그런 학자들이 스스로에게 이렇게 물어봤으면 좋겠어요. '갈릴리의 일용 노동자가 유대 율법의 정결함의 법규를 어떻게 지켰을까?' 예수를 일년에 30일, 40일, 아니 50일 정도 일하는 노동자로 생각해보십시오. 만일 그가 어느 하루, 이방인을 위해 일을 하고는 그 대가의 일부로 음식 대접을 받았다고 합시다. 과연 그런 형편의 그가 정결의 법규에 대해 질문을 던졌을까요? 아니면 그가 얻을 수 있는 음식을 그냥 취하고 말았을까요? 그리고 그가 혹 이방인이 주는 음식을 먹었다고 해서 그것이 율법을 지키지 않는 나쁜 유대인을 의미하는 것일까요?"

　좋은 지적이었다. 하지만 인도에서 나는 어떤 종류의 것이든 정결의 법규는 사람들의 삶 곳곳에 스며들게 되어 그들의 행동에 영향을 미칠 수 있다는 사실을 체험한 바 있다. 나는 도미니크에게 이렇게 말했다.

　"인도의 농민들은 인도 특유의 계급 제도인 카스트 제도를 준수합니다. 그들은 식사를 할 때도 같이 식사를 할 수 있는 사람과 같이 할 수 없는 사람을 구분합니다. 예수가 관심을 두었던 대상은 버림받은 사람들, 정결의 법 때문에 고통받는 사람들이 아니던가요? 예수 시대에 갈릴리에서 버림받은 사람들과 인도의 최하층민을 서로 비교하여 연구한 학자들도 있습니다."

　그런데 도미니크는 그런 학자들이 역사적 사실을 간과하고 있다면서 이렇게 말했다.

　"우리가 우선 던져야 할 물음은 1세기의 첫 20년 동안 유대인의 땅에서 법을 준수한다는 것이 어떤 의미를 지녔느냐 하는 겁니다. 랍비와 바리새인의 종교가 유대교의 근본이 되었던 2백 년 후를 말하는 것이 아니죠. 그때는 성전도 이미 없어지고 말았고, 따라서 유대교가 살아남으려면 모든 가정을 정결한 작은 성전으로 변모시켜야 했습니다. 유대교가 무너지는 것을 막기 위해 랍비들이 엄격한 정결의 법규를 부과해야 했던 겁니다. 성전이 파괴된 후에 있을 법한 일이죠. 하지만 그런 것이 1세기 때 유대인의 법규 준수가 어떠했는지, 또한 그것이 사회계층간에 어떤 의미를 지니는 것이었는지를 말해주는 것은 아니지

ADLOCVTIO
QVADIVINI
TVS IMPVLSI
CONSTANTINI
ANI VICTORIAM
REFERERE

콘스탄티누스 황제는 기원후 312년의
밀비안 교(橋) 전투에서 십자가의 환상 덕택에
승리를 거둘 수 있었다고 하였다.
콘스탄티누스가 보았다는 십자가에는 그리스어로
'이 표적으로 정복하라' 라는 글귀가 장식되어 있었다고 한다.
로마 바티칸에 있는 16세기 라파엘 학파의 그림.

요. 당시는 아직 계급 제도가 존재하지 않았으니까요."

예수를 사회 혁명가로 보는 문제에서 내가 늘 크게 고심했던 부분은 예수를 그렇게 볼 경우 하나님이란 존재를 거의 무시하는 것, 아니 고려하지 않는 것 아니냐는 것이었다. 그런데 복음서를 보면 예수의 온 생애와 그의 가르침이 하나님을 중심으로 이루어져 있지 않은가? 나는 도미니크에게 그가 그리는 예수의 모습에서는 하나님을 찾을 수 없다고 지적하면서 혹 뭔가 중요한 것을 빠뜨린 것은 아니냐고 물어보았다.

그는 이렇게 대답했다.

"하나님의 왕국이 어떤 것인지 알고 싶으신 거죠? 그것은 '하늘에서와 같이 땅에서도' 작용하는 하나님의 의지입니다. 하늘은 거대한 규모이고 또 아름다운 모습입니다. 엉망인 것은 땅이지요. 그런 이 땅에 대한 하나님의 의지가 바로 하나님의 왕국입니다. 예수의 하나님은 진실로 근본적인 정의의 하나님입니다. 실로 과격하다 싶을 정도의 근본적인, 철저한 정의의 하나님이죠. 그런 하나님이 기독교인들의 하나님인지 아닌지는 기독교인 각자가 가슴으로 느끼고 대답해야 할 문제입니다."

도미니크의 대답을 듣고 나니 바로 그 근본적인 정의의 하나님을 강조하며 해방신학을 발전시켰던 가톨릭 사제들이 생각났다. 물론 교회에서는 그들의 급진적인 사상을 지적하면서 그들을 마르크스주의자라고 비판하였다. 해방신학이 가난한 사람들에게 관심을 쏟고 있다는 사실, 또한 세계 경제가 부의 창출만 강조하지 어떻게 부가 형성되고 또 어떻게 분배되어야 하는지에 관해서는 별로 관심을 두지 않고 있다는 해방신학의 견해에 대해 나도 공감하고 지지를 보낸다. 그러나 또다른 한편으론 늘 걱정이 된다. 기독교의 경제적인 측면만 강조하다 정신적인 측면은 간과하는 것이 아닌가 싶어서다. 예수가 경제 개혁에 깊은 관심을 보였다는 증거는 희박하다. 의문의 여지가 있다. 에드 샌더스가 그의 글에서 밝혔듯이, '우리는 사회경제 개혁가로서의 예수의 모습을 복음서에서 찾을 수 없다.' 만일 예수가 진보적인 경제학자였다면 초대 교회 역시 왜 그런 진보적인 입장을 취하지 않았을까? 사도행전에 보면 예루살렘 교회가 공동 소유제도와 같은 경제 실험을 한 것으로

존엄한 그리스도 화상(畵像). 콘스탄티노플의 하지아 소피아 교회에 있는 13세기 말의 모자이크. 황제의 세속적 통치는 그리스도의 우주적 지배에만 종속된다고 믿었던 그리스도교국인 비잔틴 제국의 유명한 교회였던 하지아 소피아 교회는 이슬람의 통치하에서 회교사원으로 바뀌었다가 지금은 박물관으로 사용되고 있다.

기록되어 있지만 나타나 있는 대부분의 증거는 로마제국에 편입되기 위한 기구의 한 형태에 관한 것이었다. 특히 기독교인들이 유대인과 분리되고 난 뒤에 더욱 그랬다. 내가 그 사실을 지적하자 도미니크는 이런 설명을 내놓았다.

"물론 한 가지 분명하게 있었던 일은 예수의 운동이 시골에서 도시로 퍼져나갔다는 겁니다. 당연히 그런 현상의 득과 실을 따져보아야 합니다. 혹 당신은 '모든 것이 다 그런 것 아니냐'고 말할지도 모르겠습니다. 그러나 예수의 운동이 갈릴리의 그 순박했던 정결함에서 끝났다면 그게 좋지 않았을까요? 예, 어쨌든 그렇게 되지는 않았습니다. 예수의 운동은 도시로 퍼지기 시작했고, 자연히 개종자들의 사회적 신분 또한 전체적으로 약간 높아진 것이 사실입니다."

도미니크에 의하면 도시에 거주하던 기독교인들은 사회 정의에 계속 관심을 두고 있었다. 하지만 그것이 최하층민만을 염두에 둔 것은 아니었다. 도시의 기독교 정신은 '자유인'들 사이로 확산되었기 때문이다. 이들 자유인이란 노예의 상태에서 벗어나 제 길을 가던 사람들을 말한다.

세월이 지나면서 교회는 사회 문제나 경제 문제에서 관심을 돌려 유대인과 이교도들의 비판에 맞서 기독교의 도덕률을 확립하고 지속적으로 생존 가능한 공동체 구조를 건설하는 데 치중한 듯 보인다. 기독교인들이 박해를 받았던 시기가 여러 차례 있었지만 교회만은 계속해서 세를 확장해갔다. 신도 수에서나 영향력 행사에서나 기독교의 성공이 눈에 띄게 확실해지면서 예수 사망 후 3백 년도 채 지나지 않은 시점에서 콘스탄티누스 황제는 기독교를 황제의 후원 아래 공인된 종교로 받아들이기로 결정했던 것이다.

콘스탄티누스의 개종

콘스탄티누스 황제가 기독교로 개종한 사실에 관해서는 분명히 밝혀진 것이 없다. 그는 제국이 내분으로 사분오열되어 있을 때 권좌에 올랐다. 그 자신도 강력한 경쟁자에 맞서서 대권을 쟁취하기 위한 싸움을 마다하지 않았다. 전해지는 말에 의하면, 콘스탄티누스는 기원후 312년 밀비안 교(橋)에서의 중요한 전투중에 환상을 보았고, 그 환상을 통해 기독교의 하나님이 자신의 편에 설 것이라고 확신하게 되었다고 한다. 그가 본 것은 하늘에 걸려 있는 십자가로, 그 십자가에 라틴어로 '이 표적으로 정복하라' 라는 글이 적혀 있었다는 것이다. 아무튼 그 전투 후에 그는 황제의 군대를 그리스도(Christ)의 첫 두 글자를 딴 그리스어 chi와 rho를 바탕으로 재편하게 된다. 또한 그는 제국 전역에 대규모 건축 사업을 지원하여 모든 도시마다 교회를 세우게 하였고, 궁극적으로는 다른 종교의 신전들을 대신하게 하였다. 콘스탄티누스는 죽을 때까지 세례를 받지 않았다. 물론 그런 일이 당시에는 흔히 있는 일이었다. 세례를 받은 후 죄를 짓는 사람에게 내려지는 벌이 너무도 가혹하기 때문에 사람들이 좀처럼 세례를 받지 않으려 했던 것이다.

물론 콘스탄티누스로서는 굳이 기독교를 선택할 필요가 없었을 것이다. 당시에는 페르시아, 시리아, 이집트 등에서 전파된 대중 종교들이 많았다. 콘스탄티누스가 제국 정부에 가담할 무렵 이미 황제인 디오클레티아누스는 페르시아의 신 미라스를 제국의 수호신으로 선포한 상태였다. 역사가인 휴 트레보로퍼는 이렇게 말한다. "그때부터 어쩌면 미라스 숭배주의가 로마의 종교가 되었을지 모른다. 만일 그렇게 되었더라면……지하 동굴에서 황소의 피로 세례를 주는 것이 유럽 종교의 중심지에서 십자가에 못박힘과 최후의 만찬 성찬식을 대신했을지도 모른다."

콘스탄티누스의 기독교 신앙이 어느 정도로 진지하고 깊었는지를 판단하기는 어렵다. 분명한 것은 그가 기독교를 분열된 제국을 결속시키고 제국에 새로운 동력을 부여할 수 있는 유일한 도덕적·정신적 힘으로 인정했다는 사실이다. 그때까지만 해도 많은 종교 가운데 가장 성공한 종교가 기독교였다. 특히 콘스탄티누스가 틀림없이 관심을 가졌을 기독교가 시골에서부터 확산된 종교라는 사실이다. 시골 지역은 제국 군대의 병사를 제공하는 지역이고, 그래서 그 당시에는 황제에게 시골이 도시보다 훨씬 더 중요한 곳이었다.

콘스탄티누스는 교회일에 특히 관심이 많았다. 그는 교회가 제국의 단합과 결속을 위한 중요한 세력으로 계속 남아 있기를 원했다. 교회를 둘러싼 여러 논쟁을 해결하려고 애쓴 그는 한때 스스로 '세상일을 관장하는 주교' 라고 칭하기도 했다. 황제로서 그는 주교단 회의나 종교회의가 해결하지 못한 문제, 즉 이전 세기의 기독교 박해 시절에 권력당국과 결탁한 기독교인들에 대한 심판의 문제를 해결하는 데 도움을 주기도 했다. 또한 그는 오래 전부터 논란이 많았던 예수의 지위를 둘러싼 논쟁 — 예수는 과연 신적인 존재인가 아닌가? — 을 해결하기 위해 그 유명한 니케아 종교회의를 소집하기도 했다. 휴 트레보로퍼는 콘스탄티누스가 기독교를 채택하기로 한 결정으로 인해 '예수 그리스도 이후 서구 역사에 가장 큰 영향을 미친 인물'이 되었다고 평했다.

기독교와 동로마제국

따라서 도미니크 크로산의 말이 옳다면 반항자 예수는 자신이 반대하고 저항했던 바로 그 제국의 후원자가 된 셈이다. 이러한 정황이 예수와 기독교 교회에 대한 시각에 어떤 차이를 가져왔는지 알아보기 위해 나는 도미니크와 함께 이탈리아 라벤나로 갔다. 그곳의 웅장한 모자이크를 볼 참이었다.

라벤나는 아드리아 해가 펼쳐진 이탈리아 동부 해안에 있는 도시로 2세기에 그곳 최초의 주교인 아폴리나리스의 영도 아래 복음의 중심지가 된 곳이다. 콘스탄티누스의 개종 이후 그곳은 그 자체의 대성당과 세례당 및 주교의 거주지가 있는 중요한 도시였다. 그리고 5세기 후반에는 서로마 황제들을 물리쳤던 이탈리아의 고트족 왕들의 수도가 되었다. 6세기 초에는 동고트족 왕인 데오도리쿠스의 지배하에 교회를 포함한 중요한 건물들의 건축이 계속되었다. 그곳에 있는 웅대한 교회 건축물들 가운데 일부는 기원후 540년에 동로마 황제인 유스티니아누스의 군대가 그곳을 점령한 이후 장식되기도 했다. 유스티니아누스는 자신이 현실적인 문제뿐만 아니라 정신적인 문제까지 책임지겠다는 것을 분명히 한 황제였다. 말하자면 그는 국가를 이끄는 것은 물론 교회를 지키는 것도 자신의 책임이라고 보았던 것이다. 기독교를 더욱 부흥시키고자 하는 열정 속에 유스티니아누스는 자신의 판단에 따라 이교도들을 박해했으며, 또한 강제로 많은 이교도들을 개종시키기도 했다.

라벤나에 있는 가장 아름다운 교회가 바로 산 비탈레의 바실리카이다. 내가 도미니크와 함께 연분홍색 건물에 다가갔을 때 그 건물은 햇빛을 받아 눈부시게 빛나고 있었다. 나는 뉴델리 심장부에 있는 대통령궁과 비서국의 건물에서 많이 봐서 눈에 익은 연한 분홍빛이 감도는 인도의 사암(砂岩)을 떠올렸다. 물론 산 비탈레 교회는 웨이퍼 모양의 얇은 벽돌을 같은 넓이의 석회석과 함께 층층이 쌓은 건물이었다. 8면의 이 건물은 위로는 맨 꼭대기에 십자가가 달린 그리 높지 않은 8각형의 탑이 솟아 있다. 교회의 동쪽 끝에는 반원형의 앱스(apse)라 불리는 돌출부가 있는데, 교회의 탑보다 더 높은 원통형의 또다른 탑이 세워져 있다. 둥근 지붕의 종루(鐘樓)다.

교회 내부에는 8개의 기둥이 돔을 받치고 있다. 그 돔은 교회 탑에 덮여 있기 때문에 바깥에서는 보이지 않는다. 돔 중앙에는 하얀 별과 황금빛 별이 곳곳에 박혀 있고 나뭇잎 화관이 둘러싸고 있는 검푸른 배경에 하얀 유월절 양이 그려져 있었다. 그 양 둘레에 동물과 새들이 살고 있는 푸른색과 황금색이 뒤섞인 나뭇잎 더미에서 흰 옷을 입은 네 천사가 화관을 들고 있다. 그리고 한쪽 구석에는 아름다운 꼬리를 부채처럼 펼치고 있는 화려한 네 마리의 공작이 있다. 공작새는 부활의 상징이다. 따라서 돔에 그려진 양은 분명 높은 하늘에 있는 양, 즉 하늘에 있는 그리스도이지 지하 납골당의 선한 목자는 아닌 것이다.

우리는 교회 동쪽 끝에 있는 반원형 앱스로 걸어갔다. 그곳에서 나는 바로 왕의 풍채를 지닌 예수를 보았다. 심홍색 황제 의상을 걸친 예수가 창조를 상징하는 파란색 지구의 위에 앉아 있었다. 예수의 한 손에는 요한계시록의 일곱 봉인이 있는 두루마리가 들려 있고, 다른 손에는 순교자 성 비탈리스에게 주는 왕관이 들려 있다. 예수의 양옆에는 천사들이 있고 라벤나의 주교가 8각형 모양의 교회를 들어 예수에게 바치고 있다. 그리고 그 앱스의 왼편, 예수 아래쪽에 궁정의 신하들과 병사들과 교회의 고위 성직자에 둘러싸인 황제 유스티니아누스의 모자이크가 있었다.

그 두 개의 모자이크는 제국이 인정한 예수, 그러니까 황제인 유스티니아누스가 재정복한 신민에게 깊은 인상을 주기 위해, 더 나아가 그들을 지배하기 위해 만들어진 영광스러운 제국의 한 부분으로서의 예수를 상징하고 있는 듯 보였다. 그러나 내가 이 말을 도미니크에게 했을 때 그는 내 말에 전적으로 동의하지 않는다며 이렇게 말했다.

"물론 당신이 받은 첫인상은 아마 황제가 심홍색 의상을 입고 있고, 그의 머리에 후광이 빛나고 있는 것이겠지요. 그런데 두 가지 사실에 주목해보십시오. 황제가 선물을 들고 있습니다. 제법 큰 황금으로 된 선물입니다. 그는 그 선물을 예수에게 바치고 있습니다. 그리고 또 한 가지, 황제는 서 있습니다. 당신이 황제에게서 예수 모자이크로 시선을 돌리려면 눈을 높여야 할 겁니다. 그리고 예수는 서 있지 않고 앉아 있습니다. 이를테면 옥좌에 앉아 있는 셈인데, 그 옥좌가 바로 지구입니다. 천사를 제외하면 그의 주변에 있는 사람이래야 순교자와 주교뿐입니다. 예수 주변에는 따르는 시종이나 신하가 없는 것이죠. 중요한 것은 세상 위에 앉아 있는 예수가 여전히 샌들을 신고 있다는 겁니다. 아주 오래 전에 갈릴리 언덕에서 전도를 시작할 때 신었던 샌들과 같은 샌들을 말입니다."

따라서 황제의 위상을 지닌 예수가 지상의 황제에게 인정을 받은 것이 아니라 오히려

SANVITALIS

MAXIMIANVS

(왼쪽) 라벤나의 산 비탈레의 돌출부인 반원형 돔에
그려진 세상 위에 앉아 있는 그리스도의 모습.
그리스도가 순교한 성자인 비탈리스에게
왕관을 수여하는 한편 오른쪽에서는
교회의 헌납이 이루어지고 있다.

(아래 왼쪽) 앱스 왼쪽에 있는 모자이크로 황제인
유스티니아누스가 그리스도에게 바칠 선물을
들고 있는 모습을 나타내고 있다. 황제의 머리를
둘러싸고 있는 후광은 그가 하나님의 백성을 지배하도록
선택된 군주임을 상징한다. 왼쪽 병사 중 하나가
그리스어 알파벳으로 그리스도를 의미하는
첫 두 글자인 'Chi-Rho'가 새겨진 방패를 들고 있다.

그 지상의 황제를 정복한 것이라는 게 도미니크의 설명이었다. 한 로마 황제에게 처형당한 반항자 예수가 이제는 더 높은 곳에 앉아 있고, 또다른 황제는 그 아래 선물을 들고 서 있다는 뜻이었다. 하지만 예수는 여전히 반항자 예수였고, 지상 황제의 통치 아래 가장 가난하고 혹독하게 멸시당하고 있는 많은 민중들의 지도자였던 것이다.

황제보다 우위에 있는 지위는 쉽게 얻어진 것이 아니었다. 도미니크는 그것이 예수 그리스도의 신성함을 부인한 아리우스 설(說)에 대한 논쟁의 해결에 의해 가능했다고 생각한다. 내가 배운 바로는 아리우스 설은 예수의 신성함의 정의를 순전히 교리상의 문제로 놓고 보는 것이었다. 여기에 도미니크는 정치적인 차원의 의미까지 덧붙였다. 아리우스의 논쟁은 예수를 반신(半神)의 존재, 즉 완전한 신이 아닌 작은 신쯤 되는 존재라고 믿는 아리우스의 추종자들과 예수는 인간이면서 동시에 하나님과 동등한 완전한 신적 존재라고 믿는 정통파 신자들 간의 오랜 싸움을 말한다. 도미니크에 따르면 이 논쟁에는 신학 이상의 문제가 관련되어 있다. 만일 예수가 완전한 신적 존재가 아니라면 황제가 예수와 동등한 지위임을 주장할 수 있다. 어찌 되었건 전통적으로 황제는 신과 비슷한 지위를 지닌 것으로 간주되어온 것이 사실이다. 그러나 만일 예수가 완전한 신적 존재라면 예수는 황제보다 우위에 있다는 뜻이 된다. 재미있는 것은 콘스탄티누스가 처음부터 정통파의 견해를 지지했으며, 정통파의 손을 들어준 니케아 종교회의에서 중요한 역할을 담당했다는 사실이다. 그러나 나중에 콘스탄티누스는 그 문제를 다시 생각하기 시작했던 것 같고, 그 이유는 주교들이 자기 위에 있는 신성한 예수에게 직접 호소하고 탄원할 수 있다는 사실을 깨달았기 때문이 아닌가 싶다.

라벤나의 모자이크는 예수와 교회가 국가에 대해 거둔 최후의 승리를 나타내고 있는 것은 아니다. 그 싸움은 그후로도 계속되었기 때문이다. 중세 교황들이 싸움에 뛰어들었고, 토마스 아 베케트 대주교의 경우는 헨리 2세의 권력에 대항하여 승리를 거두기도 했다. 그 싸움은 헨리 8세가 교황과 단절하면서 승리가 왕권에 돌아갔으며, 제2차 세계대전 동안 독일에서는 일부 기독교인들이 국가에 충성하는 것을 그들의 최우선 의무로 간주하기도 했다. 따라서 예수에 대한 충성이 우선이라고 생각한 기독교인들은 히틀러 정권에 불복했으며, 그 결과로 무시무시한 결과를 맞이하기도 했다.

그러나 교회가 황제에 대해 거둔 승리는 아주 중요한 것임에 틀림없다. 만일 황제가 교회를 억누른다면 교회의 임무는 흐려지게 마련이며, 결국엔 종교를 책임지는 행정기관의 한 부서쯤으로 전락했을 것이다. 그러면 아마도 교황이 아닌 황제가 최고의 주교로 알려졌을지도 모른다.

교회와 국가가 결탁할 때마다 늘 권력과 권위와 부(富)의 유혹에 빠지는 성직자가 있게 마련이다. 하지만 마찬가지로 국가와의 타협을 거부하는 기독교인들도 항상 있어왔다. 국가가 교회의 권위보다 앞서서는 절대 안 된다는 결의를 지닌 기독교인들 때문에 예수가 아직 심홍색 의상에 샌들을 신고 있을 수 있는 것이다. 기독교가 제국주의 — 포르투갈, 에스파냐, 영국 및 기타 유럽 국가의 제국주의 — 와 더불어 확산되었을 때도 고국 정부의 대의나 정책에 협조를 거부한 선교사들이 있었다. 그런 연유로 인도 같은 나라에서는 해방신학이 등장하기 훨씬 이전부터 가난한 자 편에 서서 봉사하기로 선택한 기독교인들이 많이 등장하기도 했다.

신성한 예수?

리처드 호슬리, 그리고 도미니크 크로산과 여행을 하고 난 뒤 나는 예수가 어떻게 제국의 반항자로 해석될 수 있었는지, 그가 가난한 자의 편에 섰다는 것이 기독교에게 어떤 소중한 의미가 있는 것인지 이해할 수 있게 되었다. 그러나 여전히 의문으로 남는 것은 내가 자라면서 숭배해야 할 인물로 배운 그리스도, 즉 신성한 예수에게 무슨 일이 있었는가 하는 점이다. 나와 같이 여행한 이 두 학자는 전통적인 가르침을 너무나 많이 배제하였기 때문에 신성한 예수에 관해서는 거의 아무것도 남아 있는 것 같지 않았다. 그 두 학자를 기독교인이라 칭하는 것조차 틀린 표현이 아닌가 싶을 정도였다.

라벤나에서의 마지막 날 저녁, 나는 도미니크와 그의 아내인 사라와 함께 저녁을 먹었다. 내가 궁금하게 여긴 문제를 한번 물어봐야겠다고 느낀 나는 그에게 질문을 던졌다. 막상 말하고 나니 너무 순진한 질문이 아닌가 싶은 그런 물음이었다.

"제 생각엔 당신이 지금 갖고 있는 예수에 대한 견해로 보아 로마 가톨릭교인이라 할 수 없을 것 같은데, 제 말이 맞나요?"

그는 미소를 지으며 대답했다.

"당신 질문의 뜻을 이해하긴 하지만 그 말은 틀린 것 같군요. 많은 사람들이 저에게 얘기하더군요. 사제직도 그만두고 수도사의 생활도 접고 난 뒤 내가 분명 교회나 수도원 생활이나 정식 교리에 반대하는 사람이 된 게 아니냐고요. 그들의 말은 잘해야 내가 교회를 떠난 핑곗거리를 찾는 것일 테고, 아니면 교회에 복수를 하고 있는지도 모른다는 거죠."

분명한 것은 내가 본 도미니크는 수년의 세월을 사제와 수도사로 헛되이 낭비했다는 생각에 마음에 분노만 남은 그런 사람은 결코 아니었다. 그는 대단한 균형감각과 평정심을 지닌 사람이었다. 따라서 나는 그가 다음과 같이 말했을 때 그의 말을 믿을 수밖에 없었다.

"제가 사제직을 수행하고 종교인으로 살아가는 동안 저는 정말 행복했습니다. 신학교에서 받은 교육에 대해서도 정말 감사한 마음을 잃지 않고 있어요. 예전에 매일 서너 시간씩 부르곤 하던 그레고리안 성가는 아직도 좋아합니다. 그리고 철학, 신학, 교회법 등을 연구하고 더불어 성경을 공부하면서 배운 것에 대해서도, 그 모든 공부들이 정말 무미건조한 것이긴 했어도, 그것에 대해 정말 고맙게 생각하고 있습니다. 저는 제가 속한 수도회에서 그리 행복하지 못할 때 그곳을 떠났습니다. 하지만 그후로는 정말 행복합니다."

그는 자신을 단순히 한 기독교인으로서가 아니라 특별한 임무를 지닌 기독교인으로 생각한다고 말했다. 그는 신약을 문자 그대로 해석한 데에서 기독교를 자유롭게 하는 책임이 자신에게 있다고 느꼈었다고 했다. 이탈리아 식당에서의 맛있는 저녁이 이야기에 집중할 수 없게 만들어 나는 그에게 혹 그의 입장을 설명한 글을 쓴 적이 있느냐고 물어보았다. 그는 자신이 「거의 온전한 진리」라는 글을 쓴 적이 있다며 그 글을 보내주겠노라고 했다.

그가 보낸 글에는 그의 개인적인 신조가 엿보이는 다음과 같은 대목이 있었다.

복음서의 마지막 몇 장과 사도행전의 첫 장을 문자 그대로, 사실적으로, 그리고 역사적으로 해석하는 것은 기독교를 하찮은 것으로 만들고 유대교를 비인간적인 것으로 만든다. 신약의 그 부분을 그대로 받아들이는 것이 기독교에 치명적인 거짓말을 낳게 했다. 기독교의 영혼을 비뚤어지게 하고, 기독교의 가슴을 비정하게 하고 그 정신을 야만스럽게 만든 거짓말이다……나는 우리가 역사적인 예수를 찾는 것으로 모든 것이 끝났다고 생각하지는 않는다. 그리고 나는 역사적 예수와 믿음의 그리스도를 구분짓지도 않는다. 예수 그리스도는 하나의 사실(예수)과 하나의 해석(그리스도)의 결합체다. 이 둘은 결코 분리되어서도 안 되고 혼동되어서도 안 된다. 그리고 각각은 세대마다 새롭게 이해되어야 할 것이다. 이 둘의 구조적 변증법이 기독교의 핵심이기 때문이다.

나는 이 말을 오랫동안 생각해보았다. 나는 금세기에 들어 우리 인간의 지식이 특히 급속도로 확산되고 있다고 생각한다. 따라서 이제는 역사적 예수에 관한 그 어떤 해석도 신학자의 검증을 받아야 할 뿐 아니라 역사가, 언어학자, 사회학자, 인류학자, 경제학자 등의 검증도 버텨내야 한다고 생각한다. 나는 또한 불변의 도그마 속에 단단히 갇힌 예수는 현대의 지식을 이용하는 회의론자의 손쉬운 표적이 되고 만다고 생각한다. 나는 자신들의 전통을 끈질기게 고수하고 지켜낸 기독교인들이 기독교에 어떤 피해를 끼쳤는지를 잘 안다. 그들은 그들의 모든 가르침을 믿지 못하는 사람들에게 기독교를 더욱 받아들일 수 없는 것으로 만든 사람들이다. 하지만 내가 아직 받아들이기 어려운 것은, 과연 초기의 기독교인들이 반항자 예수를 하나님의 유일한 현시로 믿었는가 하는 점이다. 그리고 또한 내가 이해하지 못하는 것은, 만일 그들이 그것을 믿지 않았다면 어떻게 교회와 그 가르침이 생겨날 수 있었을까 하는 점이다.

4
숨어 있는 예수

인도자를 찾아서

대학 학부에 다닐 때 나는 로마 가톨릭 교회에 매력을 느꼈었다. 밖에서 보면 로마 가톨릭 교회는 그 방향이 분명하고 잘 통합된, 규율도 잡힌 보편적인 교회로 보였다. 반면에 내가 믿고 있었던 영국국교회는 분열된 듯 보였고, 규율도 없으며, 전혀 보편적인 특징도 없는 것 같았다. 심지어 영국국교회가 법으로 국교로 명시되어 있는 영국에서조차 그 교회는 종종 예수가 관심을 두고 있었던 사람들 — 가난하고 비천한 사람들 — 에게 다가가지 못했다. 영국국교회는 오로지 중산층을 위한 종교인 듯이 보였다. 반면 나는 로마 가톨릭 교회의 포용 방식이 좋았다. 로마 가톨릭 교회는 노포크 공작에서부터 이민온 아일랜드 노동자에 이르기까지 영국 사회의 모든 계층을 다 포용하였고, 그래서 많은 이들이 가톨릭 신앙을 유지하고 있었던 것이다. 당시는 세계 어느 곳을 가보아도 미사가 라틴어로 진행되었다. 그러나 영국국교회는 달랐다. 영국에서조차 영국국교회에서 무엇을 기대할 수 있는지 알 수 없었다. 비록 성직자들이 법적으로 기도서의 언어를 사용해야 했지만 그 기도서의 언어가 로마 가톨릭 교회의 의식에 따른 장엄 대미사에 사용될 수도 있었다. 또한 미사는 성체배령(성찬식)과 같은 정연한 예배이기도 했으며, 또 어떤 경우에는 자발적인 특별 기도자와 함께 하는 복음주의자 예배이기도 했다.

내가 가장 마음에 끌렸던 것은 로마 가톨릭 교회는 믿음의 대상이 무엇인지, 규칙에 어떤 것이 있는지를 말해준다는 것이었다. 매주 일요일 우리는 미사를 드려야 한다는 사실을 알고 있다. 성찬식을 하기 전에 고해성사를 해야 한다는 것도 알고 있다. 금요일에는 생선을 먹어야 한다는 것도 알고 있다. 내가 어떻게 할까 궁리하기 전에 해야 할 것을 정해주는 교회에 마음이 끌렸던 것이다. 반면에 영국국교회는 좋아하는 대로 골라서 하는 식이었다. 무엇을 믿을 것인지, 어떤 규칙을 지켜야 할 것인지, 마치 메뉴를 고르듯이 그렇게 선택했던 것이다. 나는 교회를 떠나고 싶지는 않았다. 그러니 차선책으로 내가 할 수 있는 일은 로마 가톨릭 교인처럼 하는 일이었다. 국교회 사제에게 나를 맡기고 그에게 내가 할 수 있는 일을 대신 생각해달라고 하는 것이었다. 그런데 나중에 나는 그런 나의 태도가 잘못된 태도라는 사실을 깨닫게 되었다. 나는 시키는 대로 하고 싶었던 것이지 스스로 찾아 나서는 용기를 보이지 않았던 것이다. 결국, 대학을 졸업하고 나를 지켜주시던 사제 곁을 떠나자 그리스도교의 예수가 사라지기 시작했다. 교회를 가는 일도 줄어들었고, 죄악에 대한 생각과 염려도 시들해졌다. 급기야 나는 인정하고 싶지는 않았지만 과연 나자신이 교회의 테두리 내에 있는 것인지 의문이 들기 시작했다.

예전의 나에게 그랬듯 하나의 기구로서의 교회가 많은 사람들에게 문제로 등장하고 있다. 최악의 경우 교회는 정당한 질문을 짓누르고 사람의 정신적 삶을 속박할 수 있는 기구이다. 때로 규칙과 형식에 너무 집중하고 신경을 쓰다보니 종교에서 그 모든 신선함이 사라진 것 같은 느낌도 든다. 하지만 나는 아직도 교회가 없었더라면 예수가 오늘날까지 영향력 있는 존재로 살아남지는 못했으리라고 믿는다. 나는 교회가 신앙의 빛이 휩쓸려 빠져나가는 것을 방지하고 정신적 현실에 너무 과도히 몰입하는 것을 방지해주는 램프의 갓과 같은 역할을 한다고 믿고 싶다. 그러나 교회의 역사는 하나님에 대해 신선한 안목을 지닌 사람들의 빛이나 이제는 상실되어 다시 되살릴 필요가 있는 옛 사람들의 지혜의 빛을 얼마나 자주 가려왔던가. 때로는 그런 지혜의 빛이 세상에 비치는 것을 막으려고 온갖 수단을 다 동원한 것이 바로 교회였다.

유럽 전역에 걸쳐 대규모 영토를 소유하고 있던 막강한 권력의 중세 교회는 프란체스코회 구성원들이 가난을 설교하고 순회 전도 생활을 시작하자 그들을 탄압하려고 애썼다. 프란체스코 수도회를 창시한 아시시의 성 프란체스코는 기독교에 대한 자신의 생각이 대수도원장과 왕들의 안락한 생활이나 그들이 누리는 부(富)보다는 예수의 삶에 더 가까이 다가가는 길이라고 생각했다. 예수 가르침의 빛을 가리고 있던 교회는 그런 프란체스코 수도회의 사람들을 이교도라고 박해했다. 하지만 프란체스코 수도회는 그 박해를 극복하고 살아남았을 뿐 아니라 그들 자신의 힘으로 강력한 세력을 이루게 되었다.

종교개혁 이후 또다른 급진적 성향의 교사가 교회와 불화 관계에 놓이게 되었다. 이그나티우스 로욜라였다. 그는 각 개인이 자신의 신앙을 바탕으로 복음서의 예수와 만날 수 있다는 생각에서 또다른 방식의 기도 방법을 내놓았던 것이다. 마거릿 헤블스웨이트가 자신의 저서 『만물에 계신 하나님을 찾아서』에서 언급했듯이, 이그나티우스의 새로운 기도 방식은 사람들로 하여금 "하나님이 각 개개인을 이끌어갔듯이, 각자가 나름의 방식과 속도로 나아갈 수 있게" 하였다. 그를 비판한 가톨릭 비판가들의 입장에서 보면 이그나티우스의 생각은 교회가 비난했던 프로테스탄트의 개인주의처럼 그들의 입장과는 배치되는 생각이었다. 에스파냐의 그 유명한 이단 심문소와 충돌을 빚었던 이그나티우스는 자신의 연구를 계속하기 위해 어쩔 수 없이 파리로 가야 했다. 그리스도교 당국에서는 그의 추종자들인 예수회 사람들을 사적인 신비적 경험에 현혹된 자들이라 비난하면서 교회가 결정한 예수로 향하는 길을 따르도록 촉구하였다. 예수회 사람들은 프란체스코회 사람들처럼 모든 비난을 극복하고, 그 수와 영향력을 계속 확대하여 교회 역사상 가장 영향력이 큰 선교회가 되었다. 그리고 예수회는 교회에 대한 그들의 충성심에 대한 증표로 교황에게 복종해야 한다는 점을 거듭 강조하였다. 점차 예수회는 정통 가톨릭교의 강력한 수호자로 알려지게 되었고, 심지어 이단 심문에도 나름의 역할을 다하기 시작했다. 최근에 예수회는 다시 가난한 사람들과 억압받는 사람들을 위해 목소리를 높이면서 급진적인 성향을 띠게 되었다. 그리고 이에 대한 반동으로 교회의 보수적인 본능이 다시 살아나게 되었다. 교회의 보수적인 인사들은 해방신학을 인정하지 않았으며, 따라서 예수회나 그 밖의 다른 파들이 내비치기 시작한 새로운 빛을 흐리게 하려고 애썼던 것이다.

영국국교회의 충실한 신자였던 웨슬리 형제는 18세기 영국에서 신앙의 빛이 점차 흐려지고 있다는 사실을 간파하였다. 기성 교회는 농토를 버리고 새로운 산업지대를 찾아 나선 노동자 무리에게 해줄 말이 아무것도 없는 듯했다. 그저 착한 행동을 하고 사회에 순응하라는 식의 무미건조하고 당연한 내용의 설교가 전부였던 것이다. 존 웨슬리는 인간의 삶을 변화시키고자 하는 복음의 메시지에 사로잡혔다. 그는 급진주의자는 아니었지만 각 개인에게는 하나님의 사랑을 경험할 수 있는 능력이 있다고 믿었다. 그는 말을 타고 1만 3천 킬로미터의 거리를 돌아다니며 사람들에게 자신의 메시지를 전파하였다. 하지만 교회에서는 그를 교회의 중요한 일원이 아닌 위험한 열정주의자로 간주하기 시작했다. 결국 그가 사망하고 난 뒤 그의 추종자들은 영국국교회와 결별하였다. 그렇게 해서 개인의 성스러움을 강조하고 존의 동생인 찰스의 뛰어난 찬송가를 앞세운 메소디스트 교회가 설립

되었다.

교회 역사에서 찾을 수 있는 앞의 세 가지 예는 교회가 단순한 가르침을 넘어 사람들에게 영감을 불어넣고 그들에게 새로운 빛을 비춰주는 사람들과 늘 불화를 빚었다는 사실을 여실히 보여준다. 특히 교회는 사람들에게 직접적인 영적 경험의 가능성을 제시하는 개혁론자들과 심한 불화 관계에 있었다.

그러나 오늘날 사람들이 구하고 있는 것은 바로 영적인 감화다. 오늘날도 계속 성장하고 있는 교회의 여러 분파들이 예수를 개인적으로 심각하게 체험할 수 있다는 가능성을 제시하고 있는 분파라는 사실 또한 매우 의미심장하다. 그리스도와의 직접적인 관계를 강조하는 복음주의가 점점 성장하고 있다. 또한 이그나티우스의 영적 체험에 대한 관심 또한 다시 살아나고 있다. 오늘날 많은 기독교인들이 찾고 있는 예수는 우리가 각자의 방식으로 하나님께 다가갈 수 있는 길을 안내하는 개인적인 구주이다. 그러한 예수는 현자이기도 하고, 정신적 지도자이기도 하고, 지혜의 교사이기도 하다. 그런데 교회의 입장에서 보아 그런 개인적인 예수에게 문제가 있다면 그것은 그가 종종 추종자들로 하여금 종교 당국에 비판적인 입장을 취하도록 한다는 사실이다. 말하자면 개인적인 예수의 추종자들은 예수가 그의 시대의 종교 당국에 반대했던 것처럼 우리도 개인의 삶보다는 정신적인 권력기관이 더 우위에 있다고 강조하는 사람들에게 반대해야 한다고 주장하는 경향이 있다는 것이다.

그렇다면 예수가 원래 권위나 기성 제도나 기관, 심지어 종교기관까지 전복하려고 했던 비판자이자 국외자라고 믿는 데 어떤 역사적 근거가 있는 것일까? 그렇다고 주장하는 학자들이 있다. 그들은 그 예를 4복음서뿐 아니라 정전(正典)이나 공식적인 문서로 인정받지 못한 다른 문서에서 찾을 수 있는 예수의 말씀과 예수의 이야기를 근거로 들고 있다. 또한 교회는 예수가 정통 기독교인들과 불편한 관계에 있었음을 보여주거나 암시하는 문서나 말씀이 있으면 그것이 어떤 것이든 감추거나 억압하려고 무진 노력을 기울였다는 사실을 나타내는 증거도 있다. 그리고 자신들의 예수를 공개적으로 찾아 나선 초기 기독교인들의 단체도 분명 있었다. 그중 어떤 이들은 교회에서 내세우는 예수를 의심했으며, 또 어떤 이들은 노골적으로 반대하고 나섰던 것이다. 이런 사실도 역시 기독교 역사 초기부터 예수가 그의 시대에 국외자였음을 믿었던 사람들이 있었다는 증거가 아니겠는가.

이집트의 영향

　이집트는 기독교 정통파와 예수에 관한 또다른 대안의 전통을 만들고 그것을 따랐던 사람들 간의 초기 격전장이었다. 물론 이집트는 고대 문명의 중심지였다. 지금도 그곳은 과거의 유산을 보존하고 있는 거대한 박물관이며, 고고학자들의 놀이터이다. 뜨겁고 건조한 사막 기후가 다른 기후라면 소멸되었을 과거의 유산을 잘 보존해주었던 것이다. 신전, 피라미드, 파피루스 문서, 자기, 상형문자, 미라 등이 바로 아직도 보존되어 있는 그 유산들이다. 그런데 서구 학자들은 이 이집트 문명이 기독교에 미친 영향에 대해서는 별 신경을 쓰지 않고 무시해왔다. 그들은 이집트가 팔레스타인과 이웃이라는 지리적인 요소도 간과했다. 대신 서구 학자들은 오로지 유대와 그리스가 기독교의 신앙과 관습에 어떤 영향을 미쳤는지에 대해서만 신경을 써온 것이다. 하지만 마태복음에 나와 있듯이 예수가 초기에는 이집트에서도 지내지 않았는가.

　이집트 문명은 놀라운 생존 능력을 지닌 문명이었다. 파라오 왕조는 무려 30세기 동안 계속되었다. 구약에 따르면 이집트의 한 파라오가 자신이 꾼 꿈의 내용—'살찌고 아름다운' 소 일곱 마리의 뒤를 이어 '파리하고 흉악한' 일곱 마리의 소가 나타난 꿈—을 해석한 히브리의 노예 요셉에게 7년 동안 이어질 기근을 준비하라고 그 책임을 맡긴 것으로 알려져 있다. 또한 또다른 파라오는 히브리 노예들을 감독하고 감시할 잔인한 감독관을 두어 하나님이 벌로 내린 7가지 재앙에도 불구하고 히브리 노예들이 도망가지 못하도록 한 것으로 전해진다. 그 파라오 왕조는 결국 기원전 332년에 알렉산드로스 대왕에게 정복되고 말았다. 파라오들의 후계자로 환영을 받은 알렉산드로스는 지중해 연안에 알렉산드리아라는 거대 도시를 창건하기도 했다.

　알렉산드로스 대왕이 사망하고 난 뒤 여러 장군들이 제국을 분할하였고, 그 결과 프톨레마이오스가 이집트의 지배자가 되었다. 그는 그리스어를 공식 언어로 채택하고 헬레니즘을 도입하였다. 그러나 그와 그의 뒤를 이은 프톨레마이오스 왕조의 왕들은 이집트의 고대 문화와 종교가 헬레니즘이라는 새로운 문명과 더불어 번창하도록 묵인한 지도자들이었다. 또한 프톨레마이오스 왕들은 유대 문화에도 관심을 보여 랍비로 하여금 히브리 성서들을 그리스어로 번역하도록 하였다. 가령, 이집트 유대인 가운데 가장 유명한 필론은 예수와 동시대를 살았던 사람으로 유대 성서에 관한 주석서를 쓴 것으로 잘 알려져 있다. 그는 역사적인 사건이나 이야기를 시간을 초월한 보편적인 진리를 나타나는 알레고리라고 해석했으며, 진정한 하나님은 영원한 존재이자 초월적인 존재라고 믿었다. 따라서 그는 성서에서 하나님이 누군가에게 나타났다는 것 — 예를 들어 하나님이 불타는 수풀 속에 있는 모세에게 나타났다는 것 — 은 하나님의 말씀이 들렸다는 뜻이라고 주장하였다. 하나님의 말씀은 일종의 제2의 하나님, 대화하는 하나님으로 천사나 메신저의 모습으로 나타난다는 것이다. 이러한 필론의 주장이 요한복음에서 예수를 하나님의 말씀으로 그리게 된 토대가 되었다. 또한 제2의 하나님이라는 개념은 삼위일체라는 기독교 교의의 씨앗이 되었던 것이다.

예수가 태어날 때쯤 이집트의 마지막 여왕 클레오파트라와 그녀의 연인 로마인 마르쿠스 안토니우스가 로마군에게 패배하면서 이집트는 로마제국에 합병되고 만다. 이로써 그 고대국가에 또하나의 문명이 영향을 미치게 되었다. 바로 이 문명의 용광로에서 기독교가 출현하였다. 전해지는 말에 의하면 기독교 신앙을 처음 이집트에 전파시킨 것은 바로 성 마가였다. 문화의 중심지였던 알렉산드리아는 필론의 철학을 더 발전시켜 이교도의 세계에 예수가 얼마나 중요한 존재인지를 설명하던 성경학자들이 있는 중요한 기독교의 교구였다. 따라서 예수가 히브리 성서의 내용을 완수하는 존재라는 믿음을 지니고 있었던 교회가 이집트 이교도들이 여전히 숭상하던 고대문명을 애써 감추려고 노력했다는 사실은 그리 놀라운 일이 아니다.

교회가 점차 온건한 입장을 취하면서 교회의 정통파와 자신의 예수를 찾으려는 기독교인들 사이의 불화의 원인이 되었던 초기의 예수 메시지에 대한 엄정한 해석을 많이 상실한 것도 사실이다. 초기 3세기 동안의 기독교 시대에는 이따금 관용의 시기가 있기도 했지만 대체로 교회에 대한 박해가 밀물처럼 닥칠 때가 있었다. 순교는 처음부터 기독교 역사에 존재해온 셈이었다. 예수도 그의 믿음 때문에 죽임을 당했고, 그의 뒤를 이어 예루살렘 교회의 지도자이자 주님의 형제라 불리던 야고보도 순교를 당했다. 그리고 베드로 역시 로마에서 십자가에 못박혔다고 전해진다. 디오클레티아누스가 황제였던 3세기 말에는 또다시 기독교인들에 대한 박해가 있었다.

순교자들에 관한 이야기는 굉장히 많고 또 많이 알려져 있다. 수사였던 아폴리니우스는 알렉산드리아의 많은 신자들에게 순교의 길을 찾으라고 권고했으며, 그 결과 그는 이교도 심판관 앞에서 재판을 받아야 했다. 그런데 그의 첫 마디가 그는 자신을 비난하고 고발한 사람들을 용서한다는 말이었다. 그의 이 말에 깊은 감명을 받은 한 사람이 자신이 아폴리니우스를 고발한 것은 옳지 않은 일이었다고 심판관에게 말했지만 성난 심판관은 아폴리니우스와 그 고발인을 함께 산 채로 화형에 처하라고 명령했다. 화형의 불이 붙었다. 그러나 기적처럼 이슬을 머금은 안개구름이 몰려와 불길을 꺼버리고 말았다. 들리는 말에 의하면 심판관이나 화형식을 보러 몰려든 군중이나 모두가 놀라 이렇게 외쳤다고 한다. "하나님이다. 기독교인들의 하나님!" 그 사건에 관한 이야기를 들은 알렉산드리아의 로마 장관이 병사들을 파견하여 아폴리니우스와 심판관, 그리고 고발인까지 모두 소환하도록 명령하였다. 그런데 그들을 소환하는 도중에 아폴리니우스의 증언을 듣고 감복한 병사들이 모두 개종하고 말았다. 그 결과 모두 사슬에 묶여 로마 장관 앞에 끌려가는 사태가 벌어지고 만 것이다. 사태가 걷잡을 수 없이 확산될 것을 우려한 장관은 황급히 명령을 내려야 했다. 아폴리니우스가 더이상 다른 사람들을 개종시키기 전에 얼른 바다에 처넣으라는 명령이었다.

아폴리니우스의 심판과 죽음에 관한 이야기가 어디까지 진실인지는 알 수 없으나, 아무튼 그의 이야기와 그 밖의 다른 순교 이야기가 몰고 온 파장은 엄청났다. 박해받는 기독교인들이 특히 용기를 얻을 수 있었던 것은 순교와 관련된 기적의 이야기였다. 많은 사람들이 순교의 방법을 적극적으로 찾았던 것은 순교를 천국에서의 보상이 보장되는, 즉 순교자에게는 영원한 삶의 왕관이 보장되는 죽음으로 보았기 때문이다. 기독교인들의 그런 확신은 오늘날 그들 신앙을 위해 죽음을 두려워하지 않는 회교의 젊은 자살 공격자들의 확신과 흡사하다. 그들 역시 자신들의 죽음이 하늘에 오르는 확실한 보증수표를 얻는 방법이라는 믿음 속에 오히려 행복을 느끼는 사람들인 것이다.

순교자의 시대는 콘스탄티누스 황제가 기독교를 공식 종교로 선언한 이후 돌연 종식되고 말았다. 이제는 기독교 역사상 처음으로 국가가 교회를 박해하는 것이 아니라 같은 편에 서 있다는 입장을 취한 셈이다. 기독교인이 되는 것이 이제는 유행처럼 번지고, 사회적으로 유리한 점이 많은 위치에 오르는 길처럼 여겨지게 되었다. 물론 이런 경향은 불가피하게 그 반발도 불러일으켰다. 지배계급이 기독교를 용인할 때 과연 그 신앙이 전과 같은 열정과 순수함을 유지할 수 있을 것인가? 더이상 반기독교의 적대감이 존재하지 않는다면 순교자들의 희생은 어떻게 체험될 수 있을까?

황야의 은둔자

기독교인들이 이 어려운 질문에 대한 해답을 찾으려고 애썼던 곳이 바로 이집트였다. 불모의 사막이 다른 형태의 순교를 제공한 셈이었다. 이를테면 적대적인 환경 속에서 극단적인 금욕의 삶을 살면서 생 가운데 죽음을 체험하는 것이 바로 목숨을 버리는 예전의 순교를 대신하는 대안의 순교였다. 이것이 바로 수도원 운동의 시작이 되었던 백색의 순교였다. 수많은 사람들이 개인의 구원을 찾아 교회나 도시를 떠나 은둔자의 길로 나섰다. 그러는 가운데 일부는 기존 교회와 갈등을 겪기도 했다.

세상에서 가장 오래된 기독교 수도원은 홍해에서 약 64킬로미터 정도 떨어진 곳에 있는 이집트의 사막에 위치해 있다. 그곳으로 누구든지 차를 몰고 가다보면 열기에 이글거리는 끝없이 펼쳐진 사막이 과연 어디서 끝날지 궁금해하지 않을 수 없다. 그러니 약 4세기경, 걸어서 혹은 말을 타고 그곳에 갔을 기독교인들은 어떠했을까? 사람 하나 만날 수 없고 아무것도 없는, 오직 모래만 가없이 펼쳐진 사막이 아니었겠는가. 지금도 그곳엔 홍해에서 이어진 송유관만이 길게 뻗어 있을 뿐이다. 사막의 사부(師父)들이 찾았던 곳이 바로 그 텅 비고 황량한 곳이었다. 그런 이유로 성 안토니우스도 불모의 장소에서 살기로 선택한 것이었다.

기원후 251년경에 중앙 이집트에서 부유한 농부의 아들로 태어난 성 안토니우스는 복음서의 다음의 말을 듣고는 고독한 삶을 살기로 결정했다고 전해진다. "네가 가진 것 모두를 팔아 가난한 자들에게 주라." 이 말은 어느 부유한 젊은이가 예수에게 어떻게 해야 영생을 누릴 수 있느냐고 물었을 때 예수가 그에게 들려준 충고였다. 안토니우스는 복음서의 이 말을 있는 그대로 받아들여 전 재산을 팔고는 살던 곳을 떠났다. 곧 그는 금욕의 삶을 사는 사람으로 세상에 알려지기 시작했고, 알렉산드리아에서 많은 사람들이 그런 그를 만나기 위해 몰려왔다. 그러자 안토니우스는 자신에게 찬사를 보내는 사람들을 피해 나일강을 건너 지금의 수도원 자리인 홍해 근처의 사막에 자리를 잡았다. 그곳에서 안토니우스는 늙은 은둔자인 바울을 만나고, 바울은 곧 안토니우스의 조언자가 된다. 성 안토니우스의 수도원에는 바울과 안토니우스가 만나는 모습을 그린 모자이크들이 있다. 바울에게

이집트 사막에 있는 성 안토니우스 수도원 바깥에 있는 모자이크. 콥트교(이집트 그리스도교) 수도사의 복장을 한 성 안토니우스의 모습을 그리고 있다.

는 매일 그에게 빵 반 덩어리를 날라다주는 까마귀가 한 마리 있었다. 그런데 안토니우스가 도착했을 때 그 까마귀가 빵 반 덩어리가 아닌 한 덩어리를 들고 나타났다고 한다. 까마귀가 빵을 물고 나타나자 두 은둔자가 손을 들어 축복하는 장면이 모자이크에 그려져 있는 것이다.

안토니우스의 추종자들은 그들의 정신적인 안내자인 안토니우스가 떠나자 그를 따라 사막으로 향했다. 안토니우스는 그들을 도와 수도원을 세우고 그들을 금욕의 삶으로 안내했다. 나중에 안토니우스는 수도원을 보호하듯 둘러싼 산으로 올라가 동굴에 거처를 마련하였다. 그는 수도원 경내에 있는 우물에서 물을 길어오기 위해 매일 산을 오르내려야 했다. 뜨거운 사막의 열기에 무척 고단한 일이었다. 그가 물을 긷던 우물에서 매일 기적처럼 거품이 넘쳐 흘렀다고 전해진다.

성 안토니우스 수도원은 쌍둥이 탑 교회를 둘러싼 눈부시게 하얀 성채로 그 안에는 여러 개의 돔이 무리를 짓듯 몰려 있다. 도로변에서 보면 수도원이 모래에서 곧장 솟아난 듯한 모습으로 보인다. 그 수도원은, 반들반들한 복도에 지붕이 달린 회랑이 있고, 아름다운 단선율 성가가 울려 퍼지는 예배와 고요 속에 이루어지는 공동의 식사가 특징인 서구 유럽의 규율과 질서가 잘 잡힌 수도원과는 다르다. 아직도 성 안토니우스 수도원에서 수도사가 되는 것은 순교자의 길을 따라가는 한 방법이라고 여겨지고 있다. 수도사들은 아주 단순한 검은색 카속을 입고 금색의 작은 십자가들이 수놓인 검은색 보닛을 쓴다. 또한 생활 태도나 행동을 보면 서구의 수도사들보다 더 개인적인 성향이 강하다. 따라야 할 규율이 없는 것은 아니지만 그렇게 엄격하지는 않으며, 각 수도사들은 자신의 정신적인 지도자와 더불어 적절한 수준의 금식과 기도를 한다. 오늘날에도 그곳 수도사들의 삶에는 사막 전통의 특징이 일부 남아 있다.

몸은 가냘프지만 얼굴엔 늘 미소가 떠나지 않는 이집트 출신 수도사로 영어를 완벽하게 구사하는 디오스코루스 신부는 수도사 소명의 본질은 혼자 있음에 있다고 하면서 이렇게 말했다.

"여기에 있는 모든 사람들은 은둔자가 되기를 진정으로 원하고 있습니다."

수도원 밖에는 조그마한 동그란 모양의 오두막과 석조 건물들이 옹기종기 모여 있는데, 그곳에는 수도원의 허락을 받은 자들이 고독 속에 살고 있다. 수도원 내에서도 각 수도사들은 혼자서 식사를 한다. 또한 각 수도사들은 그들의 정신적 아버지 역할을 하는 대수도원장과도 개인적인 친교관계를 유지하고 있다.

대체 사막에 어떤 매력이 있단 말인가? 디오스코루스 신부는 사막이 바로 성 안토니우스의 예를 따르는 증거라고 생각한다. 그는 고대의 그 은둔자가 아직도 오늘날의 제자들과 가까이 있으면서 그들을 이끌고 감화시키고 있다고 느끼는 것이다.

성 안토니우스는 미래를 생각했던 사람이 아니었다. 그는 글자를 몰랐던 것으로 알려져 있으며, 글을 남겨 자신에 대한 기억이나 자기 업적에 대한 기억을 영속화하는 것이 자신의 일은 아니라고 생각했던 사람이다. 그런데 그 일을 기원후 328년에서 373년까지 알렉산드리아의 주교로 있으면서 성 안토니우스를 존경했던 성 아타나시우스가 했다. 성 아타나시우스가 쓴 성 안토니우스의 전기는 그리스어로 된 원본이나 나중에 라틴어로 번역된 것이나 모두 베스트셀러가 되었으며, 후에는 서구로까지 전해져 고독한 삶에 매력을 느낀 많은 사람들에게 큰 영향을 미쳤다. 성 안토니우스의 전기가 없었다면 수도원 생활이 그렇게까지 확산되지 않았을지도 모른다.

수도사들의 삶에 관해 오늘날 우리가 알고 있는 대부분은 4세기에 예루살렘에서 온 방문객들이 이집트를 여행하고 쓴 여행기에서 나온 것이다. 예루살렘 사람들은 수도사나 은둔자들이 극도의 고난을 이겨내고 엄격한 금욕 생활을 하는 것에 깊은 감명을 받았다. 그 방문객들이 사막으로 수도사들을 찾아가는 동안 그들은 길을 잃지 않도록 조심해야 했다. 그들이 기록에 남겼듯이, "자칫 실수하면 사막에서 길을 잃고 목숨이 위험한 지경에 빠질지도 모르는 일"이었기 때문이다. 은둔자들이 즐겨 찾던 곳은 알렉산드리아에서 그리 멀지 않은 나일 강 서쪽 삼각주에 있는 스케티스라는 지역이었다. 그곳은 염분 퇴적물이 가득한 평평한 모래사막으로, 남자들이, 때로는 여자들이 작은 공동체를 형성하여 같이 살았던 곳이다. 예루살렘 방문객들은 여행기에 이렇게 적어놓았다. "그곳의 수도사들은 모두가 완전함, 극도의 성숙함을 이룬 사람들이었다. 실제로 완전하지 못한 사람들은 그곳에 머물 수 없었다. 그곳은 거친 불모의 땅으로, 삶에 필요한 그 모든 것들이 하나도 없는 곳이기 때문이다."

그 모든 어려움에도 불구하고 수도원 제도는 거의 대중적인 운동으로 발전해갔다. 성 안토니우스가 죽고 난 뒤 채 50년도 안 된 세월 동안에 팔레스타인과 이집트 사막지대에

(다음쪽) 성 안토니우스가 홍해 근처 사막에 설립한 세계에서 가장 오래된 수도원.

수많은 은둔자와 더불어 약 7백여 개의 수도원이 세워졌다고 전해진다. 일부 학자들은 약 50만 명 정도의 기독교인들이 사막으로 떠났을 거라고 추정하지만 정확한 숫자는 아무도 알 수 없다. 학자 수녀인 베네딕타 워드는 고대 텍스트에 나타난 숫자를 문자 그대로 받아 들여서는 안 된다고 하면서도 이렇게 말한다. "그 숫자들을 터무니없는 것으로 치부해버리는 것도 옳지 않다. 예전에 의미 없는 것으로 무시해버린 주장들 가운데 일부가 고고학적인 발견에 의해 사실인 것으로 드러나는 예에서 알 수 있듯이 우리는 모든 일에 조심스럽게 접근해야 한다. 결국 수도원 제도라는 게 당시 인기 있던 삶의 방식이 아니었겠는가."

많은 기독교인들은 사막의 사부들을 지극한 존경의 눈초리로 바라보았다. 그 은둔자들은 평화를 추구한 사람들이며, 아버지가 돌아오기를 기다리는 자식처럼 그리스도를 기다린 효심 가득한 아들이었다. 그들이 원하는 모든 것은 하나님이 채워주셨다. 그들은 기적을 행하는 사람들로 간주되었으며, 굉장히 뛰어난 정신적 능력을 지니고 있어 사람들은 그들의 기도에 의지하고 믿고 따랐다. 그들 시대에 대기를 오염시켰던 것은 오늘날과 같은 자동차 배기가스나 기타 유해 가스가 아니라 악마와 악령들이었다. 베네딕타 워드 수녀가 말했듯이, 기도를 하는 수도사들은 "그냥 서 있음으로써 대기를 정화시키는 나무들"과 같은 존재였다.

그러나 모든 사람들이 다 사막의 사부들을 존경의 눈으로 바라보았던 것은 아니다. 로마제국 당국은 세금 납부를 회피할 뿐만 아니라 제국 군대에 징집되는 것을 피해 다니는 사람들을 좋아하지 않았다. 사막의 사부들은 결혼도 하지 않았다. 따라서 자식을 낳을 리만무였으며, 그런 점을 로마제국에서는 반사회적인 행동이라 생각했다. 때로는 그리스도에 대한 뜨거운 열정이 사막의 사부들을 광신, 더 나아가 폭력으로까지 몰고 가기도 했다. 광신적인 수도사들은 이웃의 이교도를 공격하기도 했으며, 심한 경우는 폭동과 신전의 방화가 일어나기도 했다.

수도사들은 교회의 지도자들과도 갈등을 빚었다. 사막에 살면서 그들 자신의 구원을 구하고 있던 사막의 사부들은 그리스도 교회의 일에 관심이 없었다. 성 안토니우스의 삶을 봐도 성찬식과 관련된 언급이 하나도 없으며, 또한 다른 글에 보면 많은 수도사들이 그렇게 정기적으로 성찬배수를 하지 않았다고 한다. 그들은 서품식에 대해서도 별로 신경을 쓰지 않았던 듯하다. 사막의 사부 가운데 한 사람인 리코폴리스의 요한이 예루살렘에서 온 방문객들에게 그들 가운데 혹 성직에 임명된 사람이 있느냐고 물었다 한다. 부제(副祭)가 한 사람 있었지만 사막의 사부들이 그런 직을 인정하지 않는다는 이야기를 들은 그 부제는 손을 들지 않았다고 한다. 그러나 요한이 그 사실을 알고는 그를 몹시 야단쳤다. 그가 부제라는 사실 때문이 아니라 거짓말을 했기 때문이었다.

사막의 사부들은 사람들을 가르치는 일을 꺼렸다. 그들은 겸손을 매우 중시했으며 따라서 자신들이 다른 사람보다 더 많이 안다든가, 전수해야 할 지식이나 지혜가 있다는 생각을 하지 않았다. 리코폴리스의 요한은 예루살렘에서 온 방문객들에게 왜 많은 고생을 하며 굳이 "볼 것도 경탄할 것도 아무것도 갖고 있지 못한 가난하고 소박한 사람들"을 보러 왔느냐고 물었다. 수도사들이 애써 나서서 가르치려 하지 않는다는 사실을 넌지시 암시하면서 요한은 이렇게 말했다. "우리는 게을러 동굴 밖으로 나오는 것조차 싫어하는 사람들입니다." 이런 수도사들의 태도는 사람들에게 가르칠 권한이 있다고 주장하는 교회의 입장과는 분명 다른 것이었다.

수도사들은 또한 책을 통해 지혜를 얻는 일도 회피하였다. 안토니우스는 그에게 찾아온 한 철학자에게 이렇게 말했다고 전해진다. "오, 철학자여, 책은 창조된 물건의 속성밖엔 없다네. 하나님의 말씀을 읽으려 할 때마다 그것이 내 손안에 있으니……"

그리고 수도사들은 자신들의 삶의 방식이 바로 예수의 삶을 본보기로 삼아 실천에 옮긴 삶의 방식이라고 믿었다. 예수는 악마와 싸우기 위해 거친 광야로 갔고, 수도사들 역시 그랬다. 모든 것을 팔아 가난한 자들에게 나누어 주라는 예수의 말씀에 씁쓸하게 돌아선 부유한 젊은이와는 달리 그들은 전 재산을 팔아 가능한 한 간소한 삶을 살았다. 예수는, 스스로의 삶뿐만 아니라 주변의 다른 사람들의 삶도 고난과 고통의 삶으로 만들었던 시름에 잠긴 경건한 청교도가 아니었다. 수도사들도 청교도와 같은 존재가 아니었다. 예루살렘에서 온 방문자들은 리코폴리스의 요한을 '밝게 웃는 얼굴'을 지닌 사람이라고 묘사했다. 요한과 그를 따랐던 수도사들은 서로를 사랑하라는 예수의 가르침을 실천하려고 노력한 사람들이었다. 이 사막의 사부들과 관련된 기적과도 같은 이야기들이 많다. 한 방문자는 이런 기록을 남겼다. "그리스도에 대한 그들의 신앙이 이미 산을 움직일 정도인데 굳이 그것에 대해 길게 이야기할 필요가 있는가? 그들은 강줄기를 막아 발을 적시지 않고 나일 강을 건넜다. 그들은 사나운 짐승들도 물리쳤다. 그들은 선지자들과 사도들이 행했던 것과 같은 일들, 즉 병든 자를 치료하고 기적을 행하며 권능의 힘을 행사한 사람들이다. 구세주가 그들을 통해 기적을 행하시는 것이 아니겠는가."

　사막의 사부들은 때로는 오늘날에는 도저히 불가능할 것 같은 지극히 검소한 삶, 금욕의 삶을 살기도 했다. 가령, 시리아 사막의 어느 나무 기둥 꼭대기에서 살았던 그 유명한 주상고행자(柱上苦行者) 성 시므온을 오늘날 우리 같으면 괴짜라고 불렀을 것이다. 시므온이 살았던 시대에 그를 비난하던 사람들은 그의 태도를 영적 허영심에 지나지 않는다고 비판하였다. 그러나 시골 농부들이 그에게 전폭적인 지지를 보냈으며, 그로 인해 근처 수도원에 많은 사람들이 찾아와 수도의 길을 따라나서기도 했다. 그는 교회의 정신적인 지주이기도 했다. 따라서 교회의 주요 위원회에서는 심의 내용을 최종 확정하기 전에 그에게 동의 여부를 묻기도 했던 것이다.

　그런 점이 바로 교회의 딜레마였다. 교회는 자신의 예수를 찾아 나섰던 주상고행자 성 시므온과 같은 수도사들이 대중으로부터 인기를 얻고 있다는 사실을 무시할 수는 없었다. 그렇다고 그런 개인주의 수도사들에 의해 교회의 권위가 훼손되는 것을 그대로 방치하고 있을 수도 없었다. 그런 위험을 잘 알고 있었던 가이사랴의 주교인 바질은 사막의 개인주의가 자기 책임하의 수도사들에게 영향을 미치지 않도록 예방책을 취하기 시작했다. 그는 고독한 한거(閑居)를 이상으로 삼는 태도를 거부하고, 수도사들은 복종의 규율 아래 자신들이 속한 공동체에서 같이 생활해야 한다고 주장하였다. 그는 영적인 허영과 광적인 신앙을 혐오했으며, 따라서 허락 없이 금식을 하는 수도사들을 엄히 벌하기도 했다. 또한 그는 수도사가 되려는 사람들은 일정 기간 수련을 해야 하고 엄숙한 선서도 해야 한다고 주장하였다. 이러한 바질의 온건주의는 그후의 수도원주의에 중요한 의미를 지닌다. 그는 중세 이후 서구 교회의 모든 수도사들의 규범이 된 성 베네딕트 규칙의 기본적인 틀을 제공하였던 것이다.

사막의 사부들 : 현대적 해석

　오늘날 이집트의 수도원들은 과거의 전통을 그대로 유지하고 있다. 많은 수도원들이 초기 수도원 시대의 유물인 값진 문서와 성상(聖像), 프레스코 등을 소장하고 있다. 그리고 거의 대부분의 수도사들이 이집트 정교인 콥트교에 속해 있다. 콥트교인들은 회교 국가인 이집트에서 소수 종파 가운데 규모가 제법 큰 교파로 인구의 약 10퍼센트를 차지하고 있다. 오늘날 콥트교에 입교하는 젊은이들은 대체로 화학, 식물학, 공학 등을 전공한 학위 소지자로 교육을 잘 받은 젊은이들이다. 성 안토니우스 수도원의 수도사들은 때가 되면 자신들의 식량을 자신들이 재배해서 먹게 되리라 희망하고 있다. 물론 아직은 일주일마다 카이로에서 물자를 공급해주는 차량에 의존하는 편이지만 이미 수도원 경내에 올리브와 과일 나무들을 재배하고 있다. 종종 그들은 여가 시간이 되면 씨앗 목록을 보며 시간을 보내기도 한다. 디오스코루스 신부는 사막의 고요와 정적이 그런 수도원 생활로 사람들을 끌어들인 것이라고 믿고 있다. 압박과 스트레스와 소음과 매연으로 가득한 현대인의 삶에 염증을 느낀 사람들이 소박하고 간소한 삶을 찾는 것은 당연한 일이 아닐까?

3세기부터 예수의 뜻에 철저히 따른다는 것은 일반 사회에서 탈출하여 개인적인 예수를 찾아나서는 일이라고 믿었던 사람들이 있었음을 입증하는 것이 바로 수도사들이었다. 그러나 그런 수도원의 생활이 예수의 삶을 직접 모방하는 것이 될 수는 없었다. 우리가 살펴보았듯이, 예수는 사교적인 사람이었지 금욕주의자는 아니었다. 심지어 예수는 '방탕하며 술에 잠긴 자'로 비난받지 않았던가. 그러나 다른 한편으로 예수는 가난과 소박함을 소중히 여겼던 사람이다. 그는 제자들에게 전도와 치료의 여행을 떠나라고 하면서 그 여행의 대가로 아무것도 받지 말라고 하였다. 그리고 앞서도 언급했지만, 어떤 부유한 젊은 이에 관한 이야기도 있지 않은가. 예수는 그에게 전 재산을 팔아 가난한 자들에게 나누어 주라고 했다. 그 이야기를 읽고 성 안토니우스는 감화를 받은 것이었다. 그러나 예수와 은둔자들 사이에 가장 중요한 연결고리가 있다면 그것은 마태와 마가와 누가가 예수의 사막 경험을 언급한 이야기가 아닐까. 그들은 세례 후 고독의 시간을 보냈던 예수를 묘사하였다. 마가는 짧막하게, 그러나 마태와 누가는 보다 자세하게 그런 예수의 모습을 그렸다. 예수는 사탄과 싸우기 위해 혼자 광야로 나섰다. 고난의 시기였다. 예수는 유대의 광야에서 사탄과 마주쳤다. 내가 만났던 정교회 학자 가운데 한 사람이 암시했듯이, 바로 여기에 예수의 비밀을 풀 수 있는 단서가 있는지도 모른다.

나는 왜 은둔자들이 사막에 끌렸는지, 그 문제를 해결하기 위해서는 은둔자들의 영적 태도를 보존하려고 노력하는 동방교회의 학자에게 물어보는 것이 합당하지 않을까 생각했다. 나는 옥스퍼드에서 그 학자를 찾아냈다. 디오클레이아의 주교인 칼리스토스 웨어가 바로 그 사람이었다. 그는 영국국교회의 공립학교와 옥스퍼드에서 공부했다. 그리스 정교

에 가담한 이후엔 그리스 곳곳을 돌아다녔으며, 특히 아토스 산에 있는 수도원과 성 요한이 계시록을 쓴 곳으로 알려진 파트모스의 수도원에서 보낸 시절이 그의 생애에 특히 많은 영향을 미쳤다고 한다. 파트모스의 수도원에서 사제 서품을 받은 칼리스토스 웨어는 수도사가 되겠다는 선서도 했으며, 그후 옥스퍼드로 돌아와서는 그리스 정교 교구도 세우고 지금은 정교학 강의도 하고 있다.

흰 수염을 길게 늘어뜨리고 검은 사제복을 입은 그는 영국에서 성장한 그 모든 흔적을 다 지운 듯 보였다. 그러나 아직도 발음에서는 웨스트민스터 학교에서 물려받은 억양이 그대로 남아 있었다. 그는 기독교 전통에서 사막은 부정적 의미와 긍정적 의미를 모두 지니고 있다고 하였다. 부정적 의미를 살펴보면, 사막은 하나님의 축복을 전혀 받지 못한 땅, 특히 물이 없어 사람이 살 수 없는 저주의 땅으로 여겨졌다. 그리고 저주받은 땅이기 때문에 그곳엔 악령들이 득실거린다고 생각되었다. 예수의 고난이 유대 사막에서 일어난 이유가 바로 여기에 있었다. 그는 사탄과 마주치기 위해 자진해서 나섰던 것이다. 그러나 다른 한편으로, 사막은 하나님을 만나기 위해 찾아가는 곳이기도 했다. 이스라엘의 백성들은 시내 광야에서 하나님과 약속하였으며, 바로 그곳이 또한 모세가 십계명을 받은 곳이기도 하다. 구약의 선지자들은 하나님과 그의 백성들 사이에 사랑이 꽃피는 곳이 바로 광야라고 하면서 그곳을 열렬히 찬양하였다. 그들은 하나님을 광야에서 아름다운 신부를 만나 그녀를 유혹하는 질투의 연인으로 바라보았다. 이스라엘이 하나님을 배신했을 때 선지자 예레미야는 이스라엘의 행위에 대해 탄식하는 하나님을 이렇게 묘사하였다. "네 소년 때의 우의와 네 결혼 때의 사랑, 곧 씨 뿌리지 못하는 땅, 광야에서 어떻게 나를 좇았음을 내가 너를 위하여 기억하노라……오직 내 백성은 나를 잊었나니, 그 날수는 계수할 수 없거늘."

웨어 주교는 서로 다른 이 두 개의 전통이 어떻게 사부들로 하여금 사막으로 향하게 했는지 설명해주었다.

"우리는 흔히 어느 시골로 몸을 숨긴 은둔자를 보면 혹 도망자가 아닌가 생각하기 쉽습니다. 그러나 초기 기독교인들의 세계관에서 보면 사막으로 가는 것은 도망가는 것이 아

주상고행자 성 시므온. 초대 교회의 유명한 은둔자인 성 시므온이 기둥 위에 앉아 있다.
기둥을 따라 제 몸을 감아 올라가는 엄청난 몸집의 뱀으로 보아 그의 고행이 그리 평화롭지만은 않은 듯하다.
아니면 그런 곳에 그렇게 오래 앉아 있는 것이 그의 자랑은 아닐까? 기원후 6세기의 은제 성유물함.

니라 사악한 힘들과 맞서기 위해서 가는 것이지요. 따라서 당시의 은둔자들은 최전선에 있는 사람들, 즉 악의 힘에 맞서 싸우기 위해 광야로 간 기독교의 영적인 군대로 간주되었습니다. 그렇게 해서 도시에 있는 사람들을 보호해준다는 것이었지요. 그러면서도 사막을 하나님을 만날 수 있는 장소로 여기는 생각 또한 계속 이어졌습니다. 은둔자들은 하나님을 만나러 사막으로 간 것이지요."

주교는 그 사실을 성 안토니우스의 삶을 그린 아타나시우스의 글을 예로 들어 설명하였다.

"그전에 아무도 살지 않았던 정말 외진 사막으로 갔을 때 안토니우스는 악마들이 소리치는 소리를 들었습니다. '우리가 있는 곳을 떠나 당신은 무엇을 하러 이 사막으로 왔는가?' 그리고 또 아타나시우스는 말하길, 안토니우스는 그가 정착하기로 마음먹은 그 외딴 곳을 정말 좋아했다고 합니다."

내가 웨어 주교에게 순교를 바라는 욕망이 은둔자들에게도 중요한 삶의 몫으로 자리잡은 게 아니었느냐고 묻자 그는 이렇게 대답했다.

"저는 사막으로의 은거를 그 자체만으로 설명하고 싶지는 않습니다. 기억해야 할 것은 초기 기독교인들이 로마제국 치하에서 살았다는 사실과 그들이 종종 박해를 받아야 했다는 사실입니다. 어떤 의미로 그들은 이미 하나의 전체로서의 사회와는 단절된 내면의 사막에 거주하고 있었던 겁니다. 기독교가 공식 종교로 공인되고 사회에서 받아들이고 난 뒤에도, 좀더 엄격한 교인들은 사막으로 발길을 돌려야 할 필요성을 느꼈던 것이죠. 이것도 사막 이야기의 한 부분입니다. 물론 사막의 매력은 그보다 훨씬 오래 전부터 있었던 이야기입니다."

주교는 이집트의 수도원 운동을 '교회와의 경쟁, 반(反)교회 운동이 아니라 큰 의미에서 교회처럼 통합된 것은 아니지만 교회와 평행선을 달리던 운동'이라고 설명해주었다. 그는 당시에 교회와 분리하고자 하는 움직임이 있었을 수도 있고, 또 안토니우스의 전기를 쓴 아타나시우스가 없었더라면 수도사들이 이단으로 몰렸을 수도 있었을 거라고 하였다. 그런데 알렉산드리아의 주교였던 아타나시우스는 교회에도 큰 영향력을 행사하는 위치에 있었고, 또 그가 있던 지역의 은둔자들을 지지했기 때문에 그런 일은 일어나지 않았던 것이다. 아타나시우스가 보기에 안토니우스의 삶의 방식은 하나님과 같은 완벽함의 상태로 나아가려는 이상적인 삶의 방식이었다. 그리고 수도사들은 금욕의 삶을 살면서 기도에만 정진함으로써 자신들이 변화될 수 있다고 믿었다. 그리스도가 그들 안에, 그들을 통해 살아 있게 되고, 그들도 말 그대로 불멸의 삶을, 어느 금욕주의자가 말했듯이, '영원히 꺼지지 않는 불꽃'과도 같은 삶을 살게 되리라 믿었던 것이다. 아타나시우스는 영적인 삶의 목표란 하나님을 닮아가는 데 있다고 깨달았다. 하나님이 예수를 통해 인간이 되었듯이, 인간도 하나님의 모습을 닮을 수 있다고 생각했던 것이다.

그 다음 나는, 당시 사막의 사부들과 교회의 관계가 어떠했는지를 물어보기 위해 로마 가톨릭의 수도사를 만났다. 가톨릭교인들은 그들의 교회가 성서와 기독교 전통을 해석하는 책임 있는 기구라 생각하기 때문에 이 문제를 가톨릭교인에게 안 물어볼 수 없었다. 과연 그들은 종교적 개인주의를 어떻게 생각하고 있을까? 루크 다이징거 신부는 초대 교회에 관한 연구를 계속하기 위해 미국의 베네딕트 수도원을 떠나 옥스퍼드에 있었다. 내가 찾아갔을 때 루크 신부는 창문과 밝은 색의 벽을 따라 빛이 환하게 흘러내리는 주방으로 나를 안내했다. 옆방 주방에서 설거지를 하는지 그릇 달가닥거리는 소리가 훨씬 더 아늑한 가정집의 분위기를 자아냈다. 검은 베네딕트 수도복을 걸친 그는 매우 인상적인 사람이었다. 호리호리한 몸매에 큰 키, 섬세하면서도 온화한 얼굴, 그리고 나이에 어울리지 않은 백발의 머리카락이 정말 인상적이었다.

루크 신부는 수도원 전통의 한 줄기가 콘스탄티누스 황제 이전에 존재했던, 그러나 기독교가 추앙받는 종교가 되었을 때 사라질 위험에 처해 있었던 아주 중요한 이상주의적 운동을 계승한 것임을 부인하지 않았다. 그는 나에게 이렇게 말했다.

"전에는 기독교인이 된다는 것이 공적인 삶에서 의미 있는 역할을 할 수 없다는 것을 의미했는데 그것이 갑자기 어느 한순간에 바뀐 것이지요. 중요한 자리를 맡으려면 이제는 기독교인이 되어야 했던 겁니다. 이를테면 수문이 열리면서 신앙에 대한 열정과 신앙을 위해 기꺼이 목숨을 버리겠다는 의식이 뒷전으로 밀려난 셈이 되었지요. 그러자 사람들은 지난날의 순교자 시대를 그리워하기 시작했지요. 그런 상황 속에서 수도원 운동이 바로 순교자의 정신을 되살리고자 하는 한 가지 방법으로 간주되었던 겁니다."

"하지만 그 당시는 순교자의 정신이 사회의 중요한 역할을 담당하고 있던 교회나 그 교회의 위계질서를 받아들이기가 쉽지 않았을 텐데요."

루크 신부는 조심스럽게 대답했다.

"이집트의 수도원 전통을 살펴보면 교회의 공적 구조는 물론 그 지위나 권력에 문제점이 많다고 생각했던 사람들이 꽤 많습니다. 그 시대에 이런 말이 있었습니다. '수도사는

'그는 야생동물들과 함께하였노라……' 광야에서의 40일 동안의 그리스도 모습.
손바닥 위에 전갈을 올려놓고 바라보고 있다. 사막의 사부들에게는 야생동물들이 고행의 상징물이었다.
그 동물들과 평화롭게 지낸다는 것은 영적인 성숙을 보여주는 일이었다.
스탠리 스펜서의 1939년 작 「광야에서의 그리스도」 연작물 가운데 하나.

여자와 주교를 피해야 한다.' 여자는 분명히 멀리해야겠지요. 수도사를 꾀어 수도원 밖으로 끌고 갈 수 있었으니까요. 그리고 주교를 피하라고 했던 것은 바로 주교가 그들을 성직에 임명할지 모른다는 이유 때문이었지요. 교회에 봉사한다는 것이 두려웠던 게 아니라 교회로 들어가면 성스러움의 깊이를 더할 수 있는 모든 수단, 즉 수도원의 환경이 제공해주었던 그 모든 경건함의 수단들을 혹 잃어버리지는 않을까 두려웠던 겁니다."

그렇다면 성 안토니우스와 같은 사람은 희생적인 삶을 살도록 그들에게 드높은 정신을 불어넣어준 예수를 교회가 아닌 어디에서 만난 것일까? 루크 신부의 말에 따르면, 성 안토니우스는 처음에는 예수의 말씀에 감화를 받았고, 그 뒤로 계속해서 성서에서 감화를 받고, 그 내용을 읽고 생각하고, 그러고는 실천에 옮겼다는 것이다. 나는 참 재미 있는 일이라고 생각했다. 로마 가톨릭의 수도사인 루크 신부와 같은 사람도 오늘날의 기독교인들은 교회의 가르침보다는 예수의 말씀에 직접 다가가야 한다고 느끼고 있다니. 그는 나에게 이렇게 말했다.

"성서를 읽고 깊이 생각하는 가운데 성 안토니우스는 기독교인의 새로운 삶의 방식을 뜻하는 중요한 상징이 될 수 있었습니다. 그런 것이 어쩌면 제도화된 기독교에 하나의 도전일 수 있었고 또한 개혁의 강력한 동력일 수도 있었지요. 저는 오늘날에도 그런 일이 일어날 수 있고, 또 일어날 필요가 있다고 생각합니다."

수수께끼 : 복음의 선구자들

초기 수도사들의 영적인 지혜와 혜안은 교회 기구에 대한 도전이었다. 그들의 지혜는 오늘날 민담 속에 나타난 지혜처럼, 단순한 교훈 이상의 의미를 지니는 많은 말과 이야기 속에 잘 보존되어 있다. 그들의 말은 짧지만 재치에 넘치고, 때로는 수수께끼 같다. 또한 그들의 이야기는 종종 예기치 않은 결말로 끝나는 황당무계한 이야기일 때도 많다. 그 이야기들의 요점은 어느 특정한 종교적 방법이나 신학을 가르치고자 하는 것이 아니라 실제의 경험을 장려하고 독려하는 것이었다. 사막의 지혜는 가르침으로 되는 것이 아니라 실제 자신의 것으로 취해야 하는 것이다. 초기 수도사들의 말은 예수의 가르침과 매우 흡사할 정도로 관례와 관습을 벗어난 향기와 특색을 지니고 있어 예수의 말씀과 동등한 것으로 간주되었고, 숨은 예수를 만날 수 있는 연결고리라 여겨졌다. 또한 일부 학자들이 예수의 가르침도 한데 묶여 편집되고 결국 복음서의 이야기 속에 자리를 잡았다고 믿듯이, 초기 수도사들의 말도 그런 과정을 거쳤다.

복음서를 보면 예수의 가르침에는 무정부주의적인 색채가 강하게 배어 있음을 알 수 있다. 때로는 우리가 그 내용을 너무 잘 알고 있어 그냥 지나치는 경우가 있지만 정말 흥미롭고 진기한 의미가 담긴 이야기들이 있다. 낙타가 바늘귀로 들어간다는 이야기는 정말 허무맹랑한 이야기일 수 있으나 다 나름대로 의미가 있다. 자기 사건을 제대로 봐주지 않는다고 재판관을 귀찮게 했던 어느 성난 과부가 결국 쫓겨나고 만다는 이야기가 있다. 그리고 자기 재물을 쌓아두기 위해 거대한 창고를 쌓으려고 했던 어리석은 부자는 그날 밤에 죽게 될 것이라는 말을 듣는다. 예수는 주인에게 일자리를 빼앗겨 파산 지경에 처한 청지기에게 주인에게 빚진 자들의 빚을 줄여주라고 권한다. 이런 이야기들 외에 필요한 사전 설명 없이 우리에게 그 의미를 곰곰 생각하도록 만드는 아주 간결한 예수의 말씀도 있다. "너희는 세상의 소금이니." "오직 너희 말은 옳다 옳다, 아니라 아니라 하라." "비판받지 아니하려거든 비판하지 말라." "내일 일을 위하여 염려하지 말라. 내일 일은 내일 염려할 것이요." 때로는 이런 말들이 수수께끼처럼 들려 그 의미를 분명하게 하기 위해 해석이 덧붙여지기도 한다. 씨 뿌리는 자의 비유가 그 좋은 예다. 예수는 서로 다른 네 땅에 뿌려져 서로 다른 열매를 맺은 씨에 관한 얘기를 한다. 그런데 마태·마가·누가복음에 보면 제자들이 예수에게 그 비유에 대해 더 자세히 설명을 해달라는 대목이 나온다. 그러자 예수는 씨앗은 하나님의 말씀이고, 서로 다른 토양이란 그 복음의 메시지에 대한 각기 다른 반응을 의미한다고 설명한다. 그런데 대부분의 학자들은 이런 해석이 예수 자신의 해석이 아니라 교회에서 덧붙인 것이라 믿는다. 그 해석으로 인해 원래 비유담의 무정부주의적이고 개방적인 색채가 많이 상실되기는 했지만 그래도 권위를 세우려는 교회가 필요로 했던 명확한 정의는 제공된 셈이었다. 따라서 실제 그 말씀의 예수를 찾으려면 우리는 복음서의 해석의 층을 일부 벗겨내야 한다.

19세기 이후 학자들은 복음서가 어떻게 구성되었는지, 그 이론을 확립하려고 노력해왔다. 현재 대부분의 사람들은 마가복음이 제일 먼저 만들어졌고, 요한복음이 제일 나중에, 그리고 그 사이에 마태복음과 누가복음이 만들어졌다고 믿고 있다. 여러 증거를 보면 마태복음의 경우는 마가복음의 내용을 일부 빼고 또 어떤 부분은 더 늘려서 만들어진 것이고, 누가복음도 마가복음을 많이 활용한 듯 보인다. 그런데 아직 풀리지 않은 수수께끼는 마태와 누가의 경우 마가복음에 없는 많은 내용을 공유하고 있다는 사실이다. 그렇다면 그 내용을 분명 어딘가에서 얻은 것일 텐데, 과연 어디에서 따온 것일까?

그 내용들의 대부분은 짤막한 말이나 비유의 형태로 되어 있다. 마태복음과 누가복음에서 그 내용을 빼내어 한데 묶으면 그 내용은 사막의 사부들이 했던 말을 모아놓은 것과 비슷하다. 마태복음과 누가복음 속에 새겨져 있는 그 내용들을 학자들은 'Q'라 불렀다. 이 Q는 '출전(出典)' 혹은 '전거(典據)'라는 의미의 독일어 Quelle를 상징하는 글자다.

일부 학자들은 Q가 바로 예수가 어떤 사람인지를 잘 보여주는 최초의 증거가 된다고 확신한다. 예수 가르침의 말씀들 ─ 기지가 넘치는 짤막한 말이나 수수께끼 ─ 은 입으로 전해지며 기억된 것들이다. 대부분의 사람들이 글을 읽지도 못하고 쓰지도 못했던 농경사회에서는 입으로 전해지는 말이 가장 중요한 의사소통 형식이었다. 따라서 입으로 전해지는 지혜의 말이나 이야기들이 사람들이 받을 수 있는 최고의 교육이었다. 추측건대 복음서의 이야기들이 작성되기 오래 전에 예수의 말이 그를 따르는 사람들 사이에서 회자되었을 것이다. 그리고 분명한 것은, 씨앗의 비유에 대한 해석처럼 예수를 따르는 사람들이 예수의 말에 자신들의 해석을 덧붙이거나 강조하고 싶은 대목을 더했다는 사실이다. 이런 이론에서 가늠할 수 있는 것은 예수를 사람들이 지혜를 전하는 교사로 생각했다는 사실이다. 이를테면 예수는 농부─현자인 셈이었다. 구약에서는 때로 지혜가 시장에서 가난하고 소박한 사람들에게 물건을 공짜로 나누어 주는 사람으로 의인화되어 나타나기도 한다. 예수의 말씀 가운데 헨델의 〈메시아〉에서 아름다운 음악으로 전해지기 때문에 사람들이 가장 좋아하고 사랑하는 말씀이 되었는지는 모르겠지만, 아무튼 사람들이 즐겨 전하는 말씀이 하나 있다. "수고하고 무거운 짐 진 자들아 다 내게로 오라. 내가 너희를 쉬게 하리니." 바로 이것이다. 일부 학자들은 예수의 이 초대를 지혜의 부름으로 생각하고 있다.

예수가 지혜를 전하는 교사였을 수도 있다는 가능성은 여러 문제를 해결해주는 만큼 또 많은 문제를 불러일으킨다. 예를 들어, 예수가 가르쳤던 지혜는 어떤 것이었을까 하는 물음이 생길 수도 있다. 지혜는 매우 다양한 의미를 함축하고 있는 개념이다. 그것은 사람들이 잘 아는 수수께끼처럼 단순하면서도 민중적인 성격의 것일 수도 있고, 솔로몬의 지혜처럼 논리적이면서 정교한 성격의 것일 수도 있다. 모든 종교마다 지혜가 있다. 예수 시대에 중동 전역에 분명 지혜가 있었다. 유대의 지혜가 있었고, 그리스의 지혜가 있었으며,

이집트의 지혜도 있었다. 이 모든 지혜들은 초기 기독교의 발전에 저마다의 역할을 하였다. 첫 몇 세기 동안은 오늘날 복음서에 보존된 예수의 말씀보다 더 많은 말씀이 전파되었다. 신약의 다른 곳에서도 그 예를 찾을 수 있다. 가령, 사도행전을 보면 바울이 에베소에서 교회의 장로들에게 감동적인 고별 연설을 하는 장면이 있다. 바울은 장로들에게 약자들을 위해 끊임없이 노력하고 봉사할 것을 권하면서 이렇게 말을 맺는다. "주 예수의 친히 말씀하신 바 주는 것이 받는 것보다 복이 있다 하심을 기억하여야 할지니라." 실제로 바울이 전하는 이 예수의 말씀은 복음서에는 기록되어 있지 않다. 그렇다면 바울은 이 말씀을 어디서 전해들은 것일까? 틀림없이 예수의 말씀을 기억하고 기록한 또다른 글이 있었을 것이다. 예수의 이 말씀은 바울이 인용하여 전한 것이고, 그 밖에 복음서에 나오지 않는 다른 말씀들이 있다는 사실을 우리는 분명히 알고 있다. 또다른 텍스트가 전파되고 전해졌다는 증거가 있기 때문이다.

도마복음

그 출처 중 하나가 바로 성 도마가 쓴 복음서다. 그 동안 없어진 것으로 알려졌던 도마복음이 이집트의 한 동굴에서 발견된 것은 금세기의 가장 흥미로운 발견이었다. 이 도마복음에서 매력적인 예수의 모습이 나타났다. 바로 교회가 많이 상실해왔던 영적인 예수의 모습이었다. 사도 바울이 예수의 말씀으로 인용했던 말이 실제 예수가 한 말이라고 믿는 것은 어렵지 않다. 그렇다면 도마복음에 나오는 다음의 말을 성 도마의 말로 간주할 것인가? "나무를 쪼개면 그 속에서 나를 발견하리라. 돌을 들어올려라. 그러면 그곳에 내가 있으리니." 교회의 예수가 이 말을 했다고 믿는 것이 더 쉽지 않을까?

도마복음이 발견된 장소인 나그 함마디는 이집트 북부의 나일 강변에 있는 비옥한 땅이다. 무덥고 습도가 높은 지역으로, 사탕수수와 밀, 보리 등을 경작하는 농지가 많은 곳이다. 또한 그곳은 4세기의 수도원 유적이 많이 발견된 곳이기도 하다. 1945년 12월 한 무리의 이집트 농부들이 천연의 비료를 찾아 가파른 절벽을 따라 낙타를 몰고 갔다. 예정했던 곳에 도착한 그들은 땅을 파기 시작했고, 그러다 무하마드 알리라는 이름의 한 농부가 우연히 뚜껑이 봉해진 커다란 단지를 하나 발굴했다. 처음에 그 농부는 그 속에 혹 어떤 정령이 들어 있을까 두려워 감히 단지 뚜껑을 열어보지 못했다. 하지만 그 지역에 고대 시대의 보물이 묻혀 있다는 소문이 늘 떠돌았던 터라 그는 결국 정령의 분노를 살지 모른다는 두려움을 무릅쓰고 단지의 뚜껑을 열었다. 혹 보물이 들어 있으면 횡재가 아니겠는가. 무하마드 알리의 증언에 따르면 그가 단지를 깨자 실제로 보물이 튀어올랐다고 한다. 그런데 실망스러운 것은 그 보물이 공중으로 사라졌다는 사실이다. 아마도 그가 보았던 것은 햇빛을 받아 황금빛으로 반짝였던 미세한 파피루스 조각들이 아닌가 싶다. 아무튼 그는 단지 안에서 도마복음의 내용이 들어 있는 13권의 파피루스 서책을 발견하였고, 그것들이 아주 중요한 고대성서의 원고라 생각하고는 근처 수도원으로 가져갔다. 팔 수 있으면 팔아보겠다는 생각이었다. 그가 가져온 파피루스 원고들의 내용을 살펴본 수도원의 수도사들은 그 원고들이 성서는 아니며, 신약에서 배제된 내용을 담고 있는 원고라는 사실을 확인하고는 무하마드 알리와 원고를 그냥 돌려보내고 말았다. 그러나 나중에 그 파피루스 원고의 역사적 가치를 발견한 학자들이 관심을 가지게 되었다.

도마복음의 발견은 매우 중요한 발견이었다. 교회의 일부 교부들이 예전부터 그 복음서를 언급했었기 때문에 사람들은 도마복음이 초기부터 존재했던 복음서라 생각했고, 또 그렇게 알려졌었다. 12세기로 접어들 무렵 도마복음의 일부 내용을 담은 원고들이 이집트의 옥시린쿠스에서 발견되었다. 그중에 가장 오래된 것은 기원후 200년에 만들어진 것도 있었다. 하지만 그것만 가지고는 복음서라 할 수 없었다. 오늘날에는 그것이 예수의 말씀이라고 추정되는 것을 모아둔 책이라고 알려져 있을 뿐이다. 초기의 복음서와는 달리 도마복음은 예수의 생애에 대한 언급도 없고, 예수의 말씀에 대한 해석도 담고 있지 않다. 예수 탄생이나 십자가에 못박힘, 그리고 부활에 관한 언급이 전혀 없는 것이다. 만일 복음서들이 초기 기독교 사회의 관심사를 반영하는 것이라면 도마복음은 예수를 십자가에 못박혔다 부활하신 주 예수가 아니라 정신적인 지도자로 생각했던 집단이나 사회가 있었다는 유력한 증거인 셈이다.

도마복음의 주장에 따르면, 구원의 비밀은 십자가의 희생의 힘에 대한 믿음에 있는 것이 아니라 예수 말씀에 대한 이해에 있다. 따라서 도마복음은 예수 말씀에 대한 해석을 찾아내는 사람들은 '죽음을 맛보지 않으리라'고 주장한다. 나그 함마디에서 발견된 또다른 양피지에 씌어진 내용을 보면 실제로 도마복음은 처녀 잉태설이나 육체의 부활에 대한 믿음을 순진한 오해라고 치부하기까지 한다.

도마복음에서 예수의 말씀으로 간주하고 있는 말에는 부와 안락한 삶에 대한 엄한 경고가 포함되어 있다. 그 경고들은 아마 사막의 사부들이 높게 평가했을 내용들이었을 것이다. 그런데 더 흥미로운 것은 도마복음의 내용 또한 개인보다 우위에 있는 교회의 권위보다는 개인적으로 하나님을 찾아 나서는 일을 더 강조하고 있다는 사실이다. 예수는 그를 따르는 사람들에게 참여자보다는 관찰자, 즉 '지나가는 행인'이 되도록 권한다. 기독교인들에게 무엇을 하라고 지시하는 예수가 아니라 스스로 찾아 나서라고 장려하는 예수의 모습이 그려져 있는 것이다. 또한 도마복음에서는 예수가 하나님의 왕국이 곧 도래하리라는 말도 하지 않는다. 대신 하나님의 왕국은 바로 지금 여기에 존재하며, 말씀의 의미를 찾는 사람들이면 누구나 그 왕국을 경험할 수 있다고 하였다. 도마복음의 예수는 이렇게 말한다. "내 입을 통해 마시는 자는 누구든지 나와 같이 되리라. 나 자신이 그 사람이 될 것이며, 감춰진 것들이 그 사람에게 드러나리라." 이것은 우리가 예수와 같은 사람이 될 수 있음을 말하는 것으로 사막의 사부들의 가르침과 아주 흡사한 의미를 지니는 것이다.

도마복음과 신약성경 사이에도 유사한 것이 있다. 요한복음은 미래의 왕국에 대한 언급은 하지 않지만 지금 여기에서 시작되는 영원한 삶은 약속하고 있다. 요한은 또한 그리스도와 그의 제자들 사이의 일체감을 강조한다. "내 안에 거하라 나도 너희 안에 거하리라⋯⋯나는 포도나무요 너희는 가지니." 요한복음은 거듭 새로 태어날 필요성이 있음을 말하면서 새로 태어나는 사람은 하나님의 왕국을 보게 될 것임을 약속하고 있다. 바리새인인 니고데모가 늙은 자기가 어떻게 새로 태어날 수 있겠느냐고 묻자 예수는 이렇게 대답한다. "진실로, 진실로 네게 이르노니 우리 아는 것을 말하고 본 것을 증거하노라." 하나님에게 다가가는 길로서의 예수의 역할이 요한복음에서처럼 그렇게 분명하게 나타나지 않는 공관 복음서에도 비슷한 의미의 말씀이 나타난다. 마태복음에서 예수는 하나님이 "지혜롭고 슬기 있는 자들에게는 숨기시고 어린아이들에게는 나타내심을 감사하나이다"라고 한다. 마가복음에서는 예수가 제자들에게 하나님 왕국의 비밀을 주었으나 다른 이들에게는 "모든 것이 비유"라고 말한다. 이런 예수의 말씀 모두는 적어도 어떤 이들에게는 예수의 가르침이 특별한 지식으로 와 닿음을 암시하고 있다. 그리고 그 지식은 오로지 구하고 이해하는 자들에게만 유용한 것임을 의미한다.

예수가 숨겨진 지혜, 쉽게 이해하기 어려운 지혜를 가르치는 스승일지도 모른다는 또다른 증거는 교회 초기 시절의 한 운동에서 찾을 수 있다. 바로 지식을 통해 구원을 찾고자 했던 운동이다. 그 운동을 시작했던 사람들을 그노시스파라고 불렀는데, 그 이름은 지식을 뜻하는 그리스어 gnosis에서 유래한 것이다. 우리는 보통 '지식'을 정보나 머리의 지식을 의미하는 것으로 사용하지만 실제 의미를 따지면 그노시스는 내적·심리적 경험을 의미한다. 그리고 그노시스의 내용은 인간 기원과 운명의 비밀과 구원으로 이르는 길이었다. 그노시스파 사람들은 진정한 하나님과 그보다는 아래의 세상을 창조한 하나님을 구분하였으며, 예수를 인간이 아닌 반신(半神)의 존재로 보았다. 그들에게 예수는 구원자가 아닌 우주의 신비를 드러내는 존재였다. 그리고 그들은 스스로 영적 지식을 보유한 엘리트로 생각했으며, 반면에 다른 기독교인들은 간접적으로 전해 내려온 도그마에 빠져 헤어 나오지 못하는 사람들로 간주하였다. 나그 함마디에서 발견된 글 가운데 하나인 「진리의 복음」에는 이런 대목이 적혀 있다. "지식을 얻게 되는 자는 그 자신이 언제 세상에 왔는지, 그리고 어디로 가고 있는지를 알게 되리라." 이집트의 한 주교는 그노시스를 이렇게 설명했다. "그노시스란 우리가 누구인지, 그리고 우리가 무엇이 될 것인지, 우리가 어디에 있는지, 우리가 어디에 놓여 있는지, 우리가 어디로 서둘러 가는지, 우리가 무엇으로부터 구원되었는지, 탄생은 무엇이고 거듭 태어남은 무엇인지 아는 것이다." 사막의 사부들과는 달리 그노시스파 사람들은 교회로부터 이단으로 취급되었다. 교회의 주교들은 특히 그노시스파에서 말하는 예수가 너무 개인적인 차원의 예수가 아닌가 우려했다. 이를테면 그노시스파의 예수는 개인의 꿈과 희망을 너무 많이 얘기하여 사람들에게 순교의 정신에 필요한 열정을 불러일으키지 못한다는 것이었다. 기독교가 초기의 박해에 굴복하지 않기 위해 필요했던 것은 바로 순교자가 아니었던가. 주교들은 또한 개인들이 예수의 말씀을 순전히 심리적인 차원에서 해석할 자유를 누린다면 교회의 권위가 무너질 것이라고 염려했다.

교회가 인정한 4복음서가 적어도 부분적으로는 사도들의 권위를 인정하고 있기에 선택된 것이라고 주장하는 학자들도 있다. 그 사도들의 권위를 바로 자신들이 물려받았다고 주교들은 주장하고 있는 것이다. 마태복음, 마가복음, 누가복음은 어느 순간 예수가 그리스도임을 깨달은 베드로의 통찰의 순간을 묘사하고 있다. 마태복음에서는 그 사건을 더욱 확대하여 예수가 베드로에게 천국의 열쇠라는 유일한 권위를 주고 있음을 보여준다. 베드로는 반석이 되고, 그 위에 교회가 세워지리라고 예수가 언급하고 있는 것이다. 그 권위의 인정 다음에 변모의 순간이 이어진다. 예수가 천상의 영광 속에 베드로와 야고보와 요한의 앞에 나타나는 장면이 그것이다. 권위의 인정이 어떤 비전이나 계시로 확인되는 순간

그리스도의 현성용(顯聖容)은 그것이 예수의 신적 속성과
예수가 누구인지를 잘 보여주는 것이기에
동방 정교회에서는 중요한 테마로 여기고 있다.
구약의 선지자인 모세와 엘리야가 그리스도 양옆에 보이며,
발 아래쪽 부분에는 경외의 눈으로
그리스도를 바라보는 사도 베드로와
요한과 야고보가 보인다.

이다. 요한복음에서는 부활 뒤에 베드로가 갈릴리 해변에서 예수에 의해 권위를 부여받는 장면이 나온다. 요한복음에서는 또한 부활한 예수가 제자들을 만나 그들에게 성령을 불어넣어줄 때 죄를 용서하거나 죄를 잊지 않게 하는 권위가 제자들에게 주어졌음을 보여준다. 마태복음에서는 부활한 예수가 열한 제자에게 이렇게 말한다. "하늘과 땅의 모든 권세를 내게 주셨으니 그러므로 너희는 가서 모든 족속으로 제자를 삼아 아버지와 아들과 성령의 이름으로 세례를 주고, 네가 너희에게 분부한 모든 것을 가르쳐 지키게 하라. 볼지어다, 내가 세상 끝날까지 너희와 항상 함께 있으리라." 신약의 복음서는 예수가 자신의 권세를 제자들에게, 특히 베드로에게 물려주는 것을 보여준다. 따라서 그 제자들만이 권위를 물려줄 수 있는 사람들로 그려지고 있다. 이런 연유로 로마 가톨릭과 정교와 영국국교회에서 주교가 예수 제자의 권위를 계승한다는 사도전승(傳承)이 확립되었던 것이다.

따라서 교회의 권위가 예수에게서 나왔음을 찾고자 하는 사람들에게 부활이나 예수의 영광스러운 변모를 언급하지 않는 복음서는 아나테마(anathema), 즉 교회로부터 저주를 받지 않을 수 없었을 것이다. 나그 함마디에서 발견된 많은 원고들을 번역했던 미국의 학자 엘렌 페이젤스는 정통성의 위치는 선택이나 대안을 억압함으로써 유지할 수 있다고 지적한다. 예를 들어보자. 복음서에서는 막달라 마리아를 부활을 목격한 최초의 사람으로 그리고 있다. 마가복음에 보면 막달라 마리아는 예수를 지지했던 다른 여인들과 함께 '안식 후 첫날 매우 일찍' 무덤에 도착한다. 누가복음에서는 막달라 마리아가 무덤에서 돌아와 예수의 제자들에게 주가 부활했음을 알려주나 제자들은 그녀의 말을 믿지 않는다. 그런데 이 부활의 이야기 속에서 그녀가 차지하는 위치에도 불구하고 후대의 교회는 교회의 권위를 막달라 마리아가 아닌 베드로에게서 찾고 있는 것이다. 나그 함마디의 원고 가운데 일부에서는 베드로와 막달라 마리아 사이의 불화와 질시가 있었음을 보여주면서 초기 기독교에서 권력투쟁이 있었음을 암시하고 있다. 그 권력투쟁의 승자는 물론 더 많은 권위를 부여받게 된다. 결국 막달라 마리아의 이야기는 아래로 처지게 되었고, 베드로의 이야기는 더 높은 권위로 올라서게 된 것이다.

나그 함마디의 원고가 발견된 곳 근처에서 고대 수도원의 유적이 발견되었다. 그렇다면 나그 함마디의 원고는 그리스도교회 당국에서 그 원고를 폐기할 것을 두려워한 어느 비정통파 수도사가 묻어둔 것은 아닐까? 우리는 옛날에 도마복음의 사본이 많이 유통되었다는 사실과 그것이 특히 이집트에서 인기가 있었다는 사실을 알고 있다. 그렇다면 그 도마복음이 교회의 권위에 도전했기 때문에 교회 측에서 가능한 한 닥치는 대로 도마복음을 폐기했던 것은 아닐까?

나그 함마디에서의 원고 발견과 더불어 더욱 분명해지기 시작한 것은 초기 기독교가 지극히 다양한 면모를 지니고 있었다는 사실이다. 후에 정식으로 교회에서 내세우는 예수와는 다른 예수를 믿었던 기독교인들이 분명 있었다. 그들은 4복음서와 더불어 그노시스파의 해석 또한 받아들였던 사람들이다. 이 기독교인들은 그들이 개인적으로 알고 있는 예수에 관한 사실이 사도들에게서 그 권위를 물려받았다고 주장하는 주교들의 가르침보다 더 직접적이고 진정한 것이라고 생각했다. 그들 가운데 일부는 예수가 그들에게 직접 개인적으로 얘기한다는 확신하에 급기야 그들에게 들은 바대로 믿어야 한다고 설득하는 주교들을 배척하기도 했다.

예수가 역사적 인물이라면 도마복음에 어떤 역사적 무게를 실어주어야 하는가라는 문제를 해결하는 게 중요하다. 예수를 비밀의 말씀을 전하는 존재로 그리고 있는 도마복음의 예수 모습이 예수의 진정한 초상인가? 어떤 의미에서는, 그러니까 교회의 초기 시대부터 도마복음의 예수가 기독교인들 사이에 인기가 있었다는 점에서 분명히 그렇다. 이것은 예수의 시대와 비슷한 시기를 살았던 사람들은 도마복음의 예수를 예수의 진정한 모습을 그린 만족할 만한 그림이라고 간주했다는 사실을 의미한다.

그리고 또하나 등장하는 문제가 Q의 문제다. 마태복음과 누가복음에 공통으로 나와 있는 예수의 말씀이 그보다 더 먼저 있었던 말씀의 기록을 편집한 것이라면 우리에게는 마치 째깍거리는 시한폭탄처럼 신약성경의 핵심에 감춰진 제2의 복음서가 주어진 것이라 할 수 있다. Q에는 탄생의 이야기나 부활의 이야기가 없다. 그것이 그리고 있는 예수의 모습은 지혜의 교사로서의 예수의 모습과 아주 흡사하다. Q와 도마복음을 비교하면 우리는 두 곳에 아주 비슷한 말씀이 많이 있음을 알 수 있다. 도마복음에는 그 나름의 씨앗의 비유가 있다. 일부 학자들은 이 도마복음의 비유가 마가복음이나 Q에서 언급한 비유보다 더 오래된 것이라고 주장한다. 이것이 사실이라면 도마복음에 나온 예수의 말씀 가운데 어떤 것은 모든 복음서 가운데 가장 믿을 만한, 가장 진정한 말씀이 아닌가.

많은 기독교인들이 도마복음을 선호했다면 아마 그들은 도마복음 속에서 그들이 인정할 만한 매력적인 예수의 모습을 발견한 것이 아닌가 싶다. 도마복음에 관해 쓴 자신의 저서에서 미국의 학자 마빈 메이어는 이렇게 말한다. "도마복음의 독자들은 수수께끼 같은 예수의 '숨겨진 말씀' 을 해석함으로써 삶의 의미를 찾고자 하는 흐름에 동참하라는 초대를 받은 셈이다……그 삶의 의미 추구는 헌신으로 이루어질 수 있는 것이고, 비록 그 길을 취하는 것이 개인적으로 당혹스럽고 혼란스러운 것이더라도 참고 견디기만 한다면 지혜와 안식을 얻을 수 있게 될 것이다." 더 나아가 메이어는 예수의 말씀은 개인에게만 당혹스러운 것이 아니라 사회 전체에도 당혹감을 불러일으키는 것이었다고 주장한다. 예수의 말씀 속에 제시된 것이 가족을 거부하고, 예수를 따르는 자들은 '지나가는 행인' 이 되어야 하며, 따라서 정상적인 삶의 활동에 집착해서는 안 되고 일상의 야망을 지녀서도 안 된다는 것이다. 부자들의 사치스러운 삶의 방식은 조롱당하고, 장사를 하는 사람들은 하나님의 왕국에 들어가지 못한다. 전통적인 종교 또한 사제의 경건함을 경멸하는 예수의 말씀으로 훼손당하고 만다. 도마복음에 나타난 예수의 말씀은 '~은 하지 마라' 식의 독단적인 도덕률을 제시하지는 않는다. 요점은 말씀을 듣는 자나 읽는 자가 그 스스로 수수께끼를 해결해야 한다는 것이다. 즉 말씀의 의미는 듣는 자의 경험에 의해 만들어질 수 있다는 것이다. 이런 의미에서 도마복음은 Q, 그노시스파, 사막의 사부들과 연결된다.

그리스 견유학파의 철학자들 : 예수와의 유사점

숨은 예수를 찾는 일과 관련된 또다른 연결고리가 있다. 물론 그 방향은 사뭇 다르다. 영국 북부의 볼튼 시에 영국국교회의 교구사제인 제럴드 다우닝 신부가 살고 있다. 그는 교구를 운영하면서 틈틈이 시간을 내어 예수의 말씀에 관한 자신의 연구를 계속하는 사람이다. 그런데 그의 주장에 따르면, 예수 가르침의 대부분은 일견 아무 상관도 없을 것 같은 그리스 견유(犬儒)학파의 철학에 바탕은 둔 것처럼 보인다는 것이다. 그리스 철학에서 견유학파는 흑해 연안의 시노페에서 출생하여 생애 대부분을 코린트(고린도)에서 보낸 디오게네스에 의해 기원전 4세기에 시작된 학파이다. 디오게네스를 따르던 사람들은 방랑의 교사들이 되었으며, 특히 검소한 생활방식으로 유명한 그들은 남루한 옷차림으로 쉽게 사람들 눈에 띄었다. 견유학파 철학자들은 항상 아주 소박한 외투를 걸치고 지팡이와 먹을 것을 담은 주머니 하나를 들고 다녔다. 물론 옷을 갈아입는 경우가 없었다. 지팡이 하나 들고 길을 나선 이 남루한 차림의 철학자들과 예수가 제자들을 파견할 때 내린 지시사

항 사이에는 비슷한 데가 있다. 예수는 제자들을 파견하면서 지팡이 외에는 아무것도, 양식이나 주머니나 돈도, 그 어떤 것도 갖고 가지 말라고 하였다. 인생에서 자신의 역할을 교사에서 찾았던 견유학파 철학자들은 인간의 진정한 목적지로서의 자유를 강조하였다. 그들이 말하는 자유는 오늘날 우리가 온 생애를 다 바쳐 추구하는 부와 권력과 명예 등 인생의 목표추구에 전혀 관여하지 않는 것을 의미한다. 그들이 하는 말에 의하면, 그런 목표는 일단 달성되고 나면 우리에게 만족을 주는 것이 아니라 부담과 짐만 안긴다는 것이다.

자신의 이론을 설명하는 제럴드 다우닝의 말을 듣고 있던 나는 견유학파의 철학이 오늘날의 삶과 밀접한 관련이 있음을 알게 되었다. 부를 얻은 자가 결코 만족하지 못하는 것을 오늘날 우리는 도처에서 본다. 그들은 더 많이 가진 자를 쫓아가기 위해 근심하고 염려한다. 권력을 쥐고 있거나 중요한 위치에 있는 사람들의 그 권력과 자리를 빼앗기지 않으려고 근심한다. 명성을 얻은 사람들은 늘 사람들의 주목을 받고 싶어하는 한편 개인의 삶도 보장받으려는 끊임없는 갈등과 번민 속에 사로잡히게 된다.

견유학파의 철학은 경쟁이 아닌 우정을 가르친다. 또한 그들은 스스로 누구의 주인도 아니지만 다른 사람도 그들의 주인이 될 수 없음을 가르치면서 권위를 전복시킨다. 신(神)만이 유일한 주인이기 때문에 사람들 사이에 지배란 있을 수 없는 것이다. 다우닝은 견유학파의 유명한 철학자 에픽테토스의 일화를 예로 들어 설명해주었다. 어느 날 한 사람이 에픽테토스를 찾아와 자기가 에픽테토스의 주인임을 보여주겠다고 위협했다. 그때 에픽테토스가 이렇게 대답했다는 것이다. "뭐라고? 당신이 어떻게 내 주인이 될 수 있단 말이오? 제우스가 나를 자유롭게 하였소. 당신은 제우스가 자기 아들이 노예가 되는 것을 그대로 두고 있을 거라고 생각하오?" 다우닝은 예수의 생활방식과 견유학파 철학자의 생활방식이 어떻게 비슷한지를 설명하였다.

"예수는 그저 자신의 예로써 가르친 것뿐입니다. 우리가 그 기록들을 믿는 한 예수는 소박한 삶을 사셨고, 사람들에게 이야기를 들려주고, 어느 한 곳에 거처를 정하지 않고 사람들을 가르치며 가볍게 여행을 했지요. 그리고 제자들에게도 그렇게 하라고 독려한 것입니다."

예수의 가르침과 견유학파 철학자들의 가르침에도 분명한 유사성이 있다. 예수는 이렇게 말한다. "내일 일을 위하여 염려하지 말라. 내일 일은 내일 염려할 것이요." 또한 예수는 씨를 뿌리지도 않고 수확도 하지 않는, 그리고 ― 견유학파의 관점에서는 더 중요할 수

초기 기독교 석관(石棺)의 조각장식. 선한 목자와 자리에 앉아 있는 철학자가 그려진
이 장식은 이교도와 기독교의 모티프를 모두 담고 있다.
소박한 삶을 살고 자연 속에서 지혜를 배우라는 예수의 가르침은
기원전 4세기의 철학자 디오게네스로부터 시작된
그리스 견유학파 철학자들의 가르침을 반영하고 있다.
프랑스 브리뇰에 있는 생 사뵈르 교회에 있는 석관 장식.

있는 말로 — 곳간에 양식을 쌓아두지도 않는 하늘을 나는 새를 생각하라고 충고한다. 제럴드 다우닝의 설명은 이렇다.

"예수가 견유학파 철학자들과 비슷한 것은 예수가 그들처럼 동물의 세계에서 그 예를 찾았다는 점입니다. 예수는 아무것도 쌓아두지 않는 새에게서 좋은 예를 찾아낸 것이지요."

내가 궁금했던 것은 그리스 문학과는 반대되는 유대 문학에 과연 동물의 예를 따르라는 권고를 받은 사람들의 예가 있는가 하는 점이었다. 다우닝은 내 질문에 이렇게 대답했다.

"근본적으로 다르기는 하지만 물론 있습니다. 잠언에 보면 개미가 선한 사람의 예로 등장합니다. 개미는 열심히 일해서 양식을 모으는 동물로 새와는 완전히 다르지요."

 달리 말하면 유대의 지혜의 전통은 새의 자유보다는 근면과 규율에 더 많은 관련이 있다. 이 예로 보면 예수는 유대 전통보다는 견유학파의 철학에 더 가까운 듯이 보인다. 또한 예수는 권위를 인정하지 않는다는 점에서도 견유학파와 비슷하다. 예수는 이렇게 말한다. "그러나 너희는 랍비라 칭함을 받지 말라. 너희 선생은 하나이요 너희는 다 형제니라. 땅에 있는 자를 아비라 하지 말라. 너희 아버지는 하나이시니 곧 하늘에 계신 자시니라." 내가 늘 이상하게 생각했던 것은 마태복음의 이 말에도 불구하고 기독교 사제들이 '아버지'(Father : 신부의 호칭 — 옮긴이)로 불린다는 사실이다. 견유학파 철학자는 물론 내가 확신컨대 예수 또한 우리가 주교를 부를 때 '우리 주(My Lord)'라 부르는 것을 들으면 분명 이상하게 여겼을 것이다. 견유학파 철학자들의 경우는 그들이 그렇게 가르치기 때문에 자신들이 다른 사람들보다 월등한 존재로 간주되어서는 안 된다고 주장하였다.

 물론 제럴드 다우닝의 이론에도 한 가지 해결해야 할 점이 있다. 그것은 견유학파 철학자들은 그리스 철학자이고 예수는 유대인이라는 사실이다. 그리고 예수의 가르침에서 새의 비유를 포함한 많은 예가 분명 시골 유대인의 삶의 경험에서 취한 것이라는 사실이다. 다우닝은 복음서의 전통에서 언급된 유일한 문학이 유대 문학임을 부인하지 않았다. 그러나 그는 더 나아가 이렇게 설명했다.

 "그러나 우리가 실제 내용을 보고, 다루어진 주제를 보고, 표현되고 체험된 삶의 태도를 살펴보면 우리는 유대의 전통 속에 있는 그 어느 것보다 이교의 집단이랄 수 있는 그리스 견유학파의 철학에 더 가까운 것을 발견하게 됩니다. 제가 이해할 수 있는 한 가지 방법은 이렇게 생각하는 것이지요. 예수가 살았던 시대의 사회 문화에는 이미 어느 정도 견유학파의 철학 사상이 침투해 있었다고 말입니다. 그 사상들은 갈릴리 남쪽에서 그리 멀지 않은 시리아의 가다라에서 온 것이 분명할 겁니다. 최근의 고고학적 발굴을 통해 드러난 사실 가운데 하나는 가다라가 바로 시리아의 아테네였다는 점이지요."

 만일 제럴드 다우닝의 말이 옳다면 예수가 견유학파 철학자들의 모습을 익히 보아 알고 있었을지 모른다. 마가복음과 마태복음에서는 예수가 가다라라 추정되는 지역에서 병자를 고치는 장면에 대해 묘사하고 있다. 또한 마태복음에서는 열 성읍이란 뜻의 데가볼리에서 많은 무리들이 예수의 가르침을 듣기 위해 왔다고 기록하고 있는데, 그 열 성읍 가운데 하나가 바로 가다라이다.

제럴드 다우닝의 이론은 아직 학문적인 인정을 받지는 못했다. 견유학파 철학자들이 예수 시대에 시리아나 갈릴리에서 활동했다는 직접적인 증거가 없기 때문이다. 아직은 가능성으로 남아 있는 이론이다. 하지만 내가 제럴드에게서 받은 인상은 그가 매우 진지하고 성실한 사람이라는 것이다. 그는 살면서 그가 생각하는 예수, 견유학파 철학자의 모습을 닮은 예수의 삶을 진정으로 따르고자 하는 학자였다. 빗질도 안 한 긴 머리에 완고한 인상을 풍기는 헝클어진 수염을 기르고 전혀 어울리지 않는 외투를 걸친 그는 분명 외모 따위에는 전혀 신경을 쓰지 않는 사람이었다. 그는 대학 교수직처럼 대부분의 학자들이 바라는 그런 지위도 갖고 있지 않았다. 그렇다고 그런 사실에 분개하는 사람도 아니었다. 그는 교구사제로서 소박한 삶에 만족하는 사람이었다. 볼튼이라는 도시는 현실적인 노동의 도시이다. 그곳엔 신비스러운 아름다움을 꿈꿀 수 있는 것이 아무것도 없다. 도시 교외에 있는 다우닝 신부의 교구 역시 전혀 신비나 아름다움하고는 거리가 먼 지역이었다. 그는 놀라울 정도로 자신에게 정직한 사람이었다.

"제가 비록 예수와 견유학파 철학에 관해 여러 권의 책을 쓴 사람이지만 제 자신에게 상당한 위선이 있음을 부인할 수 없습니다. 이 인간적이면서 신적인 존재인 예수에게 헌신하겠다고 맹세하고, 또 아내와 제가 지극히 소박한 삶을 살고 있다고 생각하면서도 예수보다도, 그리고 그 비슷한 철학을 따랐던 이교도인들보다도 더 많은 부를 제 주변에 두고 있으니까요."

그가 살고 있는 현대식 작은 집과 그 내부의 소박한 가구들을 보며 나는 이렇게 말했다.

"아니, 무슨 말씀을 그렇게 하십니까. 당신은 다른 누구보다도 견유학파의 철학자 같은 삶을 살고 계십니다."

그는 대답했다.

"저는 예수가 채택했던 엄격한 삶의 방식에 더 가까이 다가갈 수 있는 가능성이 있음을 제시하려고 노력했습니다. 제 자신의 삶에서도 그렇게 하려고 노력을 하지요. 하지만 저는 외투 한 벌과 주머니 하나, 지팡이 하나에서 너무 벗어난 삶을 살고 있습니다. 중고차를 교체하는 대신 7년 동안 계속 타고 다니는 것 따위는 미미한 제스처에 불과할 따름입니다."

예수가 견유학파 철학자들의 영향을 받았는지는 차치하고, 사막의 사부들이 동시대인들에 의해 견유학파 철학자들과 종종 비교되곤 했다는 사실을 암시하는 증거는 있다. 아무렇게나 사는 수도사들의 거친 삶과 그들의 무정부주의적인 지혜는 이교도인 그들의 이

웃에게는 대안의 삶을 사는 사람들이 또 있었다는 사실에 때로는 자극적인 것이었겠지만 충분히 이해할 만한 삶의 방식이었을 것이다. 또한 견유학파 철학자들은 로마제국의 다른 도시에서처럼 알렉산드리아의 거리에서도 흔히 발견할 수 있는 사람들이었을 것이다.

그러나 솔직히 말하면 나는 반항자 예수를 다루면서 느꼈던 어려움을 이 다우닝의 예수를 살피면서도 느끼지 않을 수 없었다. 다우닝의 예수는 그를 따르는 사람들에게 교회를 세우라고 일깨우는 비범한 인물로 보이지 않았던 것이다. 2천 년이라는 기독교 역사를 뒤에서 받치고 있는 인물이 로마제국의 변방에 있는 시골길을 돌아다니던 괴짜 선생에 지나지 않았다는 게 과연 있을 수나 있는 일인가? 물론 제럴드 다우닝 자신도 견유학파 철학이 예수에 관한 모든 것을 설명해준다고는 생각지 않았다. 예수에 관한 자신들의 해석이 그 모든 이야기를 말해준다고 믿는 학자들과는 달리 다우닝은 이렇게 말했다.

"예수가 지혜의 교사였을 뿐 그 이상은 아니었다고는 믿지 않습니다. 분명히 예수 삶의 한 부분을 차지하면서 견유학파의 영향을 받지 않았던 또다른 전통적인 유대의 흐름이 있었을 겁니다. 저는 그 사실을 인정합니다. 그리고 또 저는, 어떤 방식으로든 하나님이 예수의 삶을 공유했다고 믿는 후대 기독교인들의 신앙 또한 인정합니다. 예수에게는 예언자나 견유학파 철학 이상의 그 무엇이 있었음을 인정합니다."

오늘날의 예수

제럴드 다우닝과의 대화를 통해 내가 얻은 것이 있다면 그것은 예수가 하나님과의 관계에서 유일한 존재라고 믿을 수 있다는 것이다. 또한 동시에 하나님에게 응답하는 방식은 도마복음의 예수가 가르친 것처럼, 그리고 사막의 사부들이 살았던 방식처럼, 소유와 야망으로부터 자유로워지는 것임을 예수가 우리에게 가르쳤음을 확인할 수 있다는 것이다. 이로 인해 예수는 현재의 우리에게 특히 의미 있는 존재로 와 닿을 수 있다. 모든 학파의 학자들 모두가 인정하는 것은 2천 년 전의 예수가 종말론의 예언자이든 사회 혁명가이든, 아니면 지혜의 예수이든 그의 시대의 사회에 대항하여 우뚝 선 존재라는 사실이다. 그리고 그 당시의 권위에 위협적인 인물이었기에 심지어 교회조차 그에 관한 증거를 없애려 했다는 사실이다. 내가 견유학파 철학자와 같은 존재로서의 예수에 관해 좋아하는 것이 있다면 그것은 그런 예수가 바로 우리 시대의 소비문화에 대항하여 우뚝 선 존재라는 점이다. 예수는 경제 성장이 우리 세상의 모든 문제를 해결해줄 것이라는 현대인의 믿음이 바로 우리 시대의 이설(異說)임을 그대로 폭로한 존재이다. 지난 50여 년 동안 전 세계가 눈부신 경제 성장을 이루었지만 그 놀라운 경제 성장이 인도와 아프리카와 중남미 대부분의 지역에서는 시급히 해결해야 할 가장 명백한 문제인 빈곤을 아직 해결하지 못하고 있다. 또한 경제 성장이 더 부유한 국가, 즉 선진국가의 문제들을 다 해결해주지도 못했다. 경제 성장이 견유학파 철학자들이 우리가 충분히 누릴 수 있다고 가르쳤던 자유를 만들어주지도 못했다. 새로운 부의 창출로 물질이 넉넉해진 우리는 그런데도 아직도 물질의 노예가 되어 있다. 우리가 늘 배우는 것은 우리는 결코 자유로울 수 없다는 것, 우리는 결코 만족할 수 없다는 것이다. 만일 우리가 현재 소유하고 있는 것에 만족한다면 지속적인 경제 성장을 보장하기 위해 우리가 계속 만들어내야 하는 상품과 서비스를 누가 소비한단 말인가? 여기서 내가 조심스럽게 해야 할 말이 하나 있다. 지혜의 교사였던 예수는 때로 빈곤을 조장하는 인물로 비난을 받아왔다. 우리 시대의 위대한 기독교인 가운데 한 사람인 캘커타의 테레사 수녀도 똑같은 비난을 받았다. 그러나 두 사람은 우리에게서 궁핍함을 보고자 했던 것은 아니었다. 그들은 우리가 부를 숭배하지 않도록 하고 싶었을 뿐이었다. 예수나 테레사 수녀가 이기적인 부의 축적에 대해 공격한 것을 빈곤의 조장이라고 잘못 이해하는 것이 바로 우리 시대의 영적 눈멂이 아니고 무엇이겠는가.

견유학파의 철학자들은 개별적인 존재들이었다. 그들을 뒷받침해주는 무슨 조직이나 기구가 있었던 것도 아니었다. 어느 누구도 그들에게 따라야 할 규칙을 세워준 것도 아니었으며, 그들 가르침의 정통성에 대해 왈가왈부 판단을 내리지도 않았다. 새천년에 접어든 지금, 점점 더 많은 기독교인들이 각자의 방식으로 하나님에게 다가가는 길을 모색하고 있는 듯하다. 사막의 사부들처럼 그들은 교회가 그 자신에 집착하고 있다는 사실을 알게 되었다. 여성 사제의 문제, 신도수가 줄어들고 있는 문제, 기독교 통합의 문제, 성적 도덕의 문제 등 많은 문제들이 교회라는 기구의 본질적인 문제로 간주되었다. 교회가 말을 할 때면 그것은 개인에게가 아니라 전체 사회에 대고 하는 소리인 듯 보인다. 교회가 부유한 사회 내의 빈곤 문제에 대해, 결혼과 가정의 문제에 대해, 그리고 환경 문제에 대해 나름의 목소리를 내고 있다. 그러나 그런 교회가 개인에게는 지혜를 제공해주지 못하고 있으며, 개인의 영적 굶주림에 대해 보살펴주지도 못하고 있다. 많은 사람들이 미래를 기대하면서도 앞으로의 시대를 어둠의 시대로 바라볼 수밖에 없는 이 새천년의 시대에 그런 영적 굶주림은 비전과 예언 속에 나타날 수밖에 없을 것이다. 그러한 비전과 예언이 조심스럽게 다루어져야 한다고 아일랜드의 유명한 로마 가톨릭 대주교가 경고한 바 있다. 그러면서도 그는 옛말을 무시할 수 없었다. "비전이 없는 곳에 사람은 멸망하리라." 교회는 예언자로서의 목소리와 지혜의 교사로서의 목소리를 다시 회복할 필요가 있다. 그냥 재판관으로만 남아 있을 수는 없는 것이다.

인간성도 이제 그 길을 잃은 듯이 보인다. 심지어 과학도 그 확실성을 상실하고 말았다. 유행처럼 번지고 있는 포스트모더니즘 철학도 확실성은 존재하지 않는다고 말하고 있지 않은가. 물질주의도 실패하고 말았다. 모든 것이 넉넉한 듯 보이지만 어느 누구도 만족해하지 않고 있다. 변화의 속도는 점점 더 빨라지고 있다. 옛 관습이 붕괴되었지만 그것을 대체할 새로운 사회적 제약은 아직 나타나지 않았다. 사람들이 충성심을 보였던 기구나 제도도 이젠 더이상 존경심을 유발하지 못한다. 가정조차도 위협을 받고 있다. 우리는 세상 물건의 가격은 알고 있으면서 가치에 대해서는 까막눈이 되고 말았다. 우리는 여러 가지 발견도 하고, 유전자도 조작하고, 우리 대신 생각할 기계도 발명하고 있다. 그러나 그런 발견과 발명들이 과연 우리에게 도움이 되는지 해가 되는지 고려할 도덕적 확신은 우리에게 없는 듯 보인다. 우리는 그 결과에 상관없이, 아무 생각 없이, 발견과 발명을 이용한다. 우리는 과학기술의 파도에 휩쓸려 정신을 차리지 못하고 있다. 과연 우리는 그 파도에 휩쓸려 바위에 부딪히고 말 것인가, 아니면 잔잔한 바다로 안전하게 나아갈 수 있을 것인가?

교회가 맨 처음 세속적인 것에 의해 위협을 받았을 때 기독교인들은 그들이 믿는 것이 계속 진정한 불꽃으로 타오르도록 하기 위해 사막으로 갔다. 기독교의 확산에 지대한 역할을 했던 로마제국이 붕괴되고 난 뒤, 그 다음에 이어졌던 어둠의 시대에 그 불꽃, 신앙의 불꽃과 학문과 지혜의 불꽃을 계속 타오르게 만들었던 것은 자족의 수도원이었다. 이제 또다시 기독교인들이 사회에서 벗어나는 길을 찾고 있는 듯하다. 가정의 교회에 머물면서 그 길을 찾기도 하고 은둔과 도피로 그 길을 찾기도 한다. 수도원과 수녀원은 여전히 그 성스러운 장소를 제공하고 있다.

이교의 세계, 서구를 탈출하다

이집트에서 나의 여행은 시내 사막에 있는 성 카타리나 수도원을 방문하는 것으로 끝났다. 성 카타리나 수도원은 웅장한 붉은 산들에 둘러싸인 한 계곡에 둥지를 틀듯 자리잡고 있었다. 수도원 건물은 6세기에 지어진 것으로 정말 오래된 건물이었다. 고풍스러운 교회 탑의 둥근 지붕이 높은 담장 위로 보였다. 담장 안에는 회교 사원이 하나 있었는데, 회교도들이 수도원을 공격하지 못하도록 만든 것이라 했다. 수도원을 세우는 데 많은 도움을 주었던 사막의 유목민 베두인인들은 원래는 기독교인들이었지만 나중에 회교로 개종하였다. 교회 내에는 어스름한 곳에서 빛나는 그리스도의 현성용(顯聖容)을 그린 우아한 모자이크가 있었다. 그곳에서 나는 젊은 영국인을 한 사람 만났다. 최근까지만 하더라도 그리스인만이 수도사가 되도록 허용되었던 수도원이 그 영국인을 수도사로 받아주었던 것이다.

닐러스 신부는 몸집이 크고 건강해 보였다. 영국 크레디튼 출신인 그는 영국 서부지방의 억양을 그대로 지니고 있었으며, 검은 고수머리를 길게 기르고 수염까지 덥수룩했지만 얼굴은 창백하게 보일 정도로 하얀색이었다. 수줍은 듯 보이는 인상이었지만 한편으론 다부진 표정도 서려 있었다. 학창 시절에 영국국교회가 자신의 영적 욕구를 만족시키지 못한다고 생각했던 그는 결국 그리스 정교에 가담했다고 했다. 자신이 이교도의 땅이라고 생각한 고향 영국을 떠나 그는 결국 이곳 사막의 수도원까지 오게 되었다고 했다. 내가 그를 만났을 때 그는 이곳에 온 이후 처음, 고대문서의 보존법을 배우기 위해 고국 영국을 방문했다가 이제 막 돌아온 참이라고 했다. 그는 나에게 이렇게 고백했다.

"영국에 가서 첫 주 동안엔 영국 특유의 음식인 감자를 넣은 생선튀김 요리만 먹었습니다."

내가 물었다.

"그런데 그 음식 없이 어떻게 견디고 계십니까? 금단 증상 같은 것은 없나요?"

검은색 수도복을 입은 그가 웃었다.

"없습니다. 다시 돌아오니까 얼마나 행복한지 모르겠습니다. 영국은 전보다 더 믿음이

(다음쪽) 시내 산 아래에 있는 그리스 정교회 소속 성 카타리나 수도원.
이 수도원은 성상과 고대문서의 보고(寶庫)이기도 하다. 또한 경내에 있는 '불타는 덤불숲'은
모세와 관련이 있는 것으로 유대교인, 회교도, 기독교인들 모두 신성하게 여기는 장소이다.

없는 땅이 된 것 같습니다."

그는 다시 기도하는 삶으로 돌아온 것에 정말 기뻐했다. 하루를 시작하는 그의 첫 기도는 새벽 네시에 시작되어 여덟시까지 계속된다고 하였다. 그렇게 기도를 많이 해서 얻는 게 무엇인지 궁금했다. 닐러스 신부는 이렇게 설명했다.

"사막의 사부들은 그들 시대의 어둠에 맞서 싸웠습니다. 그리고 우리는 그 전통이 계속 이어지도록 싸우고 있는 것입니다. 우리 기도를 통해 우리는 현대 이교주의라는 어둠에 맞서 싸우고 있는 셈이지요."

성 카타리나 수도원은 지금은 도로를 통해 쉽게 접근할 수 있다. 그리고 보통의 경우 하루에 몇 시간씩 관광객들을 위해 문을 개방하고 있다. 오스트레일리아에서 온 순례자들이 있었는데, 그들을 이끌고 온 사람은 로마 가톨릭 소속의 교구사제였다. 그들의 순례 여행은 에마 러브리지라는 한 젊은 여성이 주관하고 주선한 것이었다. 에마 러브리지는 닐러스 신부와 마찬가지로 영국 출신이었다. 그녀가 처음 시내 사막에 온 것은 초기 기독교 예술에 관한 박사학위 논문을 준비하는 과정에서 성 카타리나 수도원의 성상(聖像)을 연구하기 위해서였다. 그런데 그때 그녀는 어느 순례자들을 보았는데, 그녀 말에 의하면 그들은 사막의 뜨거운 열기와 입에 맞지 않는 음식 때문에 '병들고 비참한' 몰골이었다고 한다. 그래서 그녀는 순례자들이 그 열악한 환경에 잘 적응할 수 있도록 도와줄 조직을 하나 만들어야겠다고 결심했다. 그 조직이 성장하여 지금은 특히 시내 사막 여행을 전문으로 하는 '바람, 모래, 그리고 별들'이라는 이름의 여행사가 되었다. 에마는 여전히 순례자들에게 관심이 많았다. 베두인 여성들이 쓰는 자수 장식의 면 머리덮개인 카피아 속에 갈색 머리칼을 감춘 키가 작고 몸이 호리호리한 그녀는 사막의 유목민들과도 각별한 관계를 유지하고 있었다. 사막의 유목민들은 아직도 전통적인 삶의 방식을 따라 텐트에 살면서 염소와 양을 데리고 여름 목초지와 겨울 목초지 사이를 낙타를 타고 옮겨 다녔다. 이방인들의 눈에 그들은 굉장히 억세 보이는 사람들이었다. 그러나 에마 러브리지는 그들을 이렇게 묘사했다.

"매우 매력적이고 친절하며, 행복한 삶을 살고 있는 사람들이지요. 다른 사람들을 대할 때도 굉장히 엄격한 기준으로 대하지요."

내가 에마에게 무엇이 순례자들과 관광객들을 사막으로 이끄느냐고 물었을 때 그녀는 주저 없이 이렇게 대답했다.

240

"사람들이 자신이 누구인지 알고 싶은가 봐요. 자기 나름의 문화와 교양을 지닌 사람들조차 서구의 삶 속에 정신적인 삶이 결여되어 있다고 느끼는 것 같아요. 그런데 그곳에선 그런 정신적인 삶, 영적인 삶을 찾을 길이 없는 거죠. 그것을 가르쳐줄 선생, 즉 성자가 없는 것이죠."

순례자들은 또한 물질주의도 내버렸다. 에마 러브리지는 그들을 사막으로 보낼 때면 칫솔을 제외하곤 아무것도 못 가지고 가게 한다고 했다.

"이곳 시내에 오면 그들은 그냥 사막에 앉아 있고 싶어해요."

그녀와 함께 여행할 사람들을 위해 그녀가 직접 쓴 작은 책자에서 에마는 사막의 사부들이 따랐던 전통을 소박한 삶, 하나님에 대한 기다림, 그리고 어둠과의 싸움이라고 요약했다. 어쩌면 그냥 광야 속에 앉아 있기를 원하는 그녀의 순례자들이 추구하는 것도 그런 것 아니겠는가.

내가 보기에는 사막의 붉은 바위 위로 우뚝 솟아오른 거대한 시내 산이, 개인적으로 하나님을 찾고자 하는 사람들의 노력과 규칙을 세우지 않으면 모든 것을 잃게 되리라 두려워하는 제도권의 공식 기구 사이의 갈등을 상징적으로 잘 나타내고 있는 듯하다. 나는 그 산을 오르는 대부분의 여정을 낙타에 의존했다. 안장 앞뒤의 줄을 매는 고리 사이에 앉아 여간 불편한 게 아니었다. 그러나 한낮의 강렬한 태양빛 아래 걸어가는 것보다는 당연히 훨씬 나은 여행이었다. 마지막 오르막은 낙타로 오를 수 없었다. 그래서 거의 30분 동안 나는 산을 깎아 만든 가파른 계단을 엉금엉금 기다시피 올라야 했다. 정상에 오르자 땀 흘려 오른 보람이 있었다. 사막이 훤히 내려다보였다. 성경에 따르면 이스라엘 백성들이 40년 동안 방랑하던 곳이 바로 이 사막이었다. 이스라엘 사람들을 그 척박한 땅, 물도 없고 곡식도 자라지 않는 그 불모의 땅으로 이끌고 갔던 모세는 얼마나 강인한 사람이었는가. 새삼 놀라울 따름이었다. 그들은 정말로 이집트의 노예였을지도 모른다. 하지만 그런 신분이라도 고도로 문명화된 이집트 사회에서는 어느 정도 편안한 삶을 누리지는 않았을까? 감자를 넣어 튀긴 영국식 생선요리를 그리워하던 닐러스 신부처럼 이스라엘 백성들도 '이집트에서 먹던 생선, 오이, 멜론, 리크, 양파, 그리고 마늘……'을 그리워했다. 모세는 사막의 경험이 있었던지라 어떤 문제에 직면할지 이미 알고 있었다. 그러나 그에게는

(다음쪽) 시내 산 정상에 서 있는 저자.

확신이 있었다. 하나님이 부족한 것을 제공해주실 거라는 믿음이었다. 출애굽기에 의하면 이스라엘 자손들이 이집트의 고기가마에서 나와 이제 굶어죽게 되었다고 불평을 하며 반란 일보 직전까지 갔을 때, 하나님이 그들이 원하는 것을 제공해주었던 것이다. 하나님이 그들에게 기적의 메추라기를 보냈으며, 하늘로부터 만나라는 빵을 내려주셨다. 그리고 이스라엘의 자손들이 목말라 죽을까 두려워할 때는 하나님이 모세에게 호렙 산의 바위를 치도록 일러 그 속에서 물이 나오도록 하였다.

시내 산 정상에서 모세는 이스라엘 백성들을 하나님에게 구속시킬 법이 담긴 계명을 받는다. 따라서 모세는 위대한 입법자이자 유대교의 창시자로 그려진다. 그러나 산 아래 사막에서는 초기 기독교의 은둔자와 수도사들이 그들 시대의 교회 관습을 거부하고 개인의 구원을 찾아 나섰다. 영국인 수도사인 닐러스 신부도 바로 그들의 발자국을 따라 자신의 성장 배경이 되었던 교회를 떠나 그 너머의 것을 찾아 이곳까지 온 것이었다. 그리고 에마가 이끌고 온 순례자들 역시 그들 나름의 해답을 찾아 이곳까지 온 것이다.

위험한 길을 따라 걸어서 산을 내려오는 동안 산을 오르기 전 회개하는 순례자들이 사제에게 고해성사를 하는 통로를 지나게 되었다. 그곳에서 나는 에마에게 그녀가 이끌고 온 순례자들이 자신을 찾기 위해 온 것이라고 생각하는데 잘못 생각한 것은 아니냐고 물었다. 에마는 이렇게 대답했다.

"일부, 특히 젊은 사람들은 그들 자신을 찾아온 것이 틀림없어요. 나이가 드신 분들은 모르겠어요. 그런 분들은 자신의 교회 내에 계속 머무르고 싶어하니까요. 하지만 그분들도 그들의 교회가 제공하는 것 이상의 것을 찾고자 여기에 온 것은 분명하죠."

교회의 새로운 역할

그렇다면 교회가 사람들의 그런 여망을 어떻게 받아들일 수 있을까? 전통적으로 교회는 지혜를 독점해왔다. 그리고 어떤 영감이나 감화를 받은 영적인 개인들을 늘 의심해왔다. 어쩌면 성경의 복음서에서 찾을 수 있는 무정부주의적인 지혜의 예수에 대해서도 여전히 깊은 의심을 하고 있는지도 모른다. 예수가 짐짓 스스로 종교적이라고 생각하는 사람들을 조롱했던 바리새인과 세리(稅吏)의 이야기를 생각해보라. 또한 남들에게는 견디

244

기 힘든 짐을 지우고 자신은 손가락 하나 까딱하지 않는 사람들에 대한 예수의 신랄한 비판을 생각해보라. 교회는 권위에 대한 모든 비판을 잠재우기 위해서 애썼고, 예수 가르침의 그 모든 유머와 과장과 예리함과 날카로움을 조정하고 부드럽게 하기 위해서 온갖 수단과 방법을 아끼지 않았다. 어떤 의미에서는 예수를 숨게 만든 것이 바로 교회였다고 할 수 있다.

그런데 오늘날 절실히 요구되는 것이 바로 그런 예수다. 사람들이 갈망하는 것은 인간이면서 신적인 존재, 도마복음의 예수와 같은 영혼의 쌍둥이 형제다. 그는 늘 세상의 주변에 있던 지나가는 사람이었다. 지혜의 교사가 되어 시장터에서 흩어지는 군중들을 향해 이렇게 소리치는 존재였다.

"수고하고 무거운 짐 진 자들아 다 내게로 오라. 내가 너희를 쉬게 하리니."

예수는 교회가 같이 살아가기에는 까다로운 사람이었다. 그러나 교회가 자신의 역사에서 지혜의 예수를 되찾지 못한다면 교회는 신앙의 등잔불이 꺼지지 않도록 바람막이 갓을 제공하는 그 본연의 역할을 더이상 수행하지 못할 것이다. 그렇게 되면 우리는 기독교를 버리든지, 아니면 기독교 신앙을 폭력적 형태로 표출하는 극단적인 근본주의로 흐르든지, 둘 중 하나를 선택하지 않을 수 없다. 그러기에 나는 이렇게 믿는다. 새천년의 시대에 숨어 있는 예수를 다시 되찾는 것이 교회의 중요한 역할이라고.

|뒤에 남긴 말|

　2년 동안 예수의 생애를 연구하면서 나는 역사와 대면하게 되었다. 내가 여러 해를 살았던 인도는 신화의 땅이었다. 나는 생각했다. 역사상의 예수는 역사상의 크리슈나와 마찬가지로 이제는 더이상 중요하지 않다고. 정말 중요한 것은 신앙의 예수, 사람들이 믿는 예수라고 생각했던 것이다. 더 나아가 나는 예수가 실제 존재했던 인물이라는 사실을 잊어버리기까지 했다. 1세기에 예수라고 불린 유대인이 있었고, 그가 십자가에 못박혔고, 그를 따르는 사람들이 그의 죽음 뒤에도 그를 계속 믿고 따랐다는 사실을 입증하는 또다른 증거, 기독교의 역사적 증거가 아닌 다른 증거가 있다는 것도 잊고 있었다.

　예수의 역사는 또한 나로 하여금 살아 있는 동안 예수가 그리 중요한 인물이 아니었음을 상기시켜주었다. 만일 그가 사회의 반항자였다면 그의 반항은 실패로 끝나고 말았다. 그가 세상 종말을 예언한 예언자라면 그가 예언한 종말은 아직 오지 않았다. 그가 기적을 수행한 사람이라면 그 시대에 그 비슷한 인물들이 얼마나 많았던가. 그는 보통 이상의 지혜의 교사였을 수도 있다. 아니면, 다른 설교자들보다 더 매력적인 설교자였을 수도 있다. 그러나 그런 것이 후대 역사의 맥락에서 예수를 특히 비범한 인물로 만든 것은 아니었다. 예수의 기적은 바로 로마제국의 변방에서 소박하게 시작된 교회라는 것이 내가 내린 결론이었다. 만일 예수가 그렇게 뛰어난 인물이 아니었다면 그는 십자가에 못박히는 그 순간부터 역사의 장에서 사라졌을지 모른다. 로마제국과 불화를 빚었던 다른 사람들과 똑같은 운명이 되었을 것이 분명하다. 예수를 따르는 사람들이 계속 문제를 일으키지 않았다면 로마의 역사가 타키투스도 예수라는 이름을 언급하지 않았을 것이다.

　그러나 다른 한편으로 나는 역사에도 문제가 있다고 생각한다. 바리새인 예수, 예언가 예수, 혁명가 예수, 숨겨진 지혜의 교사로서의 예수 ─ 이런 예수가 교회를 설명하기엔 충분하지 못하다. 나는 부활이 없었다면 교회도 없었을 것이라고 말하는 내가 만난 학자들의 말에 동의한다. 여기서 나는 다시 신화로 돌아간다. 이제는 예수가 죽고 난 뒤 무슨 일이 있었는지를 정확히 아는 게 문제의 핵심인 것 같지는 않다. 교회를 창설한 사람들은 믿었으리라 확신하지만 예수가 부활 뒤 어떤 물리적인 형체를 띠고 제자들에게 나타났는지, 그 진위를 우리는 알 수 없다. 중요한 것은 부활 신화의 힘이다. 그 부활의 힘이 초기 기독교인들로 하여금 하나님이 우리를 지극히 사랑하사 독생자를 우리에게 주셨다고 믿게 만든 것이다. 따라서 적어도 나로서는, 예수가 죽고 난 뒤에 어떤 사건 혹은 일련의 사건들이 있어 그것이 그를 신적인 존재로 믿게끔 하는 신화를 만들어냈다는 사실을 역사상의 예수, 상대적으로 비천한 인물이었던 예수가 증명하고 있다고 생각한다.

불행히도 신화라는 단어가 이제는 그 의미가 많이 퇴색되어 오늘날 많은 사람들은 신화가 진실이 아닌 것을 의미한다고 생각한다. 과학에서 거둔 성공과 업적으로 우리는 우리가 사실(事實)이라고 여기는 것만이 중요하다는 믿음에 빠져들고 말았다. 따라서 우리는 사실에 토대를 둔 지식에 한계가 있음을 망각하고 있다. 우리는 우리에게 가장 중요한 것을 표현하는 데 시(詩)와 전설과 신화가 항상 필요했다는 사실을 잊고 말았다. 우리가 예수에 대해 알고 있는 사실에 대해 서로 다른 해석을 내놓은 역사가들을 만나고 난 뒤 내가 믿게 된 것이 있다. 그것은, 예수가 죽고 난 뒤 무슨 일이 있었든지 간에 부활이라는 사건이 고통과 죽음이라는 보편적인 신비에 대한 해답을 제공하기에 충분히 충격적인 사건이었음을 교회의 역사가 보여주고 있다는 사실이다. 부활은 그후로도 많은 신비를 입증하는 의미 있는 해답이었다. 아직까지 나는 그 신비들에 대한 해답을 과학이나 역사에서는 찾아낼 수 없었다.

|예수 시대의 연표|

| 참고문헌 |

예수, 하나님의 화신

BURRIDGE, Richard A., *Four Gospels, One Jesus*, SPCK, 1994

FUNK, Robert, and HOOVER, Roy, and the Jesus Seminar, *The Five Gospels*, Simon& Schuster, 1995

GRIFFITHS, Bede, *The Marriage of East and West*, HarperCollins, 1982

WRIGHT, Tom, *Who Was Jesus?*, spck, 1992

유대인 예수

MURPHY-O'CONNOR, Jerome, *The Holy Land*, Oxford University Press, 1986

SANDERS, Ed, *The Historical Figure of Jesus*, Penguin, 1995

VERMES, Geza, *Jesus the Jew*, SCM Press, 1973 ; 4th edition, 1992

제국의 반항자 예수

CROSSAN, Dominic, *The Historical Jesus: The Life of a Mediterranean Jewish Peasant*, HarperCollins, 1991

CROSSAN, Dominic, *The Essential Jesus*, HarperCollins, 1996

HORSLEY, Richard A., *Jesus and the Spiral of Violence: Popular Jewish Resistance in Roman Palestine*, Fortress Press, 1993

숨어 있는 예수

DOWNING, Gerald F., *Cynics and Christian Origins*, T. & T. Clarke, 1992

MEYER, Marvin, ed., *The Gospel of Thomas : The Hidden Sayings of Jesus*, HarperCollins, 1993

PAGELS, Elaine, *The Gnostic Gospels*, Penguin, 1990

WARD, Benedicta, *The Lives of the Desert Fathers*, translated by Norman Russell, Cistercian Publications, 1981

공통 참조 도서

BORG, Marcus, *Meeting Jesus Again for the First Time*, HarperCollins, 1994

CHADWICK, Henry, *The Early Church*, Penguin, 1993

|도판 저작권|

|옮긴이의 말|

옛날 중세에는 인간의 꿈이 세 가지 있었다고 합니다. 하나는 값싼 금속을 귀한 금속으로 바꾸려는 꿈이고, 또 하나는 달나라에 가고자 하는 꿈이고, 마지막 하나는 불로장생(不老長生)의 꿈이었다고 합니다. 그런데 이 세 개의 꿈 가운데 두 개는 실현되었지요. 하나는 연금술의 기술로, 또하나는 현대 과학기술의 발달로 가능했습니다. 그러나 맨 마지막 꿈, 불로장생의 꿈은 현대의학의 발달에도 불구하고 아직 실현되지 않았습니다. 오늘날 인간의 수명은 성서 시대의 인간의 수명보다 조금 늘어나긴 했어도 그리 차이가 나지는 않습니다.

이것이 바로 우리 인간의 조건이 아닌가 싶습니다. 우리 삶에 한계가 있다는 것. 그래서 우리는 우리에게 주어진 다른 지적 · 정서적 능력을 발휘하여 영원을 꿈꾸기 시작했습니다. 음악과 미술과 문학작품을 통해 영원을 꿈꾸며, 영원의 세계를 그리기도 했습니다. 그러나 그것은 우리 꿈과 희망의 표현일 뿐입니다. 우리는 상상의 세계를 통해 감정의 울림을 받고, 그로 인해 우리 삶의 조그만 변화는 가져올 수 있었습니다. 하지만 주어진 조건과 운명 속에서 그런 상상의 세계가 근본적인 질적인 변화는 불러일으킬 수 없었습니다. 그렇다면 우리는 우리 한계 속에서 벗어날 수 없는 걸까요?

여기, 예수라는 사람이 있습니다. 2천 년 넘게 수많은 사람들의 삶에 변화를 가져온 아주 특별한 존재가 있습니다. 그는 누구일까요?

예수를 찾아 떠나는 여행입니다. 아니 순례의 길이라고 할까요? 그 여행길에 우리는 많은 이야기를 듣습니다. 예수는 곧 하나님이다, 예수는 실제 존재했던 유대인이었다. 예수는 로마제국이라는 거대한 세속의 권력에 저항했던 제국의 반항자였다, 예수는 가난한 민중의 편에 서서 지배 권력에 대항했던 사람이었다. 그리고 예수를 누가 죽였는지에 관한 여러 이야기도 듣습니다. 예수의 가르침을 역사가나 신학자들이 어떻게 해석하고 받아들이는지, 또 그것을 실천에 옮긴 사람들은 누구였는지도 들어봅니다. 역사(歷史)란 많은 사실(事實) 가운데 선택되고, 해석되고, 그 해석의 타당성이 검증되어 확립된 사실(史實)로 구성된 것이라는 사실을 굳이 들먹이지 않아도 우리는 많은 학자나 신학자들의 예수에 대한 생각이 하나의 해석이며, 그 해석을 선택할 것인지 말 것인지는 우리의 몫으로 남아 있음을 압니다. 역사의 각 단계마다, 그리고 우리가 처한 환경에 따라 그 해석이 달라질 수 있음을 압니다. 예수의 대한 견해도 마찬가지지요.

　그런데 그 많은, 미로와 같은 이야기 속에 출구는 하나밖에 없었습니다. 그 하나밖에 없는 출구에서 우리는 두 개의 사건을 만납니다. 하나는 예수의 십자가에 못박힘이라는 역사적 사실입니다. 그리고 또하나, 보다 중요한 것은, 우리 인간의 이성적 판단이나 이해의 범위를 넘어서는 예수의 부활이라는 엄청난 사건입니다. 우리의 예수 찾기 여행길의 안내자인 이 글의 저자는 이렇게 말합니다.

　중요한 것은 부활 신화의 힘이다. 그 부활의 힘이 초기 기독교인들로 하여금 하나님이 우리를 지극히 사랑하사 독생자를 우리에게 주셨다고 믿게 만든 것이다……우리가 예수에 대해 알고 있는 사실에 대해 서로 다른 해석을 내놓은 역사가들을 만나고 난 뒤 내가 믿게 된 것이 있다. 그것은, 예수가 죽고 난 뒤 무슨 일이 있었든지 간에 부활이라는 사건이 고통과 죽음이라는 보편적인 신비에 대한 해답을 제공하기에 충분히 충격적인 사건이었음을 교회의 역사가 보여주고 있다는 사실이다. 부활은 그후로도 많은 신비를 입증하는 의미 있는 해답이었다. 아직까지 나는 그 신비들에 대한 해답을 과학이나 역사에서는 찾아낼 수 없었다.

　결국, 인간의 언어로는 '신화'라고밖에 표현할 수 없는 부활이라는 엄청난 사건이 오늘날의 기독교를 있게 한 힘입니다. 또한 부활은 특정한 시대, 특정한 지역에서 살았던 예수의 역사성과 그 시간과 공간을 초월한 영원성을 말해주는 것이기도 합니다. 그리고 저자는 고통과 희생을 통한 사랑의 실천이랄 수 있는 이 부활을 기억함이 오늘날처럼 교회의 힘이 약해지는 시대에, 예수의 가르침이 물질문명의 세력 뒤에 감춰지는 시대에 다시 교회가 보여줘야 하는 실천이라고 합니다. 그리고 바로 이 부활의 사건이 우리 삶이 한계를 초월케 하는, 영생을 바라는 우리 인간의 영혼의 갈구를 채워주는 질적인 변화임을 우리에게 가르쳐준 셈입니다. 어떤 매개를 통해서가 아니라 예수가 살아 있는 육신으로 직접 실천한 표현이었습니다.

예수를 찾아 떠나는 이 여행길이 저에게는 초행길이나 다름없었습니다. 아무것도 모른 채 안내자를 따라 묵묵히 따라가보았습니다. 감히 그 길을 나선 제가 부끄럽기도 합니다. 그러나 이 여행길의 곳곳에 저에게 다가오는 기운이 있었습니다. 제가 아는 언어로는 무어라 표현할 수 없는 기운이었습니다. 그 기운 속에 제 앞길을 압도하는 물음이 던져졌습니다.

'나는 누구인가?'

이 물음은 제 가슴을 따뜻하게 해주었습니다. 따뜻한 가슴으로 살 수 있도록 늘 내 영혼을 깨우는 사랑의 회초리가 되겠다고 내 안에 들어왔습니다. 이 물음은 우리 모두가 살아 있는 동안 안고 가야 하는 물음입니다.

오래 전에 귀한 책을 보여주신 문학동네에 감사드립니다. 게으름 탓에 이 여행길이 더디게 진행되었지만 제가 끝까지 마칠 수 있게 기다려주신 데 다시 한번 감사드립니다.

2004년 3월
윤희기

| 찾아보기 |

옮긴이 **윤희기**

고려대학교 영문과를 졸업하고 동대학원에서 박사과정을 마쳤다. 여러 대학에 출강했고 출판사의 편집주간으로 활동하기도 했으며, 지금은 고려대학교 국제어학원에 연구교수로 재직 중이다.『소설』『소유』『샤먼』『물의 역사』『천사와 벌레』『마티스 스토리』『일상의 작은 은총』『동행』『아리스토텔레스가 제너럴 모터스를 경영한다면』『바보들은 항상 결심만 한다』『멈춤』 등을 우리말로 옮겼다.

문학동네 교양선
예수의 생애

초판인쇄 | 2004년 3월 26일
초판발행 | 2004년 4월 2일

지 은 이 | 마크 틸리
옮 긴 이 | 윤희기
펴 낸 이 | 강병선
책임편집 | 최정수 박여영
펴 낸 곳 | (주)문학동네
출판등록 | 1993년 10월 22일 제406-2003-045호

주   소 | 413-832 경기도 파주시 교하읍 문발리 파주출판도시 513-8
전자우편 | editor@munhak.com
전화번호 | 031) 955-8888
팩   스 | 031) 955-8855

ISBN 89-8281-809-X 03230

* 잘못된 책은 바꿔드립니다.

www.munhak.com